Alfred Schalck de la Faverie

Napoléon et l'Amérique

Histoire des relations franco-américaines au point de vue de l'influence napoléonienne.

Édition: BoD · Books on Demand GmbH, In de Tarpen 42,
22848 Norderstedt (Allemagne)
Impression: Libri Plureos GmbH, Friedensallee 273,
22763 Hamburg (Allemagne)
ISBN: 978-2-3225-3316-9
Dépôt légal : Septembre 2024

Introduction

Napoléon n'a jamais mis les pieds en Amérique. Il en eut plusieurs fois l'intention. Et plusieurs fois, au cours de son étonnante carrière, son influence fut prépondérante au-delà de l'Atlantique.

D'une façon générale, les contre-coups réciproques de la politique des deux mondes sur les destinées des peuples américains et sur l'issue des guerres européennes, furent décisifs au début du XIXe siècle. Les événements qui, depuis cent ans, se sont déroulés dans les États-Unis du Nord, les événements qui se préparent dans les républiques du Sud, en ont été et en seront les conséquences directes.

Cette influence de Napoléon sur les destinées des États-Unis et, par contre, l'influence des États-Unis sur la destinée de Napoléon, ou de l'Europe sous l'hégémonie de Napoléon, n'a pas encore, semble-t-il, fait l'objet d'une étude spéciale.

Il paraît donc excusable, malgré l'encombrement de la bibliographie napoléonienne, d'en augmenter encore le nombre par une contribution ayant pour but de faire ressortir les enchaînements historiques, les causes et les effets, tout l'ensemble, enfin, des circonstances qui, issues d'un lointain passé, s'endorment parfois pour se réveiller brusquement au choc de bouleversements réputés imprévus, — telles ces matières brutes et inertes, que l'on croit incombustibles et qui s'enflamment, avec une prodigieuse vitesse, au toucher d'une étincelle.

Dans la période qui nous occupe, Napoléon fut celui qui mit l'étincelle; son génie consistait précisément à la mettre là où, et comme il fallait. Mais Napoléon, en l'occurrence, n'incarne que le destin qui, à ce tournant de l'histoire, fit se rencontrer les deux mondes sous la pression de problèmes qui attendaient depuis longtemps leur solution.

Toute la profondeur du génie ne peut effacer, ou simplement modifier le passé. Et ce passé avait connu des actes irréductibles, des décisions irrévocables dont les conséquences devaient s'imposer un jour ou l'autre.

Comme une toile de fond apparaissant à certains moments, l'Amérique se profile sur la tragédie mondiale jouée entre les cabinets des Tuileries et de Saint-James: décor d'un théâtre lointain dont la pièce n'est pas toujours comprise mais qui évolue avec une logique implacable.

En effet, depuis que l'empire des terres découvertes par Colomb, exploitées par Pizarre, Cortès et Almagro, a échappé à la domination exclusive de l'Espagne, la France et l'Angleterre se sont trouvées face à face sur les étendues vierges de l'Amérique septentrionale.

Tandis qu'ils calculaient les coups qu'ils allaient se porter, les deux antagonistes ne s'apercevaient pas que, dans l'ombre, s'était constitué et développé un État, modeste encore mais dont l'exemple devait inspirer d'autres états qui bientôt se réuniraient en une confédération formidable.

Quoique séparés de la Métropole par toute la distance de l'Océan, les colonies des bords du Saint-Laurent, de l'Hudson ou du Mississipi, frémissaient au moindre geste de Paris ou de Londres. Il était nécessaire que ce geste leur devînt indifférent.

L'événement le plus important qui se produisit pendant la jeunesse de Bonaparte fut la guerre de l'indépendance de l'Amérique.

Le jeune Corse atteignait ses quinze ans au moment où elle battait son plein. Les plus brillants représentants de la noblesse française s'enrôlèrent sous le drapeau de ceux qu'on appelait dédaigneusement en Angleterre: les *insurgents* . Il est permis de supposer que le pauvre gentilhomme, qui dut faire la preuve de ses quartiers de noblesse pour devenir Élève du Roi, aurait demandé à servir sous les ordres de Washington, à côté de La Fayette, de Rochambeau, de Lauzun, de Fersen et de tant d'autres, s'il avait eu son brevet de lieutenant.

Ne pouvant pas encore prendre part à l'action, il la prépare en développant la pensée. Il fut un élève assidu. Ses lectures personnelles, qui furent immenses, contribuèrent, avec efficacité, à augmenter la maturité de son intelligence. Les recherches auxquelles il se livra pour se rendre compte de l'évolution de l'homme et des sociétés, le familiarisèrent, certes, avec les choses d'Amérique. Les notes qu'il prit à ce sujet prouvent combien il s'intéressait à l'histoire du continent qui, au XVe siècle, n'était encore, pour les premiers découvreurs, qu'une entité légendaire répondant au fameux Cipango. Mais pour l'élève Bonaparte, l'Amérique tangible et réelle ne commence qu'à la date de 1608, — date fatidique, puisque c'est vers cette époque que s'accentua la scission qui, au nom de la liberté de conscience, allait diviser les enfants d'Albion en deux fractions ennemies et irréconciliables.

«L'Archevêque de Canterbury poursuivit les Puritains avec une telle vigueur qu'ils commencèrent à s'enfuir en Virginie.» Cette remarque du jeune lieutenant d'artillerie permet de croire qu'il comprit toute la portée de cet exode volontaire, entrepris dans le but de sauvegarder l'indépendance de la pensée religieuse. Cet incident, presque inaperçu des contemporains, devait aboutir à la création d'un monde.

Bonaparte lui-même, souffrant de l'obscurité dans laquelle il végète encore, mais déjà sans doute conscient de son génie et soutenu par les sollicitations d'une ambition démesurée, dut sympathiser avec ces âmes républicaines, impatientes de secouer le joug de la tyrannie d'un roi ou de la tyrannie d'un prêtre. La force de s'émanciper contient en soi la force d'opprimer à son tour. Ceux qui sont assez puissants pour secouer tous les jougs, finissent toujours par imposer le leur. La marche est fatale, — mais nous n'en sommes pas encore là.

Nous en sommes encore à l'époque où parut en Angleterre un périodique intitulé: *The Spy* (l'Espion) dans lequel, sur les affaires du jour, l'éditeur publiait une correspondance fictive entre Milord *All-eye* et Milord *All-ear* ,—ce qui, d'après la phraséologie de nos jours, peut se traduire par: *Je vois tout* ,—*J'entends tout* ,—et fait comprendre l'orgueilleuse prétention de: *Je sais tout.*

Les relations anglo-américaines y étaient jugées et critiquées en toute liberté et le lieutenant Bonaparte, qui s'abonne à cette feuille, semble y avoir rencontré des commentaires, des aperçus et des vues qui lui ouvrirent des horizons nouveaux sur la politique internationale. Il prit des notes dont il avait, sans doute, l'intention de se servir plus tard.

Il lut Mably et connut les œuvres de Raynal sur l'Amérique, ainsi, apparemment, que l'*Almanach du pauvre Richard* , de Benjamin Franklin, sans oublier le *Sens commun* de Thomas Paine qui joua un rôle si important dans la Révolution américaine et aussi dans la Révolution française.

Bonaparte avait vingt ans quand il résuma ses lectures sur l'Amérique en ces termes:

«Les colonies anglaises ont seulement environ 150 milles de large sur 800 de long... 120.000

carrés de surface... En 1760, la population était de 2.500.000 blancs et de 450.000 noirs. La population est doublée tous les vingt ans, ce qui signifie qu'elle s'élève aujourd'hui à 4.000.000 d'habitants.

«En France, on a besoin, pour vivre, de quatre acres — en Amérique, on a besoin de 40.

«Il y a dix degrés de froid de plus à Londres qu'à Boston.

«L'Amérique du Nord doit avoir recours à la pêche pour sa subsistance. Il y a du bois pour la construction, mais sa distance rend l'importation impossible ou du moins coûteuse. Son commerce de fourrures est au déclin; il ne produit aujourd'hui que 35.000 livres sterling... Ils ont un commerce avec les Antilles qui ne leur est pas avantageux. Ils ont des manufactures, celle de Dartmouth, entre autres. Les mûriers y poussent très-bien. La plante du coton est large et sa fibre très-forte. La partie centrale de l'Amérique cultive le tabac, mais cette plante dévorante a épuisé le sol.

«Dans les deux Carolines, la Géorgie et la Floride, il y a des champs de riz; le commerce du coton est en bonne voie. Les brouillards et les pluies empêchent la culture de la vigne».

Ces réflexions dénotent un esprit précis et pratique qui portait un intérêt particulier aux conditions de la vie américaine. À côté de ces renseignements d'ordre économique, Bonaparte connaissait aussi le grand rôle joué par la France au Canada et dans la vallée du Mississipi. Dans ses vastes projets de domination mondiale, il engloba certainement les contrées d'outre-mer qui, à une date peu reculée, étaient encore occupées par des Français.

À mesure que monte son étoile, s'élargit aussi son ambition.

Il rêva de travailler en grand en Orient,—de refaire la carte de l'Europe,—de coloniser l'Amérique. Et, dans cette vaste entreprise, l'Orient, pour lui, représente le passé,—l'Europe incarne le présent,—et l'Amérique contient en germe l'avenir.

Il réussit à ébranler, sur leurs bases vermoulues, les vieux trônes européens. Ayant échoué en Égypte, il se heurta à l'indifférence de l'Asie, et prétendit faire de l'Amérique, un enjeu destiné à intervenir dans la rivalité entre la France et l'Angleterre.

En cela, il n'innovait pas: il obéissait simplement aux injonctions de l'histoire, cette rivalité entre les deux grandes nations ayant toujours eu, au-delà des mers, un terrain privilégié dont l'importance a malheureusement souvent échappé à nos gouvernants.

Chaque fois qu'il y avait tension aiguë entre la France républicaine et l'Angleterre monarchique, —chaque fois qu'une menace de guerre mettait aux prises le Premier Consul et Pitt, plus tard, l'Empereur et les boutiquiers de Londres, représentés par les Lords dirigeant la politique du Royaume-Uni, la répercussion s'en faisait immédiatement sentir dans les lointains parages allant de Québec à Washington, en passant par les Antilles, pour aboutir finalement dans les pays du Sud où le régime espagnol ne pouvait pas prétendre à l'éternel étouffement de toutes les tendances libérales.

Et la jeune république des États-Unis joua merveilleusement de cette corde sensible qui rendait un son différent suivant qu'on la pinçât à Paris ou à Londres. Jeu dangereux d'ailleurs qui fit osciller les hommes d'État d'Amérique au gré des fluctuations politiques de l'Europe, mais qui, en fin de compte, tourna à l'avantage du Nouveau Monde.

Il s'agissait de savoir qui, de la France ou de l'Angleterre, jouerait le rôle prépondérant aux

États-Unis, — si l'Angleterre, malgré la déclaration d'indépendance américaine, continuerait à jouir, dans une mesure encore fort respectable, des avantages du traité de 1763, — si la Louisiane demeurerait espagnole, redeviendrait française ou serait anglaise, — si la marine britannique serait maîtresse des mers occidentales au grand profit de son commerce, — si, au nom des grands principes de 89, les noirs de Saint-Domingue seraient émancipés, — si, enfin, les vastes territoires qui, au-delà des Alleghanys, à l'ouest du Mississipi, depuis les pays des grands lacs, plus loin que les Montagnes Rocheuses et jusqu'au Nouveau-Mexique, — le Far-West, en un mot, qui n'était pas encore enrôlé sous les plis de la bannière étoilée, pourrait devenir la source de riches colonies ouvertes définitivement à l'ambition d'un Bonaparte ou à la cupidité d'une grande compagnie de Londres.

Ces questions, qui se posaient déjà à la fin du XVIIe siècle, n'avaient pas encore reçu de réponse satisfaisante au commencement du XIXe siècle.

Pendant que, sous les graves complications qui ensanglantaient l'Europe, on cachait tels secrets espoirs, omis dans tous les protocoles diplomatiques, les politiciens de la Maison Blanche pensaient simplement que l'Amérique devait appartenir exclusivement aux Américains.

Pensée logique et naturelle, bientôt exagérée dans ses prétentions excessives et qui, plus tard, fut condensée en un corps de doctrine qui répondit à ce qu'on appela la théorie de Monroe.

Cette doctrine avait apparemment pour but de répondre par l'instinct de conservation aux velléités de conquête. L'opinion d'un homme clairvoyant, partagée par les hommes de son parti, devient ainsi l'opinion de la masse. Les gens avertis qui connaissaient les craintes inspirées par les peuples, à tour de rôle prêts à revendiquer le droit des conquérants, avaient parfaitement raison d'affirmer leur volonté de demeurer les derniers et définitifs occupants d'un pays défriché, exploité, administré par eux, d'après un idéal religieux et politique parfaitement défini,— sur lequel ceux qui n'étaient pas du pays, n'avaient plus rien à prétendre.

Ils avaient d'autant plus raison que, malgré les victoires remportées par les Américains et malgré les traités signés, à la fin du XVIIIe et au commencement du XIXe siècle, les Anglais ne semblaient pas vouloir s'incliner devant les faits accomplis. Ils cherchaient toutes les occasions pour reconquérir les colonies perdues, ou une partie de ces colonies, en entretenant des relations actives avec les hommes assez nombreux qui, lésés dans leurs intérêts ou leurs espérances, étaient demeurés fidèles à la métropole.

La France, de son côté et pour les mêmes raisons, continua sa politique américaine. Cette politique fut celle de Napoléon dès qu'il arriva au pouvoir et, s'il ne put la mener à bien, et, dans la plupart des cas, s'il dut en modifier, de fond en comble, les grandes lignes et les projets d'exécution, il faut en chercher la raison dans les bouleversements européens commencés par les guerres de la Révolution et continués par les guerres de l'Empire.

Cependant, les États-Unis, sous la pression de ces événements, voyaient l'influence et la direction du gouvernement passer tour à tour à deux partis extrêmes et opposés, représentés par les Fédéralistes et par les Républicains. Les premiers s'inspirèrent plus spécialement des tendances de la politique anglaise, c'est-à-dire réactionnaire,—les seconds se déclarèrent les partisans et les adeptes de la France révolutionnaire, aussi longtemps que la révolution demeura sur le terrain des immortels principes,—ils furent les admirateurs de Bonaparte, général de la République, mais ils furent les adversaires de Napoléon empereur, roi et conquérant.

Ainsi, Napoléon trouva toujours l'Amérique sur sa route: rêve ou réalité, proie désignée aux coups de son imagination ambitieuse ou refuge final quand la fortune lui eût dit un définitif adieu, elle le hanta, — lointain mirage qui le leurra parfois, qu'il contribua à grandir et qu'il ne put jamais atteindre.

Quelques-uns de ses projets concernant l'Amérique restèrent de simples velléités, tandis que d'autres eurent une solution absolument contraire à celle qu'il avait d'abord voulu leur donner.

Après la paix d'Amiens, il avait à sa disposition, pour des entreprises coloniales, une grande armée de vétérans composée des vainqueurs de Marengo et de Hohenlinden. Sa flotte intacte n'avait pas encore connu le désastre de Trafalgar. Avec de telles ressources, il n'est pas extravagant de supposer qu'il aurait parfaitement pu fonder un empire français en Amérique, — réplique à l'empire qu'il n'avait pu établir en Orient.

C'est apparemment dans ce but qu'en automne de 1800, par une clause secrète mentionnée dans la Convention avec l'Espagne, cette dernière rétrocéda à la France le quart du territoire de l'Amérique du Nord: la Louisiane.

Dans ce but aussi qu'après avoir vaincu trois grands empires européens à Austerlitz et à Iéna, il songea encore à l'Amérique. Cette fois, ce fut le Canada qui attira son attention,—le Canada où, dans la vallée du Saint-Laurent, de la Nouvelle-Écosse aux grands lacs, habitaient des populations françaises que le Ministre de France à Washington, le général Turreau, fut chargé de soutenir dans leurs aspirations de révolte.

Mais c'était là une besogne presque inavouable pour celui qui avait coutume de briser les coalitions les plus redoutables en menant lui-même son armée à la victoire.

Ouvertement, il céda la Louisiane aux États-Unis pour l'arracher aux convoitises anglaises.

La Louisiane, malgré les perspectives qu'elle avait dès le début offertes à l'ambition de Bonaparte, fut bien vite sacrifiée, ou plutôt, abandonnée. Il fallait d'abord détruire l'Angleterre pour avoir l'Europe à ses pieds: c'était la tâche qui s'imposait, urgente, impérative. Quant à l'Amérique? On verrait plus tard,—si on avait le temps.

Napoléon n'eut pas le temps.

Et l'Amérique put continuer sa marche en avant.

On peut donc affirmer que Napoléon et les citoyens américains, le Président Th. Jefferson en tête, ainsi que les diplomates qui représentèrent leur pays dans ces controverses délicates, ont fondé la grandeur des États-Unis. Il est évident que la cession de la Louisiane—cet acte de *Louisianicide* , comme Napoléon l'appelle lui-même, a imprimé à l'Amérique du Nord et, par suite, au monde entier, une direction nouvelle[1] [1] .

C'était, en effet, définitivement arracher ce qui restait des colonies anglaises, depuis le Canada jusqu'à la Nouvelle-Orléans, aux griffes du léopard britannique.

Du reste, à la chute de l'Empire, telles convoitises se firent de nouveau pressantes et le rêve que Napoléon avait caressé, parut un instant repris et réalisable par l'Angleterre: se substituer à la France en ajoutant au Canada la vallée du Mississipi. L'Empereur des Français, Roi d'Italie, protecteur de la confédération du Rhin, n'était plus que le petit souverain de l'Île d'Elbe; Wellington pouvait disposer de son armée d'Espagne. C'est ce qu'il fit. Mais pour réaliser cette persistante ambition en Amérique, il était trop tard pour Wellington, comme il était trop tard pour Napoléon.

L'Île d'Elbe, jouet de royaume pour celui qui avait bouleversé et gouverné tant de royaumes et tant de nations, était aussi trop près pour ceux qui, ayant souffert de l'indomptable audace du conquérant, craignaient toujours un retour offensif de son épée vaincue une première fois mais pas encore brisée.

Au Congrès de Vienne, les diplomates les plus retors cherchaient à augmenter les distances entre eux et cet aigle tombé qui pouvait encore reprendre son vol. Fouché insinua à son ancien maître de s'enfuir en Amérique où il pourrait sans doute recommencer une carrière finie en Europe.

Mais Napoléon avait lu Machiavel et il ne se faisait aucune illusion sur la sincérité des conseils donnés par le grand intrigant qu'il avait fait Duc d'Otrante.

Il connaissait aussi les sentiments de la France à son égard et préféra une marche triomphale à Paris à un voyage incertain à New-York.

Il s'était renseigné auprès du Commissaire anglais à Porto-Ferrajo sur l'état des hostilités qui, depuis 1812, se poursuivaient entre l'Angleterre et les États-Unis. Et, quand il apprit, de la bouche du capitaine Usher[2] que 25.000 hommes avaient été distraits de l'armée de Wellington pour opérer en Louisiane et en Floride, il prit le parti de rentrer en France.

Les nouvelles et les détails de ces événements lui étaient malheureusement parvenus avec un grand retard. Quand Bonaparte arriva à Paris, la paix était de nouveau rétablie entre l'Angleterre et l'Amérique et les troupes qui avaient combattu à la Nouvelle-Orléans furent dirigées sur l'Europe pour participer à la défense de la Belgique.

Si ces régiments d'infanterie, habitués à vaincre sous les ordres de Wellington, étaient demeurés un peu plus longtemps en Amérique, la plaine de Waterloo aurait peut-être connu un autre destin.

Après Waterloo, Napoléon aurait pu s'embarquer à Bordeaux sur un vaisseau américain. On lui proposa de prendre la place de son frère Joseph qui avait préparé son propre départ et obtenu un passeport du chargé d'affaires des États-Unis, à Paris.

C'eût été une faute,—un abandon de soi-même et de son entourage: Napoléon crut à la magnanimité de l'Angleterre et devint le prisonnier de Sainte-Hélène.

De l'énumération de ces principaux faits, il ressort que l'Amérique, d'une façon directe ou d'une façon indirecte, a toujours exercé une action sur la politique de Napoléon, ou sur l'évolution de la politique de l'Europe bouleversée et dominée par Napoléon.

Cette action, permanente parce qu'elle avait une cause profonde, des racines qui, du Vieux Monde, se ramifiaient jusqu'au Nouveau-Monde, était parfois invisible pour les contemporains, ne se manifestait qu'aux heures décisives, mais, en réalité, répondait à la marche fatale des événements.

Napoléon lui-même qui, issu de la Révolution française, avait brisé tant de moules surannés, aboli tant de préjugés admis, qu'il le voulût ou non, dut se soumettre à cette impulsion venue des lointains de l'histoire et des lointains d'un continent jeune.

Il s'y soumit naturellement, parce qu'au point de vue de la civilisation et du progrès social, il faisait la même besogne que les citoyens libres de l'Union, besogne qui consistait à ouvrir à toutes les classes de la Société des perspectives de bonheur et de richesses que l'ancien régime avait si jalousement limitées. Comme legs de la Révolution, ce fut la lutte pour la vie avec des espoirs de réussite permis à tous.

Était-ce un bien? Était-ce un mal? Ce n'est pas la place de le rechercher ici.

Et malgré cette unité de fin, il y avait divergence de moyens: ce que Napoléon a dû exécuter par son épée qui, la plupart du temps, trancha dans le vif, les États-Unis d'Amérique l'accomplirent par simple évolution. Mais le grand capitaine ainsi que les hommes dirigeants de la Confédération nouvelle représentaient des tendances sociales absolument identiques. Pour Emerson, Napoléon fut l'agent, l'homme d'affaires de la classe moyenne de la société moderne[3] . La société qui était en train de se constituer dans l'Union de l'Amérique du Nord était, en majeure partie, composée de cette sorte d'hommes. Nous pouvons dire, par contre, que, le premier, Napoléon commença à américaniser l'Europe, si par ce mot: *américanisation* , on peut désigner cette fièvre de vie intense et pratique, souvent dénuée de délicatesse et de poésie, mais qui répond à des nécessités sociales de jour en jour plus impérieuses.

Sous les combinaisons politiques, sous les calculs de l'ambition, plus haut que les rêves de gloire et plus durable que la victoire remportée sur un champ de bataille, il y avait l'humanité en marche.

Malgré tout, Napoléon a travaillé pour elle et, si l'on fait abstraction, un instant, des héroïques aventures de l'épopée militaire, il est permis de dire qu'il ne fut qu'un instrument au service du principe de causalité.

Cette affirmation paraît surtout justifiée quand on l'applique à ses relations avec l'Amérique.

Continuateur inconscient de la politique de Richelieu et de Louis XIV dans le nouveau monde, il veut parfaire l'œuvre commencée au XVIIe siècle, si maladroitement défaite au XVIIIe siècle, sous Louis XV. Le néfaste traité de 1763 avait donné à l'Angleterre la maîtrise des mers et la domination sur des continents nouveaux: l'Angleterre fut l'ennemi qu'il fallait anéantir.

Admirateur de la révolution américaine, il fut lui-même un produit de la révolution française dont il propagea les idées,—quitte à les combattre dans la suite.

Empereur d'Occident, il voulut porter la couronne de Charlemagne: vertige de la grandeur qui, par cette emprise d'atavismes trop anciens, le fit échouer. Cependant, l'Amérique qui n'avait pas à compter avec le charme et le danger d'un si lointain passé, marchait droit vers l'avenir, d'après des principes de liberté et d'égalité implantés sur un sol vierge par les Puritains et développés ensuite par la force et la logique des faits.

Les événements qui se sont déroulés pendant plus de trois siècles, ont été le point de départ des questions qui font l'objet du présent travail: pour comprendre celles-ci, il faut connaître ceux-là. Avant d'entrer dans le cœur du sujet, il est nécessaire de se demander quels étaient ces événements et quels étaient les hommes qui, influencés par eux, poussés par la fatalité des lois historiques, ont souvent obéi à ces lois et ont parfois dirigé ces événements.

Mais cette conclusion s'impose: c'est la politique de Napoléon qui permet aujourd'hui, aux descendants des Pères Pèlerins, fidèles à l'idéal de leurs ancêtres, de revenir en Europe — berceau de la civilisation, par des régimes surannés menacée de la tombe — pour y défendre le droit de l'individu et des collectivités, conformément aux principes si magistralement définis par le Président Wilson.

Chapitre I

LA FRANCE ET L'ANGLETERRE
DANS L'AMÉRIQUE SEPTENTRIONALE.

La lutte entre la France et l'Angleterre, pour l'hégémonie dans l'Amérique du Nord, constitue un des chapitres les plus glorieux de l'histoire mondiale.

Pour en comprendre toute l'importance, il suffit de rappeler les grands changements introduits dans les relations internationales, au lendemain de la découverte de l'Amérique. Ce fut un événement plus riche en conséquences que bien des révolutions dont le retentissement demeura plutôt local.

En ouvrant à la curiosité, à l'intérêt, au trafic, à la guerre, à la science, de vastes étendues situées à l'occident de l'Europe, on ouvrait, en même temps, aux pays occidentaux de cette même Europe, des horizons immenses, des perspectives de richesse et de gloire qui allaient changer la face du monde, bouleverser la signification civilisatrice des nations, réveiller d'anciennes rivalités et en créer de nouvelles.

Des rôles furent intervertis.

Les pays qui, jusqu'à cette époque, avaient, pour ainsi dire, trouvé à portée de leurs mains, les sources de la fortune et de la puissance, furent rejetés au second plan, — et des pays qui s'endormaient dans la routine et la monotonie, furent secoués d'un frisson de conquête, — enfin, des pays qui n'avaient pas encore pris contact avec la civilisation, furent découverts, émancipés, exploités... ou bien anéantis.

Après avoir fourni une carrière glorieuse mais pourtant limitée par des barrières plutôt géographiques que politiques, l'Orient et le centre de l'Europe durent passer le sceptre de la domination à l'Occident de l'Europe.

La cause en était simple, quoiqu'on n'en vit pas immédiatement toute la portée.

Le fait saillant est celui-ci: comme chemin de communication d'un continent à un autre, l'Océan Atlantique remplaça la mer Méditerranée.

La Méditerranée qui, dans l'antiquité, avait servi de lien entre l'Égypte, l'Asie Mineure, la Grèce, Rome et Carthage, — qui, au moyen-âge, avait fait la grandeur des petites républiques italiennes et des villes hanséatiques allemandes, devint, du jour au lendemain, un lac intérieur destiné à alimenter des besoins et des intérêts désormais restreints et stationnaires. Ce fut le déclin de l'Allemagne et de l'Italie.

Sous l'influence de facteurs dont les contemporains ne se rendirent pas bien compte, ces pays se virent condamnés à un effacement de leur nationalité, à un ralentissement de leur activité. Et pendant longtemps, l'histoire connut une «moins grande Allemagne» et une «moins grande Italie».

Par contre, la mer occidentale qui, pendant de longs siècles, ne représentait, pour les navigateurs, au-delà des colonnes d'Hercule, qu'un gouffre effrayant enveloppé de brouillard et de mystère, en livrant son secret à Christophe Colomb, inaugura une ère nouvelle. L'œuvre que le génial Gênois, au service de l'Espagne, avait tentée et réalisée, fut continuée et achevée par d'autres. La voie était ouverte; place maintenant aux peuples en progrès et aux idées en marche. Et ce fut le tour des nations occidentales à entrer en scène, des nations dont les côtes se développent sur une vaste étendue, le long de l'Océan Atlantique et constituent autant de bras tendus vers des rives opposées qui semblaient les solliciter et les appeler.

Tandis que l'Allemagne est divisée en deux camps irréductibles par la Réforme et se désagrège dans une lutte terrible qui dure plus de trente ans;—tandis que l'Italie est la proie des convoitises étrangères, l'Espagne, le Portugal, la France, l'Angleterre et la Hollande, pays dont les côtes s'étendent du Sud-Ouest au Nord-Ouest de l'Europe, voient leurs destinées modifiées de fond en comble par la découverte de l'Amérique. Ces pays, pour ne parler que des trois plus grands, rêvèrent tour à tour de devenir «une plus grande Espagne», une «plus grande France», une «plus grande Angleterre».

Ce rêve qui, pour ces trois nations, devint parfois une réalité, les entraîna dans de longues guerres et répond à une conception de domination universelle que, de nos jours, on a appelée: l'*Impérialisme* .

Dans l'Amérique du Nord où, malgré des tentatives audacieuses, l'Espagne ne put asseoir son autorité comme elle l'avait fait dans l'Amérique du Sud, il n'y eut bientôt plus, face à face, que deux rivales: la France et l'Angleterre.

La rivalité entre ces deux nations passe par des alternatives diverses, elle engendre des guerres qui ont leur dénoûment sur les champs de bataille de l'Europe, mais dont les résultats généraux se font surtout sentir en Amérique. Si, finalement, l'Angleterre l'emporta sur la France dans le Nouveau Monde, il faut en chercher une des raisons dans la position géographique des deux pays en compétition: l'un, étant une île, n'avait pas les mêmes attaches avec le continent européen que l'autre dont le grand rôle provenait précisément de ces mêmes attaches,—autant d'entraves pour le succès des entreprises coloniales.

Il y a d'autres raisons qui expliquent cet échec de notre politique coloniale,—des obstacles quasi organiques contre lesquels les plus grands protagonistes du drame historique, Napoléon lui-même, vinrent se briser et dont on se rendit compte longtemps après la fin de l'entreprise épique.

Au début, la France eut l'avantage.

Elle prit possession du Canada et du Saint-Laurent trente ans avant que Humphrey Gilbert ne plantât l'étendard anglais sur Terre-Neuve et près de quatre-vingts ans avant que Walther

Ralegh ne s'emparât de la contrée fertile qu'au nom de la reine Élisabeth il appela: Virginie.

Même pour la colonisation proprement dite, la France devança l'Angleterre. De bonne heure, nos explorateurs et nos missionnaires remontèrent le Saint-Laurent et descendirent la vallée du Mississipi, sillonnant ainsi les étendues immenses d'un vaste empire à fonder, dont les limites extrêmes se perdraient, au nord, dans les neiges du Canada et, au Sud, dans les plantations de sucre de la Louisiane.

Pour asseoir sur des bases solides un tel empire, il aurait fallu réaliser des conditions multiples; il aurait fallu, avant tout, conserver l'avantage commercial et stratégique que nous devions à nos premiers pionniers et qui nous assurait une avance considérable sur nos rivaux. Grâce à cette avance, nous aurions peut-être pu isoler et réduire les colonies anglaises, relativement faibles au début et resserrées entre la mer et les monts Alleghanys.

C'est le contraire qui arriva.

Notre force colonisatrice, en tant qu'initiative privée entretenue par des besoins impérieux, s'arrêta de bonne heure. D'Angleterre, d'Écosse, d'Irlande, par contre, se manifestait l'esprit le plus entreprenant, le plus aventureux de la race anglo-saxonne. Tandis que la France s'en tenait à ses premières conquêtes dans les zones déjà explorées, — territoires immenses mais peut-être trop dispersés, manquant de points de contact — tandis qu'elle organisait des expéditions officielles sous le contrôle direct du gouvernement, d'ailleurs, absorbé par les affaires intérieures, les défricheurs anglais de toutes espèces se frayaient leur route vers l'ouest et le sud-ouest, à coups de hache et à coups de fusil, au gré de leurs personnelles convenances, préparant simplement l'intervention gouvernementale pour le moment opportun.

De là, des conflits, un état de guerre chronique qui, avec ses fortunes diverses, devint permanent vers 1688, jusqu'à ce qu'enfin, dans le nord, la puissance française succomba dans les plaines d'Abraham.

Ce fut le début de l'histoire d'Amérique.

La bataille qui décida de la destinée de la France et de l'Angleterre en Amérique décida aussi de la future indépendance des futurs États-Unis.

Menacées par la France sur leurs flancs, les colonies anglaises eurent naturellement recours à la protection de la métropole: à ce moment, leurs intérêts se confondent.

L'affaiblissement de la France, son effacement, permit bientôt aux insurgents de s'occuper plus activement de leurs personnelles revendications. Ayant chassé les Français du Canada, ceux qui aspiraient à devenir des Américains, ne songèrent plus qu'à secouer le joug des Anglais.

Des hauteurs d'Abraham, la route menait donc à la déclaration de l'Indépendance et, de la déclaration de l'Indépendance, à Yorktown.

Et elle mena plus loin. Louis XV avait livré le Canada à l'Angleterre: les Bourbons prirent leur revanche quand une flotte française, maîtresse de la mer, força Cornwallis à capituler. Mais la France royaliste paya cher cette revanche. La révolution qui, chez nous, se préparait dans les conversations des salons et les écrits des philosophes et des hommes de lettres, trouva un exemple contagieux dans les premières rencontres de Lexington et de Concord. La flamme de la liberté allumée à Boston et répandue dans tous les états, souffla jusqu'à Paris et quand vint le jour où les races rivales de la vallée du Mississipi auraient pu régler leur compte, il n'y avait plus de roi de France.

Napoléon hérita de cette succession lourde et embrouillée; à l'extérieur la situation était aussi troublée qu'à l'intérieur,—je veux dire qu'hors d'Europe aurait dû se dénouer la rivalité entre la France et l'Angleterre: ce fut en Europe que, malgré lui, Napoléon dut chercher à abattre l'Angleterre, tout en faisant intervenir, quand il le jugeait à propos, la grande influence de l'Amérique.

Avant d'entrer dans les détails de cette histoire, il convient de résumer les différentes phases par lesquelles a passé l'œuvre française dans le Nouveau-Monde.

Des noms glorieux se pressent en foule; des haut faits en masse sont à enregistrer: l'individu fut à la hauteur d'une tâche souvent au-dessus de ses forces; la collectivité laissa parfois à désirer.

En présence de tant d'aventures et de tant d'aventuriers, sans nous arrêter à la tentative de colonisation de nos ancêtres normands qui, probablement, vers le Xe siècle, découvrirent une partie de la côte des États-Unis actuels, qu'ils appelèrent Vineland[4] , citons, d'abord, le dieppois Cousin qui, en 1488, quatre ans avant Christophe Colomb, fut poussé à l'ouest de la terre africaine, vers un continent qui ne serait autre que l'Amérique.

Mais c'est la période légendaire. Que veut-on? où va-t-on?

Les marchands veulent des mines d'or et de diamants, des épices rares, des fourrures de prix, des pêches miraculeuses. C'est la matière brute à exploiter et à la conquête de laquelle, sous ses formes diverses, se précipitent les peuples assoiffés de jouissances nouvelles et de gains inespérés. Les explorateurs, soutenus par un idéal plus élevé ou poussés par une conception scientifique plus ou moins exacte, cherchent le fameux passage du Nord-Ouest conduisant vers le prestigieux Cathay. Le rêve désintéressé alimente le calcul cupide. De toutes ces aspirations contradictoires naîtra l'Amérique. En attendant, entité réelle, elle ne se livre que par bribes aux chercheurs et les géographes, d'une main hésitante, en dessinent la carte, dont les contours changent et se développent, au gré des prises de possession plus ou moins heureuses. Les écrits et les cartes qui donnent quelques informations sur ces expéditions premières, contiennent des détails fantaisistes sur des îles au nord de Terre-Neuve et sur le Labrador[5] .

C'est par là qu'il faudrait, s'imagine-t-on, atteindre l'empire du soleil levant et, plus loin, l'empire des Rajahs. François Ier jaloux de la gloire maritime de Charles-Quint, dont les domaines étaient assez vastes pour que le soleil ne s'y couchât pas, chargea l'Italien Verrazzano de trouver la route escomptée et espérée. Il n'y parvint pas, mais il longea et explora la côte américaine le long du Maine jusqu'à Terre-Neuve et, à défaut d'autres richesses, rapporta la première description connue des côtes des États-Unis.

C'était beaucoup, car c'était une indication qui devait permettre à d'autres de pousser plus loin leurs investigations. À l'aube d'un monde qui s'éveille, les Français marchent en éclaireurs. Et, dans une splendeur de Paradou inculte, cette partie de l'Amérique offre aux nouveaux venus, l'antre de ses forêts vierges, l'étendue de ses prairies, l'immensité de ses lacs, le courant impétueux de ses fleuves, sans compter l'hospitalité inquiète des Peaux-Rouges, étonnés de voir des hommes blancs.

Et voici Cartier, le Breton rêveur et tenace qui, parti de Saint-Malo le 20 avril 1534, toujours à la recherche de la route qui mène au Cathay, s'avance dans le golfe de Saint-Laurent, longe les côtes d'Anticosti et remonte le grand fleuve dont les eaux profondes le portent et l'entraînent, plus loin, jusqu'à un roc escarpé qui se dresse au milieu du courant. Dans ce désert de solitude et de mystère, se profilent les parois abruptes qui seront les témoins d'héroïques exploits. Cartier ne vit que la flore gigantesque d'un paysage inculte où se groupaient quelques Wigwams sur l'emplacement qui devait être, plus tard, la ville de Québec. Son nom était alors Stadaconé, capitale du chef indien Domacona. Mais il existe une métropole plus grande, plus importante, appelée Hochelaga: les Indiens en parlent avec mystère. Sur les insistances de Cartier, ils consentent à l'y conduire. On se met en marche.

C'est la première fois que des Européens, des Français, foulent la terre du Canada, établissant, d'un geste pacifique, les droits à une conquête future. Et malgré les intentions hostiles ou les projets guerriers, l'entreprise est d'une poésie intense.

La matinée était fraîche, les feuilles des arbres frissonnaient dans la gamme des nuances changeantes, et, à la base des chênes, s'amoncelait une couche épaisse de glands. Ils allaient, surpris et charmés, sous la conduite des Indiens. Par un beau soleil d'automne, éclairant une muraille de verdure seulement coupée par le sillage des eaux courantes du fleuve, ils virent des forêts festonnées de pampres et de vignes, des douves remplies d'oiseaux aquatiques, — ils entendirent le chant du merle, de la grive, — et comme ils purent se l'imaginer, — le chant aussi des profondeurs inhabitées les appelant au loin...

En approchant de la mystérieuse Hochelaga, ils rencontrèrent un chef indien et comme dit Cartier... «l'un des principaux seigneurs de ladite ville, accompagné de plusieurs personnes[6] ».

C'était le 2 octobre 1535.

Sur les hauteurs dominant le fleuve, un millier d'Indiens occupaient le rivage. À la vue des hommes blancs, bardés de fer, qui semblaient tomber du ciel, ils exprimèrent leur étonnement avec frénésie. Ils se mirent à danser, à chanter, entourant les étrangers et glissant dans leurs bateaux des offrandes de poissons et de maïs. Et comme la nuit gagnait, des feux resplendirent bientôt dans l'obscurité, tandis que, de loin en loin, nos Français pouvaient voir les sauvages excités qui sautaient et se réchauffaient au contact de la flamme.

Le lendemain matin, par un sentier seulement connu des Indiens, Cartier et ses compagnons débouchèrent sur le sommet d'une montagne dominant un paysage grandiose. Notre Breton le baptisa de Mont-Royal. Ce fut Montréal, — le nom de la cité affairée qui remplace la sauvage Hochelaga. Stadaconé et Hochelaga, Québec et

Montréal, au XVIe comme au XXe siècle, centres de la population canadienne.

Aux regards anxieux s'étendait cette vue remarquable qui fait toujours le charme des touristes. Mais combien changée depuis que le premier blanc en fut émerveillé pour la première fois! Aujourd'hui, c'est l'agglomération d'une ville importante, c'est l'activité commerciale et industrielle poussée à l'extrême en ce raccourci des choses: voiles blanches des bateaux balancés au gré du grand fleuve,—fumée des vapeurs filant au loin,—sifflement des machines— disputes des hommes...

Mais en cette fin du XVIe siècle, Cartier ne vit que ceci: à l'est, à l'ouest, au sud, la forêt s'étendant à l'infini, le large ruban mobile du grand fleuve glissant à travers une immensité de verdure,—jusqu'aux frontières du Mexique, une mer ondoyante d'arbres de toutes les essences, aux feuilles tour à tour sonores et silencieuses répercutant des échos profonds ou des clameurs de fauves: creuset intact encore où devaient s'élaborer, plus tard, tant de projets et tant d'entreprises grandioses, formidable champ de bataille des siècles à venir, endormi dans une torpeur d'attente, enveloppé dans le voile impénétrable d'une nature inviolée.

Le même spectacle s'offrit aux regards de ceux qui suivirent Cartier: Roberval, La Roche, De Monts... Nous ne pouvons les citer tous, mais une mention spéciale doit être accordée à Samuel de Champlain, le plus pur, le plus intéressant de ces pionniers de la première heure. Héros à la fois enthousiaste et sagace, il est le chevalier errant de la royauté et de la foi qui donne son véritable caractère à l'exploration française de cette époque. Tandis que d'autres vont dans les pays nouveaux pour trafiquer simplement ou pour administrer, lui va pour colliger des faits et convertir des âmes.

Dans un premier voyage, il visita La Vera Cruz, Mexico, Panama; il y a plus de trois siècles, son esprit entreprenant conçut l'idée d'un canal à travers l'isthme, entre l'Atlantique et la mer du Sud, «...l'on accourcirait par ainsi, dit-il, le chemin de plus de 1.500 lieues et, depuis Panama jusque au détroit de Magellan, ce serait une isle et de Panama jusques aux Terres-Neuves, une autre isle...[7] »

Mais l'expédition qui devait le mener au nord de l'Amérique partit de Honfleur en 1608: elle contenait en germe le destin d'un peuple, l'avenir du Canada. Mieux organisée, elle était composée d'hommes aux aptitudes diverses qui se complétaient. Pontgravé devait s'entendre avec les Indiens pour le commerce des fourrures; Champlain devait faire œuvre d'explorateur scientifique. Double conception, indispensable, sans doute, quand on veut coloniser, mais dont les tendances et les moyens souvent contradictoires se gênent parfois et se neutralisent. Champlain refit, en réalité, le voyage de Cartier; il remonta le Saint-Laurent comme son prédécesseur et, comme lui, il vit les falaises de Québec et les hauteurs de Montréal. Hôte pacifique, animé des intentions les plus humanitaires, il était cependant le précurseur d'une foule moins désintéressée: des prêtres, des soldats, des paysans qui, dans ces solitudes ou parmi des groupements d'Indiens, plantèrent la croix du Christ, les écussons de la féodalité, les insignes de la royauté française.

Ce fut le prélude de conflits plus graves. Champlain sut se faire bien venir auprès des Hurons qui lui facilitèrent ses explorations aux grands lacs, jusqu'au lac qui porte son nom et qui le mit en communication directe avec la colonie de Massachusetts, — le cœur de la Nouvelle-Angleterre.

Champlain avait mis à profit l'inimitié des Hurons contre les Iroquois, amis des Anglais. On peut considérer cette exploration et cette prise de possession du lac Champlain comme le geste initial qui allait donner le signal et sa signification à la lutte inévitable. En avançant de ce côté, nous faisions une pointe directe contre les colonies anglaises, menaçant, de la sorte, leur extension vers le nord, en Acadie, et commandant à l'entrée de la vallée de l'Ohio qui ouvrait la porte vers l'ouest, vers le sud, dans le bassin du Mississipi. Toutes les contestations futures étaient contenues dans cette première tentative. Celui des deux peuples qui était maître de l'Acadie, serait le maître aussi de la vallée du Saint-Laurent,—celui qui pourrait s'avancer librement dans la vallée de l'Ohio, pourrait gagner la vallée du Mississipi, artère centrale d'un empire à fonder. C'était, en somme, toute l'Amérique du Nord.

Pour le moment, ce que Champlain a créé, c'est le Canada,—la Nouvelle France, avec ses deux capitales Québec et Montréal qu'il eut à défendre contre les incursions des Indiens et des Anglais. Mais il avait indiqué la marche à suivre et ses successeurs, explorateurs et gouverneurs, qu'ils fussent guidés par les Jésuites, les Récollets ou bien soutenus par le génie administratif de Colbert, s'efforcèrent simplement de parachever ce que lui avait commencé.

Malgré les obstacles de toutes sortes, Cavelier de la Salle parvint à descendre le cours du Mississipi, le chevalier d'Iberville continua son œuvre malheureusement interrompue trop tôt, et, à la fin du XVIIe siècle, nous possédions la province de la Louisiane nous avions posé, avec une prescience admirable, les bases des grandes cités futures, Saint-Louis, la Nouvelle-Orléans, les têtes de pont de l'empire qui devait s'étendre du Golfe de Saint-Laurent au Golfe du Mexique.

Alors, l'Angleterre comprit que, si elle n'intervenait pas d'une façon énergique, quasi désespérée, c'en était fait de sa puissance dans le Nouveau Monde. Sa politique, d'une façon générale, peut se résumer ainsi: développer et accentuer la mission qu'elle s'était assignée d'être une nation maritime, sous peine de déchoir ou de disparaître,—accentuer, en même temps, le caractère continental de la France en l'entraînant dans des complications européennes qui laisseraient à l'Angleterre le champ plus libre dans les colonies, sur la mer,—selon la formule classique: *Britannia rule the Waves!*

Pour plus de clarté, il convient de faire ici deux parts: la part de ce qui s'est passé dans les colonies et la part de ce qui s'est passé en Europe. Et d'abord, pendant que nous établissions une nouvelle France au Canada, avec des débouchés sur la vallée de l'Ohio vers l'Ouest et le Sud jusqu'à l'embouchure du Mississipi, qu'avaient fondé les Anglais en Amérique?

Leurs colonies s'étendaient de la côte d'Acadie, en passant par Boston, le Maryland, la Caroline, la Géorgie jusqu'à la Floride qui appartenait à l'Espagne. Entre l'Océan et les Monts Alleghanys, c'était une grande longueur de côtes qui en faisait la force et la faiblesse: la force, parce que domaine bien délimité, aux ressources et aux défenses concentrées,—sa faiblesse, parce que domaine resserré entre des barrières naturelles, telles que l'Océan Atlantique et une chaîne de montagnes, ne pouvant s'étendre s'il était menacé de trop près par les incursions des Indiens ou les empiétements ambitieux des Français,—risquant d'étouffer entre des frontières trop étroites pour contenir l'afflux des populations nouvelles que l'immigration promettait déjà nombreuses et audacieuses.

Début d'ailleurs difficile, âpre et sombre, pour la colonie du Massachusetts qui, dans l'énergie du désespoir, vit les Pères Pèlerins fonder une théocratie façonnant des âmes de sectaires au gré de l'idée puritaine. Si l'idée contenait en germe la victoire et l'émancipation définitive, les hommes connurent bien des traverses. Avant les Français, ils eurent à lutter contre les Hollandais qui, à l'embouchure de l'Hudson, avaient bâti le fort d'Amsterdam sur l'emplacement actuel de New-York[8] . Charles II s'en empara et, en souvenir de son frère, le Duc d'York, la rebaptisa. Déjà, sous

Charles Ier , l'émigration catholique avait trouvé un déversoir dans le Maryland. Les persécutions religieuses qui sévissaient en Angleterre, alimentaient les colonies d'une façon permanente et régulière. En 1640, on compta jusqu'à 20.000 émigrants, et ce chiffre va croissant jusqu'à la fin du siècle.

Les hommes en masse que la mer déversait sur les rives orientales du continent étaient arrêtés par la chaîne des Alleghanys à l'Ouest. Que faire? Lutter, se frayer passage, empêcher les Français de mener à bien leurs entreprises. C'est la ruée vers le Far-West[9] qui commence: point de départ d'une politique dont les effets se font encore sentir de nos jours. Tous les moyens sont bons. Sur les lieux mêmes: contestations, escarmouches, guets-apens, massacres; en Europe: de grandes guerres.

Ces guerres doivent être envisagées ici à un point de vue spécial. L'histoire les a généralement étudiées d'après les causes directes qui étaient bien d'Europe, ainsi que le théâtre sur lequel elles se déroulaient. Mais il y a des causes plus profondes en ce qui concerne la rivalité franco-britannique et c'est dans le Nouveau-Monde qu'il faut les chercher. De 1688 à 1815, il y a eu sept grandes guerres et c'est pendant cette période que l'Angleterre a établi sa suprématie maritime au détriment de la France, qu'elle a suscité des complications européennes dans lesquelles sa rivale a trouvé gloire et profit, mais où elle a parfois abandonné la proie pour l'ombre. Ce fut, en réalité, une seconde guerre de cent ans entre la France et l'Angleterre[10] , ayant pour prétexte et pour but inavoué, la prédominance en Amérique.

Pour l'Angleterre, pays maritime, c'était une question de vie ou de mort. Pour la France, pays à la fois maritime et continental, d'un caractère amphibie, c'était une possibilité de splendeur inouïe qui aurait pu se réaliser, qui s'est réalisée un moment mais s'est évanouie sous la pression d'événements contraires.

La France possède une longue succession de côtes, aux populations de marins, qui ont toujours donné des preuves de leur activité exploratrice et colonisatrice. Mais sa grandeur l'attachait au rivage.

Malgré l'extension donnée par Colbert à la politique coloniale, basée sur le développement et la protection de l'industrie et du commerce national, Louis XIV méprisait, au fond, le commerce et n'aimait pas la guerre maritime dont la compétence lui échappait. Ses ataviques préférences et son éducation historique l'inclinaient vers les nécessités plus proches et, avant de chercher aventure sur mer, il savait, aux frontières de France, des pays qui méritaient d'être châtiés de leur morgue, de leur prétention et de leur ambition. La gloire du Roi-Soleil devrait d'humilier la Hollande, de profiter de la décadence de l'Espagne et d'exploiter l'incohérence de l'Empire. Madrid et Vienne n'étaient-elles pas les deux capitales de la puissance qui, pendant le XVIe siècle, avait fait pâlir l'étoile de la Monarchie française? Aux Bourbons maintenant à primer les Habsbourgs.

Cette conception était logique et conforme aux précédents défendus par Richelieu et Mazarin. Elle contenait cependant une part d'erreur. Richelieu lui-même, en faisant de l'abaissement de la maison d'Autriche le pivot de sa politique européenne, ne limitait pas ses vues aux seules affaires continentales et affichait hautement sa sympathie pour les choses et les gens de la marine,—cet instrument d'une «plus grande France».

Louis XIV, en accordant toute son attention à imposer sa suprématie en Europe, relâchait par cela même le zèle qu'il aurait fallu appliquer à la mise en œuvre des colonies. La nouvelle France fut la première à ressentir les contre-coups de cette manière de voir,—politique sans doute inévitable au point de vue de l'actualité mais qui compromettait l'avenir et faisait, en somme, le jeu de la politique anglaise.

Quelles qu'aient été les alternatives de ces guerres en Europe, l'Angleterre en a toujours tiré un avantage en Asie comme en Amérique, avantage qui répondait à sa situation géographique et aux besoins de la nation,— avantage dont la France ne pouvait méconnaître toute l'importance et qui faisait réellement le fond du débat, en dépit des intérêts divergents qui dispersaient nos forces sur le continent.

Lorsque fut fondée la Louisiane, en 1680, la France était une des grandes puissances coloniales, si cette expression peut répondre aux conceptions de l'époque. Ses méthodes d'administration, d'exploitation, semblaient devoir réussir. La théorie en était excellente: ce que Colbert avait élaboré dans son cabinet de travail répondait aux plus claires conceptions du génie latin[11] . La pratique laissa à désirer. Ce qui manqua? La matière colonisatrice, les hommes,— les hommes d'une certaine trempe qui, tout en étant patriotes, ne tenaient pas tant au sol même de leur patrie qu'à la possibilité de transporter l'essence de cette patrie sur un sol plus fertile peut-être et toujours plus étendu. De tels hommes, animés de l'esprit mercantile, se trouvaient à l'étroit en Angleterre.

La date de 1688 comme point de départ du duel gigantesque qui ne devait prendre fin qu'en 1815, n'est pas choisie au hasard. Elle s'impose comme étant le point de départ aussi d'une ère nouvelle dans les Annales de la Grande Bretagne, ère inaugurée par la révolution qui mit Guillaume III sur le trône de Jacques II. Guillaume III, dans sa personne, dans sa famille, dans sa religion, dans toute son individualité physique et psychique, était l'antipode de Louis XIV. Maintenant, la France catholique va se dresser en face de l'Angleterre protestante, avec toutes les divergences d'opinion, d'idées, de sentiments et d'intérêts que comportent ces deux conceptions religieuses opposées. Le premier coup avait déjà été porté au catholicisme par l'anéantissement de l'Armada, sous la Grande Élisabeth. Les Stuarts catholiques, à la solde de la France, avaient toujours été en lutte avec la majorité de la nation anglaise. Le prince d'Orange-Nassau, Stathouder de Hollande, l'ennemi irréconciliable de la France et de Louis XIV, en devenant roi d'Angleterre, grâce à son mariage avec la princesse Marie, fille de Jacques, allait harmoniser les tendances politiques avec les plus intimes, les plus impérieuses aspirations du pays. Ces quelques mots résument la révolution qui s'accomplit après la déchéance de Jacques,—révolution plutôt sociale et économique, que sanglante et dramatique. Le drame se joua dans l'intérieur des consciences.

À l'extérieur, la guerre mit aux prises la France et l'Angleterre. Les guerres qui suivirent ne firent qu'accentuer la rivalité entraînant les deux nations dans la fatalité et la logique des événements. Les autres peuples engagés dans le tourbillon n'étaient parfois que des comparses, — ou pour être plus conforme à la vérité — des peuples dont le rôle touchait à sa fin ou des peuples dont le rôle ne faisait que commencer, tandis que les deux grandes nations dont les intérêts étaient défendus à Versailles et à Saint-James, se trouvaient dans la plénitude de leur vitalité et de leur ambition.

La guerre de la succession d'Espagne évoque les noms de Marlborough et du Prince Eugène dont les victoires assombrirent la fin du règne de Louis XIV. Puis vient la guerre de la succession d'Autriche avec les batailles de Dettingen et de Fontenoy qui mirent dans l'ombre les exploits de La Bourdonnais et de Dupleix dans l'Inde et firent oublier la prise de Louisbourg (1745) par les Anglais d'Amérique, — ville qu'ils durent d'ailleurs restituer à la Paix d'Aix-la-Chapelle. Ensuite, vint la guerre de Sept Ans sur laquelle plane le nom du grand Frédéric. Pendant cette guerre, les compétitions franco-anglaises pour l'Amérique entrent dans une phase décisive.

Tandis que nous sacrifions notre sang et notre or pour une politique européenne étroite et désastreuse—pour le roi de Prusse en un mot—nous perdions le Canada en Amérique. Montcalm était abandonné à des ressources dérisoires et succombait à Abraham. Ce fut le résultat le plus brillant de la politique anglaise. Nous étions hypnotisés par les hostilités ouvertes dans les Pays-Bas, dans le cœur de l'Allemagne, nous ne voyions pas ce qui se passait à Madras, aux bouches du Saint-Laurent ou sur les rives de l'Ohio. Aussi Macaulay a-t-il pu dire en parlant de l'invasion de la Silésie par Frédéric: «Afin que ce roi pût dépouiller un voisin qu'il avait promis de défendre, des hommes noirs se battirent sur la côte de Coromandel et des hommes rouges se scalpèrent mutuellement auprès des grands lacs de l'Amérique du Nord.»

Sous cet aspect incohérent, se distingue cependant la politique, franchement maritime et coloniale de l'Angleterre et la politique de la France, au double aspect, qui lui fit trop souvent sacrifier les intérêts coloniaux aux intérêts européens et perdre, en dernier ressort, l'empire qu'elle aurait pu fonder au-delà de l'Atlantique. Si, en remontant plus haut que les faits et les dates que nous venons de résumer, on se demande quelles sont les causes morales, profondes, qui ont contribué à ce résultat, il est peut-être permis de les expliquer de la façon suivante.

Tandis que le Canada à son aurore, découvert et défriché par des explorateurs, des soldats et des prêtres français, cherchait à développer sa personnalité bien française, une poignée d'hommes résolus et intransigeants, venus d'Angleterre, posaient, sur le rocher de Plymouth, les hases d'une république destinée à un grand avenir.

Ces deux essais de colonisation différaient grandement dans leur principe et dans leur essence.

Certes, le début de la Nouvelle-Angleterre fut un défi jeté au principe même de son existence. Jamais une théocratie tyrannique ne fut plus oppressive que celle instituée par les Puritains qui suivirent les Pères Pèlerins après le premier exode de la *Mayflower* [12] . Le protestantisme épuré de la Nouvelle-Angleterre proclama le droit sacré de la liberté pour s'affranchir des persécutions infligées par la mère-patrie,—une fois cet affranchissement obtenu, il met cette même liberté sous le boisseau. Sur le tronc de l'arbre d'indépendance, il greffa un bourgeon de despotisme; ce ne fut qu'une floraison passagère. Le suc vital de la racine subsista quand même et finit par remonter jusqu'aux pousses récentes.

Il en fut autrement pour la Nouvelle France. Elle fut conséquente avec elle-même jusqu'au bout et cette logique trop systématique contenait en elle des germes de mort. Dans tous ses éléments constitutifs,—racine, tige et branche— elle était un produit de l'esprit d'autorité. Un absolutisme déprimant—celui de la Monarchie la plus absolue de l'Europe—la régit depuis le commencement jusqu'à la fin. Des prêtres, des Jésuites, un Ventadour, un Richelieu[13] , ont été les premiers ouvriers de sa destinée. Ce qui en Europe, en France, contribuait à étouffer toute liberté: la centralisation excessive au profit de la couronne, la propagande ultramontaine au profit de la papauté, le despotisme politique, en un mot, —trouva sa répercussion et son application dans des terres nouvelles qui demandaient des méthodes nouvelles aussi. La Nouvelle France devait être une répétition de la Vieille France. Conception séduisante répondant au génie administratif; mais grave erreur: on ne recommence pas au-delà des mers, sur un continent nouveau, à tant de milles de distance, la même œuvre nationale, sous peine de faire de la colonie une annexe simplement de la mère-patrie, soumise à tous les revirements et, finalement, sacrifiée aux intérêts primordiaux de la métropole. Cette œuvre fait comprendre, sans doute, pourquoi tant de glorieuses entreprises, auxquelles se sont dévoués des héros et des martyrs, ont abouti à un échec.

Les Puritains persécutés poursuivaient un autre idéal. Forts de leur foi religieuse, ils ne prétendaient pas fonder une colonie plus ou moins riche à exploiter: ils voulaient fonder une patrie.

Celle qu'ils venaient de quitter était perdue pour eux, à jamais. Entre la Vieille Angleterre et ce qu'on a appelé quelque temps la Nouvelle Angleterre, tout lien était rompu. Cette séparation s'accomplit virtuellement le jour où les Pères Pèlerins débarquèrent sur la côte du Massachusetts, se considérant comme les dépositaires de l'idée divine: leur mission consistait à sauver cette idée de l'ambiance réputée délétère pour la faire germer dans un sol plus pur, répondant à la pureté de leur inspiration. Tel le peuple d'Israël, leur groupement serait le peuple élu de Dieu. Cette conviction fit leur force et, un instant, leur faiblesse, puisque, comme nous l'avons dit déjà, la liberté, au nom de laquelle ils s'étaient expatriés, fut sacrifiée à la nécessité d'imposer l'infaillibilité de leur dogme. Leur énergie farouche et mystique explique du moins les phases diverses par lesquelles durent passer les débuts d'une nationalité et elle contient déjà certains traits de caractère qui, émanant directement de la colonie de Massachusetts, se retrouveront, plus tard, dans la constitution des États-Unis.

Tandis que le Canada et le vaste domaine sur lequel, pendant tout le XVIIe siècle, nos missionnaires, nos Jésuites et nos explorateurs avaient jeté leur dévolu, furent toujours exposés au contre-coup de ce qui se passait en France, les habitants de la colonie qui avait Boston pour capitale tendaient à se détacher de l'Angleterre: ces Anglais devenaient des Américains par la force des choses et par la force de leur volonté. Les événements qui, pendant plus d'un siècle, contribuèrent à consommer ce changement, constituent les différentes étapes d'une évolution inévitable dont la guerre d'indépendance, soutenue par la France, n'est que le geste définitif.

Chapitre II

L'INDÉPENDANCE AMÉRICAINE
ET L'INTERVENTION FRANÇAISE.

Les grandes guerres qui se sont succédé en Europe de la fin du XVIIe siècle jusqu'au milieu du XVIIIe siècle, ont toujours procuré à l'Angleterre un avantage colonial, avantage qui finit par lui assurer la prédominance en Amérique. Cette politique, heureuse à nos dépens, fut couronnée par le traité de 1763. Le résultat en était désastreux pour la France. Les contemporains ne comprirent pas immédiatement tout ce que les suites de la guerre de Sept Ans contenaient pour nous d'ignominieux. Sous les apparences brillantes de la Monarchie, la situation internationale du pays était, en réalité, atteinte.

Les esprits les plus avisés, occupés de philosophie, de littérature ou de galanterie, étaient hypnotisés par l'évolution intellectuelle, sociale et économique qui se dessinait en Europe, surtout en France. Ils ne virent pas ce qui se passait,—le fait inéluctable qui venait de se produire outre-mer: la perte du Canada, — échec définitif de notre politique coloniale en Amérique.

L'œuvre que nous avions rêvée et inaugurée, les Anglais l'avaient réalisée et parachevée. Un historien perspicace et judicieux aurait pu, dès cette époque, déterminer la portée de l'événement. C'était, en somme, l'idée de Guillaume d'Orange Nassau, devenu roi d'Angleterre et champion de l'Europe protestante, qui triomphait de la conception de Louis XIV, représentant de la catholicité autocrate. L'empire colonial que nous aurions pu fonder en Amérique, sous les auspices de la monarchie française, de race latine et de religion catholique, fut remplacé définitivement par un empire où la religion protestante et la race anglo-saxonne demeurèrent prépondérantes.

Cependant cette marche régulière, envahissante, triomphante, menée par les politiciens anglais dans l'Amérique du Nord, sous l'inspiration du premier Pitt, connut une heure d'arrêt: ce fut quand les colons anglais, devenus des américains, renièrent leurs frères d'Angleterre et se soulevèrent contre le joug du roi Georges.

Ce grand événement qui stupéfia la Métropole, était pourtant à prévoir.

En réalité, ceux que l'on appelait dédaigneusement à Londres: *les Insurgents* , étaient simplement des hommes libres qui, dans la plénitude du droit, défendaient leurs droits.

À tort, selon moi, a-t-on appelé révolution un mouvement irrésistible et fatal qui n'est, en somme, qu'une évolution,—la dernière conséquence d'un geste esquissé au commencement du XVIIe siècle. La révolution qui arracha une fraction du peuple anglais à la mère-patrie, s'accomplissait au moment même où les Pères Pèlerins, animés de la plus intransigeante foi puritaine, débarquèrent sur le rocher de Plymouth pour s'y établir à demeure, sans esprit de retour.

Ces hommes avaient dit un éternel adieu à la patrie qui les avait persécutés. Leur patrie était désormais là où leur dogme religieux pouvait s'affermir sans entraves. Le souvenir de la terre natale s'effaçait devant la nécessité de l'œuvre à accomplir: trouver la terre hospitalière, qu'elle fût inculte et sauvage, où établir les représentants fugitifs du peuple élu de Dieu. Le reste n'existait plus et malgré d'ataviques caractères toujours persistants dans une race issue d'une race en voie de transformation,—sur un continent nouveau s'élaborèrent les éléments d'une nationalité nouvelle.

Les deux fractions de la race anglo-saxonne qui se sont séparées vont suivre désormais une vie et une destinée différentes. Pour accentuer cette séparation, aux causes morales viendront s'ajouter des causes physiques; petit à petit, le climat exerça son influence sur l'individu,—mais cet individu évoluera plus lentement en Amérique, il représentera encore longtemps un type qui, en Angleterre, soumis aux vicissitudes de révolutions politiques, religieuses et sociales, s'était profondément transformé, aussi bien dans son apparence extérieure que dans ses idées.

Les Anglais de la fin du XVIIe siècle ne ressemblaient plus aux Anglais du commencement du XVIIe siècle.

La Monarchie des Stuarts, à tendance catholique, la grandeur passagère de la république de Cromwell, l'empreinte ineffaçable de la religion puritaine, enfin, la révolution qui, en mettant sur le trône d'Angleterre Guillaume d'Orange, avait, pour ainsi dire, harmonisé la forme constitutionnelle du pays avec les plus fortes aspirations de consciences intransigeantes, —autant de causes qui, en un espace de temps relativement court, bouleversèrent la société, les mœurs, la politique et exposèrent les âmes anglaises à des secousses génératrices de transformations profondes. L'âme anglaise, repliée sur elle-même, était contenue en elle-même, comme était contenue dans des limites étroites la pairie formée par l'île britannique. Ce fut son originalité et sa force,—mais, peut-être aussi, au point de vue du progrès général, sa faiblesse et son châtiment.

Cependant, les frères d'Amérique, qui n'avaient pas connu ces brusques alternatives, poursuivaient leur idéal en luttant contre les dangers plus matériels d'une nature souvent inclémente et d'une population sauvage et hostile. Les hardis navigateurs et découvreurs anglais, qui avaient posé les premiers jalons de la colonisation dans l'Amérique du Nord, appartenaient encore à la génération enthousiaste de l'époque de la Renaissance. À ce moment, l'Angleterre communiait pleinement avec l'Europe. C'était, d'un bout du continent à l'autre, les mêmes aspirations, la même passion de vivre la vie dans toute son intensité, de lui faire donner le maximum de jouissance, dans un esprit chevaleresque et généreux qui, demandant beaucoup aux autres, donnait aussi beaucoup de soi.

Les contemporains de la grande Élisabeth et leurs descendants directs, les premiers défricheurs de l'Amérique, gardèrent longtemps les traits de ce caractère qui, au contact des nécessités nouvelles, empreintes à la fois de poésie et de réalité, ne fit que se développer. Tandis que les Anglais, demeurés dans leur île, aux prises avec des problèmes complexes et plus proches, devinrent les champions d'un idéal plus réel et plus réaliste, tandis qu'enfin, les Anglais d'Angleterre étaient soumis à des changements aussi radicaux, les Anglais d'Amérique, n'ayant plus à compter avec la tradition, ou plutôt continuant une tradition persistante, évoluaient lentement et régulièrement. Les hommes qui jouèrent un rôle décisif dans les premières années de la colonisation étaient presque tous nés sous le règne d'Élisabeth, ou, s'ils n'y étaient pas nés, ils en avaient gardé l'empreinte. Depuis Ralegh et John Smith jusqu'à Winthrop et Dudley, on retrouve, chez eux, certaines qualités et certains défauts de moins en moins anglais; ils ont gardé un esprit chevaleresque, aventureux, une spontanéité plus nerveuse et plus mobile, une plus grande souplesse d'esprit et de corps, toutes particularités qui vont contribuer à déterminer les traits caractéristiques de l'Américain: Jonathan,— à opposer au type—devenu légendaire, de John Bull.

Une heure vint donc où, par la force des choses, des hommes issus d'une même nationalité, se trouvaient face à face: des étrangers et des ennemis.

Ce fut l'œuvre de la nature.

À tant de lieues de distance, ce n'était ni le même soleil, ni le même ciel, ni le même sol,—partant la plante humaine prenait des aspects différents.

L'œuvre de l'homme accentua cette différence ou cette animosité. Ce fut surtout l'œuvre des institutions interprétées d'une façon différente et représentées, au moment décisif, par le gouvernement de Georges III.

Les Américains étaient restés fidèles à la grande époque, à la date de 1688, où le Parlement anglais fut le palladium de toutes les libertés. Les Anglais, au cours des ans, en avaient modifié la conception et, grâce à la mobilité des événements et à la multiplicité des besoins politiques et sociaux, ignorés encore des colonies, d'une institution destinée à écarter les abus de tous les pouvoirs, firent un instrument d'oppression.

Dans ce conflit, il est évident que l'Amérique représenta le principe de liberté, tel que le Parlement britannique lui-même l'avait proclamé et défendu, à plusieurs reprises, au XVIIe siècle.

Grâce à ce droit suprême, regardé comme le privilège le plus précieux de la nationalité anglaise, le Parlement possédait le pouvoir et l'obligation de contrôler, de renverser, s'il le fallait, les dynasties, comme il l'avait fait brutalement pour les Stuarts, une première fois, comme il l'avait fait quasi constitutionnellement lors de la révolution de 1688. Mais dans la suite, sous le règne de rois de race étrangère, le pouvoir suprême établi dans le Parlement, ne trouvant plus de contre-poids, devint un instrument de despotisme dirigé contre les Colonies. Ce qui était une garantie de sécurité pour la mère-patrie, était, en même temps, un moyen arbitraire de pressurer les peuples du dehors, soumis au joug de l'Angleterre.

Les Américains entendaient être gouvernés avec la même libéralité que les sujets de Sa Majesté britannique,—eux qui se considéraient comme l'émanation la plus pure des tendances égalitaires de la race anglo-saxonne,—eux qui s'étaient expatriés un jour pour conserver intacte l'intégrité de leur credo religieux et l'intégralité de leur indépendance individuelle.

Plus haut que les hommes qui allaient en venir aux mains, se trouvaient donc, face à face, deux théories: celle du pouvoir illimité du Parlement, laquelle, à deux reprises, avait sauvé la constitution anglaise; et la théorie, de date plus ancienne, remontant à l'origine des assemblées et qui avait pour base le respect des droits de l'individu et des libertés possédées par les communautés organisées.

Dans la sphère des idées, le choc de ces deux éléments constitutifs de toute vie politique en Grande Bretagne, prête à la Révolution d'Amérique un intérêt considérable dépassant les deux pays en litige.

L'Europe ne pouvait demeurer indifférente.

L'incendie qui allait se propager si facilement, si logiquement dans le Nouveau-Monde, couvait dans le Vieux-Monde. Comment y jugeait-on les insurgés? Suivant les cas et les pays, et il est évident que les conditions dans lesquelles se trouvaient ces pays exercèrent une influence plus ou moins décisive sur les bouleversements qui se préparaient au delà de l'Atlantique.

L'Espagne, maîtresse d'un vaste empire en Amérique, était tombée, en Europe, au second rang. Charles III qui occupait le trône, plein de bonne volonté, accordait trop de crédit aux conseils d'un confesseur ignorant. Il fit cependant écrire à Londres qu'il considérait l'indépendance des Colonies aussi désastreuse pour l'Espagne que pour l'Angleterre. Il refusa de prêter main-forte aux provinces révoltées mais il ne se fit pas scrupule d'attaquer la mère-patrie quand elle voulut les réduire.

Catherine II, la grande Impératrice de Russie, entièrement absorbée par son rêve ambitieux qui consistait à fonder un empire d'Orient soumis au sceptre des Romanoff, n'accordait qu'une attention discrète aux événements qui se déroulaient dans des parages si lointains. À Georges III qui, en quête de soldats, lui proposa l'achat de 10.000 Russes qui seraient entièrement sous les ordres des officiers anglais, elle répondit une lettre dont la forme seule, dans sa dignité, voilà un peu l'insolence.

On sait que, dans ces négociations en vue de se procurer des recrues, le roi d'Angleterre fut plus heureux auprès de certains petits princes d'Allemagne qui, tels les ducs de Hesse-Cassel et de Brunswick, n'hésitèrent pas à battre monnaie en trafiquant de leurs propres sujets. Honte éternelle de ces principicules qui, dans les marchés intervenus entre les contractants, évaluaient la chair, le sang, la vie—des parcelles de vie—de leurs compatriotes, comme des denrées plus ou moins avantageuses suivant le prix, comme les marchandises viles d'un commerce rémunérateur. Si ce scandale porte en soi un enseignement, c'est celui qui ressort du contraste même des deux partis qui allaient être en présence: d'un côté, les fils d'une terre libre ou qui veut l'être, les défenseurs de toute dignité personnelle, qui, en fait de souverains, ne reconnaissaient que la souveraineté du droit individuel,—de l'autre, des hommes braves et courageux, certes, mais exploités comme des machines par des potentats qui s'imaginaient encore que les peuples sont créés pour les rois et non les rois pour les peuples.

Le roi de Prusse, le grand Frédéric, quel que fut son despotisme, n'entendit pas de cette oreille. D'ailleurs, il en voulait à l'Angleterre qui l'avait abandonné à la fin de la guerre de Sept Ans. De plus, en ce qui concernait les velléités de révolte des Américains, son scepticisme philosophique lui permettait parfaitement d'accepter le mot de république, pourvu que la chose se réalisât à tant de mille lieues de son propre royaume.

Les autres nations européennes, en dehors de leurs préférences personnelles, suivaient, dans leurs manifestations politiques, une ligne de conduite inspirée par les principales intéressées: la France et l'Angleterre.

Dans les décisions à prendre dans cette grave conjoncture, ces deux nations, les deux protagonistes de la rivalité séculaire, seront entravées tour à tour et entraînées, soit par les faits acquis légués par le passé, soit par des faits nouveaux que la nécessité présente impose toujours avec impétuosité. De là, bien des hésitations, bien des contradictions, surtout dans la politique et l'engoûment des hommes d'État français et de ceux qui, plus ou moins ouvertement, cherchaient à influencer le gouvernement.

Pour l'Angleterre, elle en était arrivée, quelque temps après le traité de 1763, à réaliser la plus grande expansion de son influence dans le monde, pouvant déjà revendiquer, sans conteste, le titre de première puissance coloniale. Lord Chatham, le génial promoteur de cette politique mondiale, transmit sans doute, alors, à ses compatriotes un peu de son orgueil intraitable et les boutiquiers de Londres, en passe de faire fortune, solidarisaient l'honneur de leurs comptoirs avec l'honneur des nobles Lords, préposés aux destinées de l'Empire britannique.

Cet état d'esprit s'explique dans une certaine mesure: les petites causes produisent parfois de grands effets et l'on comprend, peut-être, l'infatuation des habitants d'une capitale qui, située dans une contrée peu fertile et sous un climat souvent inclément, regorgeait des richesses apportées de toutes les parties du monde. Effort, en effet, gigantesque pour l'époque et résultat magnifique! Quand on n'a pas sous la main ce que l'on désire — et le désir va toujours croissant — on le fait venir de loin au prix des plus grands sacrifices. Londres, patrie des brouillards et du spleen, grâce à ses vaisseaux qui sillonnent toutes les mers, est plus que toute autre approvisionnée de fleurs, — produits de patries exotiques, de colonies plus ou moins bien exploitées et qui déversent sur la métropole le trop-plein de leurs flores somptueuses.

Ce pouvoir de supprimer la différence des zones, la longueur des distances, de corriger, en un mot, les effets provenant des inégalités de la production terrienne, tout en entretenant l'activité prodigieuse de la race, développe la confiance en soi et la vanité de se proclamer dominateur. Ce sentiment partagé par la plupart des viveurs faméliques ou fortunés qui encombraient la cité, depuis Westminster jusqu'à Saint-Paul, pouvait aussi engendrer l'abus des jouissances en une corruption des mœurs étalant le scandale de trop de misère à côté de trop de splendeur, il devait, enfin, détériorer et aveugler la conscience des personnes en qui se concentraient tous les rouages du gouvernement: certains membres des Chambres, les Ministres, le Roi.

À peu près vers l'époque où se manifestèrent les premières velléités de révolte en Amérique,

Georges III émit la prétention de devenir un roi absolu.

Il ressemblait au roi de France par sa bonne volonté mais se différenciait de lui par une grande force de volonté. Aussi, un historien a-t-il pu dire qu'avec la moitié de l'obstination de Georges III, Louis XVI aurait peut-être pu sauver sa tête et qu'avec la moitié de la souplesse de Louis, Georges aurait peut-être conservé l'Amérique[14] .

Pour augmenter le pouvoir de la couronne, il fallait diminuer celui des Ministres, avoir une politique royale plutôt que nationale, faire jouer les influences, les intrigues, les corruptions, briser, dans le parlement, tout serviteur rebelle,—fut-ce William Pitt—ce qui était impossible—en un mot, manœuvrer de façon à ce que les sièges de la Chambre des Communes fussent à l'entière disposition du roi.

Réaliser un pareil programme consistait à fausser entièrement l'institution du Parlement dans le sens indiqué plus haut,—dénaturer sa raison d'être, méconnaître ses nobles origines d'indépendance, pour en faire une arme terrible au profit de la royauté.

On le voit, constitutionnellement, l'Angleterre marchait dans le sens opposé à celui de ses colonies d'Amérique: celles-ci tenaient leurs plus importantes prérogatives, les bases de leur développement conforme à l'esprit des premiers législateurs, du Parlement qui s'était toujours dressé contre les empiétements de la royauté,—et maintenant, ce Parlement n'était plus qu'un instrument servile au service de cette royauté.

Entre les hommes qui représentaient ces deux tendances, il n'y avait plus d'entente possible: la séparation était l'aboutissement fatal de toutes les controverses et de toutes les tractations.

Le roi Georges considérait toujours les Américains, non pas comme des ennemis étrangers soulevés contre l'Angleterre, mais comme des Anglais qui prétendaient à plus de liberté qu'il ne jugeait convenable de leur en accorder et quand il envoya contre eux ses flottes et ses armées, il croyait simplement ordonner une mesure de police, semblable à celle qu'il prenait quand il permettait à sa garde de soutenir les gendarmes en train de nettoyer la rue d'une populace en révolte.

Dans les deux camps et malgré les actes irréparables, des hommes de bonne foi crurent encore à la possibilité d'une réconciliation.

Dès 1775, dans la Chambre des Communes, les membres de l'opposition qui prirent la parole en faveur des revendications américaines prétendaient combattre, en même temps, pour les libertés anglaises. Noble lutte oratoire, au cours de laquelle se firent entendre les accents les plus émouvants de l'éloquence: il faut lire les discours de Fox et de Burke pour bien comprendre quel déchirement se produisit alors dans la conscience de ceux gui savaient, qui connaissaient le passé et devinaient l'avenir, qui estimaient au même prix l'indépendance des Colonies et la grandeur de la métropole.

Mais l'idéal des penseurs avertis, si conforme soit-il aux évolutions nécessaires des idées, se défend mal contre la réalité des votes.

Et les votes étaient à la discrétion du Roi, des Ministres, de la majorité des Chambres, de leurs créatures, de la masse des trafiquants, des marchands, des faiseurs, des commerçants insatiables qui imaginèrent leurs intérêts atteints si les colonies étaient émancipées, — ce en quoi ils se trompèrent étrangement, car, au point de vue strictement commercial, le chiffre des affaires entre l'Angleterre et l'Amérique augmenta prodigieusement après que la séparation fût officiellement reconnue entre les deux pays par un traité.

Dans la chambre des Lords même, Chatham présenta un bill qui accordait la plupart des demandes des Américains, mais maintenait le droit du Parlement à garder des troupes dans les Colonies. Ce projet de loi fut rejeté.

La guerre était inévitable.

En France, la question devait soulever un monde: idées contradictoires, espérances de revanche. Chez nous, ce n'était pas une lutte entre deux fractions de la même race, une lutte fratricide devant aboutir à une scission fatale; c'était un nouvel épisode de la rivalité entre deux races étrangères, c'était une étape décisive dans cette seconde guerre de Cent Ans qui, selon nous, devait se poursuivre entre la France et l'Angleterre depuis 1688 jusqu'à 1815.

Si l'on accepte ce postulat, malgré les alternatives, les arrêts, les incidents inutiles, les enchevêtrements obscurs, qui en masquent la réalité, la marche des événements s'éclaire d'un jour nouveau.

D'abord, il peut paraître étrange qu'une des plus vieilles monarchies de l'Europe se dévoue à l'établissement d'une république. Comment expliquer que les représentants d'une noblesse férue de tous les privilèges, ait pu si allègrement, si chevaleresquement tirer l'épée en faveur de principes égalitaires destinés à détruire cette même noblesse?

La question est complexe, — un composé d'éléments divers où entre une dose de philosophie, une dose de contradiction, une dose de littérature, une dose de patriotisme.

À y regarder de près, le patriotisme prime tous les autres sentiments. Instinctivement, il agit sur la volonté de ceux qui aspirent à jouer un rôle, cherchent à se consacrer aux plus nobles causes. La cause à servir, en premier lieu, est celle du pays. Et, instinctivement aussi, les représentants de l'aristocratie française, à l'épiderme chatouilleuse sur le point d'honneur personnel ou collectif, toujours à l'avant-garde des guerres, des coups à porter à l'ennemi héréditaire, souffraient d'une déchéance vaguement ressentie par la masse, pendant les dix dernières années du règne de Louis XV, devenue flagrante par l'abaissement de notre influence en Europe et de l'autre côté de l'Atlantique.

La haine contre l'Angleterre couvait, ne cherchant qu'un prétexte à éclater. Se solidariser avec les prétentions séparatistes des colonies révoltées répondait donc à une politique logique et qui s'imposait.

Le comte de Vergennes, Ministre des Affaires Étrangères de Louis XVI, se fit le défenseur de cette politique à laquelle l'opinion publique, pour des raisons humanitaires plus générales, se montra favorable. Mais comme en Angleterre, en France, il y eut deux partis: celui des philosophes, des intellectuels de toutes sortes, entraînant à leur suite tous les esprits entreprenants, toutes les intelligences éprises de nouveautés, qui plaçaient les questions d'émancipations sociales, d'indépendance et de liberté au-dessus des intérêts d'une dynastie ou même d'une patrie, — et celui des politiques clairvoyants qui sentaient le moment venu de réparer les effets regrettables d'une diplomatie désastreuse, en faisant agir une diplomatie plus avisée avant de faire parler le canon.

On connaît l'influence prodigieuse exercée par le mouvement littéraire du XVIIIe siècle sur l'évolution des idées. Depuis Voltaire, Rousseau, les rédacteurs de l'Encyclopédie jusqu'à Beaumarchais, tous les écrivains de talent ont contribué à saper, dans leurs bases, les institutions branlantes de l'ancien régime, à dénoncer un abus, à ridiculiser un privilège, aux applaudissements souvent de ceux-là mêmes qui vivaient de ces abus et de ces privilèges. De pareils applaudissements, d'une nature incohérente et parfois déplacés en France, parce qu'ils émanaient d'hommes ignorants qui approuvaient leurs propres bourreaux, étaient parfaitement compréhensibles quand ils s'adressaient aux hardis émancipateurs d'Outre-Mer: les défenseurs de leurs droits, devenus les ennemis de l'ennemi commun: l'Anglais.

Cette dualité de conception fait comprendre la communauté de sentiments qui, pendant un moment, unit, dans le même espoir, les libéraux qui saluaient l'aurore d'une république et les plus fidèles serviteurs de la Monarchie qui voyaient, dans le soulèvement des Américains, l'occasion unique d'une revanche à prendre sur l'Angleterre.

Bien avant l'initiative prise par Vergennes, on prévoyait, en Europe, que les colonies anglaises se sépareraient de la métropole. Surtout en France, les hommes d'État et les diplomates qui connaissaient la question à fond, devançaient les événements dans leurs plans et projets de politique internationale et n'hésitaient pas à donner des détails anticipés sur le prochain démembrement de l'empire britannique,—le tout sur le papier.

Dès 1750, Turgot ne leur avait-il pas donné raison en émettant cet aphorisme qui, pris à la lettre, serait la condamnation de tout système de colonisation: «Les Colonies sont comme des fruits qui ne tiennent à l'arbre que jusqu'à leur maturité. Devenues suffisantes à elles-mêmes, elles font ce que fit Carthage, ce que fera un jour l'Amérique».

Et le duc de Choiseul qui portait sans doute à regret, la responsabilité de la paix de Paris, chercha par tous les moyens à en conjurer les néfastes effets. Il aurait voulu que la prédiction de Turgot se réalisât le plus tôt possible. Il entretenait des émissaires qui le renseignaient sur l'état général de l'Amérique. Entre la prise de Québec et celle de Montréal, Favier lui adresse un mémoire où il passe en revue, d'une façon saisissante, les causes qui entraînent la perte du Canada pour la France et celles qui entraîneront la perte des colonies pour l'Angleterre. Choiseul semble s'être inspiré des considérations émises par cet agent perspicace, quand il écrit à M. Durand, notre ambassadeur à Londres[15] :

... «Les colonies d'Amérique ne peuvent être utiles à la Métropole qu'autant qu'elles ne tirent que d'Angleterre les matières premières de leurs besoins. Car l'on ne doute pas que tout pays éloigné qui est indépendant pour ses besoins ne le devienne successivement dans tous les points; et d'ailleurs, de quelle utilité une colonie de l'Amérique septentrionale sera-t-elle à la Métropole si elle n'en tire pas le travail de ses manufactures? Il faut donc que les colonies

septentrionales de l'Amérique soient totalement
assujéties, qu'elles ne puissent opérer, même pour
leurs besoins, qu'après la volonté de la métropole;
cela est possible quand on a en Amérique une
petite partie de pays dans laquelle le
gouvernement fait de la dépense et y introduit
des troupes au soutien du despotisme; mais une
métropole qui aura dans le Nord de l'Amérique
des possessions trois fois plus étendues que la
France, ne pourra pas, à la longue, les empêcher
d'avoir des manufactures pour leurs besoins; elle
doit se restreindre à fournir au luxe, ce qui durera
fort peu de temps, car le luxe amènera sûrement
l'indépendance.»

....

Cette heure n'avait pas encore sonné. En 1768, le
colonel de Kalb, envoyé en Amérique pour y
étudier les ressources militaires des Colons et les
secrets desseins de leurs chefs, écrivait de
Philadelphie[16] : «L'éloignement de ces peuples
de leur gouvernement, les rend libres et
licencieux; mais au fond, ils ont peu de
disposition à secouer cette domination par le
moyen d'une puissance étrangère. Ce secours leur
serait encore plus suspect pour leur liberté.»

Depuis, les choses avaient sans doute bien
changé, mais il fallait pourtant prendre des

précautions avant d'appliquer officiellement une intervention à mains armées.

Au début, La Fayette et les gentilshommes qui le suivirent, de leur propre mouvement, sur les champs de bataille de l'Amérique, ne comptaient certes pas combattre pour des principes qui étaient en parfaite contradiction avec ceux dont ils constituaient l'émanation la plus brillante. Leur enthousiasme peut paraître extravagant pour les partisans de la monarchie absolue — quelle qu'en soit la nationalité — mais il faut admettre qu'il y a dans leur cas une certaine insouciance, un entraînement chevaleresque, un geste quasi instinctif qui les poussait à tirer l'épée contre la perfide Albion, en la tirant en faveur des insurgés, même au détriment des séculaires avantages attachés à leur propre caste, à la condition, toutefois, d'en rapporter tout profit à leur pays. Cela est tellement vrai que les Américains, gens réalistes, ne se firent pas d'illusion à cet égard, et, dans plus d'une circonstance, surent faire la part de leur reconnaissance et de leur circonspection. De même que, jusqu'en 1763, ils s'étaient solidarisés avec les Anglais pour faire échec à la domination française menaçant de les resserrer à tout jamais entre les Alleghanys et l'Atlantique, de même, les Français pouvaient se solidariser avec les révoltés Américains dans le but caché de regagner le terrain perdu depuis le Canada jusqu'à l'embouchure du Mississipi. Il fallait donc garder une juste mesure.

En effet, lorsqu'en 1779, La Fayette retourna en Europe, après s'être entièrement dévoué à la cause de l'indépendance américaine, il caressait le projet d'arracher aussi le Canada aux mains des Anglais,—le Canada, cette première conquête française dans l'Amérique du Nord. Il s'en était ouvert au Congrès dont une commission élabora un plan de campagne dans ce sens. Les possessions anglaises seraient attaquées simultanément par Détroit, le Niagara et Saint-François. Une flotte française devait s'emparer de Québec. Quand on demanda l'avis du général Washington sur ce projet, il répondit au Président du Congrès par une lettre intéressante qui, entre autres objections, contenait des réserves de cette nature: «Vous voulez introduire un corps important de troupes françaises au Canada, les mettre en possession de la capitale de cette province qui leur est attachée par tous les liens du sang, des mœurs, de la religion... Je crains que ce ne soit là une trop grande tentation à laquelle ne saurait résister aucun gouvernement obéissant aux maximes ordinaires de la politique nationale.»

La clairvoyance de Washington n'était pas en défaut. Si la France occupait le Canada, n'avait-elle pas arrière-pensée de n'en plus sortir? Personne n'en a jamais émis la prétention, à cette époque, mais l'éventualité ressortait de la fatalité des événements. Avec la France au Nord, l'Espagne à l'Ouest et au Sud, la république naissante aurait été encerclée et comprimée par une puissance supérieure à celle de l'Angleterre. Le Congrès abandonna ce projet dangereux et l'incident montre quels sentiments complexes animaient les hommes les plus désintéressés.

D'ailleurs, avant que se présentât cette éventualité, M. de Vergennes, le promoteur d'une alliance franco-américaine en vue de faciliter l'indépendance des Colonies, tendait virtuellement vers la même solution. Que voulait-il, en somme, avec tous les patriotes qui approuvaient et soutenaient sa politique? Il voulait supprimer les désastreux effets de la guerre de Sept Ans, dont saignait la France depuis la perte du Canada,—et le voulant, le meilleur moyen, certes, eût été de reconquérir le Canada, ce premier établissement français en Amérique qui ne s'attachait pas aux flancs de la patrie, mais, tout de même, lui devait l'initiation à la vie religieuse, sociale, nationale, ce qui constitue autant de liens difficiles à détruire.

Apparemment, personne ne poussa la logique jusqu'à cette extrême,—d'abord, parce qu'elle n'est pas de ce monde, puis, parce que son application était, en l'occurrence, quasi irréalisable.

Mais, telle constatation, même platonique, fait ressortir un point spécial et important de l'évolution des États de l'Amérique du Nord: leur longue dépendance des deux pays dont ils émanent et qu'ils combattent tour à tour. Ces États dépendant de l'Angleterre, luttent contre la France; une fois la France écrasée, ils luttent contre l'Angleterre avec le secours de cette même France. Ces alternatives qui proviennent de la nature même des choses et prennent leur origine au début de toute colonisation dans les régions septentrionales de l'Amérique, aboutissent inévitablement à une politique de bascule qui, depuis l'intervention, sous Louis XVI, à travers la Révolution française, le Directoire, le Consulat et le Premier Empire, fera osciller les hommes d'État américains, entre une alliance française et une alliance anglaise, au gré des idées défendues tour à tour par les républicains ou les fédéralistes. Aux tendances d'une nature plutôt sentimentale, auxquelles obéissaient les hommes de tous les partis, s'ajoutèrent les opinions plus précises des hommes d'État, les avis motivés des politiciens, des ministres et écrivains qui avaient étudié la question en théorie et en pratique et entrèrent dans les détails techniques.

Louis XVI se plaçant sur le terrain purement dynastique et monarchique, ne pouvait admettre, dans sa conception simpliste et étroite, qu'un roi pût protéger contre un roi des sujets en révolte. Sa compréhension honnête, mais limitée, des choses de l'histoire et de la politique, l'empêchait d'embrasser, d'un coup d'œil, un vaste plan où seraient reprises, par exemple, les grandes vues d'un Richelieu ou d'un Colbert, sous l'égide d'un Bourbon ambitieux. C'eût été la continuation logique de la politique de Louis XIV, de l'époque de la fondation de la Louisiane. Mais les temps étaient aussi changés que les hommes et ce que M. de Vergennes, interprète du sentiment national, voulait simplement accomplir, c'était son devoir de Ministre des Affaires Étrangères, solidaire des décisions de ses devanciers et très au courant des événements qui composent la trame de l'histoire.

Son rapport au roi, pour l'éclairer sur la question, est, en somme, un résumé des faits et des idées que nous venons d'énumérer, mais un résumé présenté sous une forme de politique internationale et donnant des précisions spéciales sur le conflit ouvert entre les colonies américaines et la métropole, au point de vue des avantages qu'en pourrait tirer la France.

Dans l'intérêt de son pays, ou pour parler le langage de l'époque, dans l'intérêt des couronnes de France et d'Espagne, il convenait, selon lui, d'entretenir les hostilités,—une guerre civile entre l'Angleterre et ses colonies qui ne pouvait qu'épuiser vainqueurs et vaincus; la paix, dans ces conditions, d'où qu'elle vînt, menacerait de tourner contre la France et l'Espagne, le parti vainqueur devant forcément aspirer à s'emparer des possessions américaines de ces deux pays, pour en tirer des avantages commerciaux; ou bien, si l'Angleterre était vaincue, elle chercherait certainement des compensations aux dépens de ses voisins. Le Ministre Vergennes conseille donc des mesures d'hostilité,—mais d'une hostilité secrète, comportant des secours en argent et en munitions, ne compromettant pas la dignité du roi,—ou plutôt le principe de la Monarchie—qui ne permettait pas de secourir ouvertement les insurgés, aussi longtemps que l'indépendance américaine ne serait pas un fait accompli, ou présentant de grandes chances de s'accomplir.

Vergennes soumit la minute de son rapport à Turgot pour avoir son avis. Il est intéressant de rapprocher et de comparer les opinions de ces deux hommes d'État en ce qui concerne l'intervention française en Amérique.

Si Vergennes pousse à la guerre, Turgot incline plutôt vers la paix. Le contrôleur général des Finances se place naturellement au point de vue financier. Il préférerait, à tout prendre, la subjugation complète des colonies américaines à l'Angleterre, estimant que leur maintien sous le joug anglais aboutirait à un mécontentement permanent, obligeant la Métropole à immobiliser des forces considérables, ce qui diminuerait d'autant ses moyens d'action en Europe. Il faisait ressortir, avec une subtilité un peu paradoxale, que la perte du Canada avait été plutôt avantageuse pour la France, puisque les colonies anglaises, délivrées de la crainte d'une intervention de ce côté, n'avaient plus à chercher la protection de la Grande-Bretagne, mais il faisait comprendre que, si ces colonies devenaient entièrement indépendantes, la possession du Canada serait de nouveau avantageuse pour la France, cette province pouvant être considérée par les colonies anglaises comme une alliée à opposer aux prétentions de la mère-patrie. En cela, Turgot allait trop loin, il n'était nullement question du Canada, en l'occurrence, et même, pour l'avenir, comme nous l'avons vu plus haut, les colonies anglaises solidarisées avec la Métropole, qui avaient largement contribué à nous évincer de la vallée du Saint-Laurent, ces colonies, une fois émancipées du joug anglais, ne pouvaient songer à se mettre sous le joug français,—ce qui eût été plus ou moins le danger d'une occupation du Canada par la France.

D'un autre côté et contrairement à l'avis de Vergennes, Turgot ne croyait pas les Anglais, battus par les Américains, en état de chercher une compensation en attaquant les possessions françaises et espagnoles en Amérique. Les Américains, révoltés et victorieux, ne laisseraient certes pas leurs adversaires constituer une puissance dans leur voisinage. Avant tout, on sent que ces réserves lui sont dictées par le mauvais état de nos finances qui ne permettent pas, pour le moment, de maintenir l'armée et la marine sur le pied qu'il faudrait. Mais comme son collègue des Affaires Étrangères, Turgot n'est pas opposé à une action secrète, à l'intervention d'anciens officiers français qui pourraient offrir leurs services avec leurs expériences et nous renseigner, en même temps, sur la situation du pays: en résumé, les deux ministres veulent maintenir la paix officielle avec l'Angleterre, tout en contribuant, sous main, à développer les hostilités. Alors eurent lieu ces pourparlers secrets, ces combinaisons louches auxquelles furent mêlés Beaumarchais, Silas Dean, Arthur Lee et Franklin,—jusqu'à ce que ce dernier, par son habileté et l'autorité de son caractère, hâta la signature des traités avec la France: d'abord, un simple *traité d'amitié et de commerce* , puis, un traité, aux termes duquel, l'alliance projetée, «devait maintenir effectivement la liberté, la souveraineté et l'indépendance absolue des États-Unis.»

Ces traités devaient être tenus secrets pendant quelque temps; ils furent bientôt connus en Angleterre, ce qui suscita des discussions et des contestations entre Silas Dean et Arthur Lee qui s'accusaient réciproquement d'indiscrétion, voire même de trahison.

Mais la situation va s'éclaircir.

Aux agents secrets, inavoués, travaillant dans l'ombre, vont succéder des personnalités d'un caractère officiel, ayant à remplir une mission officielle et agissant au nom d'un gouvernement qui entend imposer son droit à la vie diplomatique. Fatalement, la marche vers l'indépendance se précipite, — on pourrait entendre le bruit des pas accélérés. Les événements se précisent, les hommes parlent plus haut. Gérard qui avait collaboré à la rédaction des traités, est nommé Ministre aux États-Unis et, pour éviter la dualité néfaste des vues et des influences, en 1778, le Dr Franklin est nommé seul Ministre des États-Unis à Paris.

Il n'était plus guère possible de cacher ce que tout le monde savait ou devinait. Le gouvernement français se décide à faire connaître officiellement l'existence du traité au gouvernement anglais par l'intermédiaire de son ambassadeur, le duc de Noailles. Lord Stormont est rappelé: c'est la guerre et c'est aussi, pour la Grande Bretagne, un moment de stupeur et de désarroi où elle doit cueillir le fruit amer de ses hésitations entre l'indépendance parlementaire ou le despotisme parlementaire. Mais maintenant, les esprits libéraux qui avaient défendu les équitables revendications des frères américains, ne pouvaient plus se faire entendre, puisqu'il s'agissait d'une diminution de la grandeur britannique.

En vain, Lord North fait aux communes des propositions de conciliation; en vain Lord Rockingham aurait voulu qu'on accordât l'indépendance à l'Amérique sans continuer la lutte sanglante, — il était trop tard.

De part et d'autre, on ne pouvait plus reculer.

Et le grand Chatham qui, au début, avait paru favorable aux prétentions des insurgents, se traîne mourant à la Chambre, peut-être pour la dernière fois, afin de protester contre les tendances conciliantes qui deviendraient la risée de l'Europe. N'est-il pas l'interprète de l'orgueil offensé de la majorité de ses compatriotes quand il s'écrie dans une péroraison pathétique:

«.....Milords, je suis heureux que la tombe ne se soit pas encore refermée sur moi... heureux d'être encore vivant afin d'élever ma voix contre le démembrement de cette ancienne et noble Monarchie!... Milords! Sa Majesté a hérité d'un empire d'une étendue aussi vaste que sa réputation était intacte. Allons-nous ternir le lustre de cette nation par l'abandon ignominieux de ses droits et de ses plus belles possessions?... Un peuple qui, il y a dix-sept ans, était la terreur de l'Univers, est-il tombé assez bas pour dire à son ennemi invétéré: Prenez tout ce que nous possédons, mais assurez-nous la Paix!... Cela est impossible!»

C'était cela pourtant que voulait l'ennemi invétéré et ce langage passionné, d'un patriotisme inquiet, caressait sans doute agréablement un autre patriotisme, aussi farouche et aussi averti, qui saignait en silence depuis le traité de Paris. Dans ces graves conjonctures, dans ces tragiques alternatives, la France demeura fidèle à son histoire,—et fidèle à sa mission; sentinelle vigilante montant la garde pour la défense de sa propre grandeur, — émancipatrice à l'avant-garde de toutes les idées de progrès et d'indépendance, au profit du genre humain tout entier. La tâche à laquelle le destin la convie, présente, de la sorte, un double caractère: celui qui émane de la fierté avec laquelle elle défend ses intérêts nationaux et celui qui s'attache au souci généreux du bonheur universel, en dehors de toute idée de nationalité.

Cette dualité ne s'est jamais manifestée avec tant d'évidence que dans les événements qui précédèrent et accompagnèrent la fondation des États-Unis d'Amérique.

Toute œuvre, en effet, se compose de deux éléments: la conception et l'exécution, — en l'occurrence, conception grandiose mais dont l'exécution ne pouvait s'abstraire des contingences humaines, — conception qui remontait à l'origine même de toute idée nationale, dès le début ayant mis face à face la France et l'Angleterre, mais qui, vers la fin du XVIIIe siècle, ne pouvait être exécutée que par des voies détournées et ténébreuses. À cette nécessité obéirent les ministres, ces spécialistes de la politique et de la diplomatie, comme tels astreints à entrer dans des détails mesquins, à compter avec les compromis, à ménager les tiers, à s'arrêter à des vues parfois étroites. Ils se plièrent, de cette façon, aux roueries professionnelles, à la cuisine d'une grande entreprise, aux petitesses du métier imposées par les circonstances.

Mais, au-dessus d'eux, il faut faire la part large aux penseurs, aux écrivains qui avaient familiarisé l'âme française avec les idées de liberté, d'égalité, de fraternité humaine, — grands mots qui ne répondent peut-être pas à une réalité tangible, mais qui, à deux reprises, dans l'histoire moderne, ont secoué deux portions de l'humanité d'un frisson d'espoir immense et de rénovation sociale.

Louis XVI qui, avec une grande partie de sa noblesse, La Fayette en tête, vint au secours des plébéiens d'Amérique, soulevés contre des abus d'autorité, ne fit un geste contradictoire qu'en apparence; en réalité, il obéissait, instinctivement, à l'impérieuse mission de la France. Avant de sombrer dans la tourmente révolutionnaire, la monarchie française, par sa généreuse initiative, connut un instant d'éclat incomparable, un instant seulement, car le roi ainsi que les gentilshommes, vaillants soldats de la guerre en dentelles, devenus les compagnons d'armes des soldats en sabots, étaient arrivés à la fin de leur carrière; ils se suicidaient en beauté avant d'être massacrés sur la guillotine et, à ceux qu'ils aidaient à préparer l'œuvre d'une grande république, ils auraient pu dire: *Morituri vos salutant!*

Chapitre III

LA RÉVOLUTION AMÉRICAINE
ET LA RÉVOLUTION FRANÇAISE.

Les deux Monarchies qui se disputaient l'empire des mers et la domination des continents transatlantiques, avaient contribué, par leur rivalité, à la fondation d'une grande république. Résultat imprévu et un peu déconcertant pour quiconque ignorait les relations de cause à effet, —résultat fatal pourtant et qui ressortait de la race et du pays.

Mais pour la France et l'Angleterre, les conséquences de ce grand événement furent bien différentes.

La France, tout en cherchant une revanche, avait travaillé pour un idéal de justice et d'indépendance.

L'Angleterre, malgré l'humiliation d'une guerre fratricide et d'une paix qui lui arrachait la possession de ses plus belles colonies, s'inclinait simplement devant la logique inexorable de l'histoire; elle payait une dette contractée cent ans auparavant, quand elle avait accordé au Parlement l'autorité et la puissance de combattre et d'abattre tous les abus de l'autocratie. D'après ce principe libéral, en effet, et malgré certaines divergences, s'étaient développés les états des possessions américaines qui devaient bientôt trouver leur force dans l'union et un modèle précieux dans la constitution du Massachusetts, — ce refuge du puritanisme et du système représentatif des Anglo-Saxons.

La révolution d'Amérique ne fut donc, pour les deux branches de la race anglo-saxonne, qu'une mise au point, par la branche américaine, d'un système politique que tous les Anglais avaient un jour défendu ensemble avec la même âpreté. Cette révolution, en un mot, est l'aboutissement, le couronnement, dans des conditions plus favorables, dans des espaces plus vastes, sans l'exclusivisme de Cromwell et sans l'opposition des Stuarts, de la Révolution de 1688.

Depuis cette date, en effet, nous avons vu que les Anglais d'Amérique et les Anglais d'Angleterre avaient suivi des voies différentes. À ce changement opéré par la force des choses vient s'ajouter une ignorance réciproque des conditions de vie qui, vers le milieu du XVIIIe siècle, prit des proportions dangereuses, à mesure que, du côté des Anglais, augmentaient les fantaisies du luxe et les raffinements du beau-vivre, et, du côté des Américains, persistaient encore des habitudes de tempérance et de simplicité. La distance et l'état insuffisant des moyens de communication entretenaient cette ignorance. Il faut songer qu'à cette époque, on mettait presqu'autant de semaines qu'on met aujourd'hui de jours, pour aller d'Europe en Amérique. Pendant cet espace de temps, bien des événements pouvaient se produire, modifiant entièrement les idées et les intentions, entre le départ et l'arrivée.

Dans ces conditions, la plupart des Anglais se faisaient une représentation fausse de la situation des colonies. Leur indifférence, d'ailleurs, en matière générale, ne cédait qu'en présence de l'intérêt commercial et cet intérêt naturellement répondait à leurs plus intimes convictions: les colonies avaient été inventées par la Providence pour servir de débouché au commerce britannique.

Si le peuple était ignorant, les ministres étaient généralement mal informés. Les gouverneurs anglais envoyés de la Métropole dans les différents États des Colonies, pour s'y faire une position ou pour remettre de l'ordre dans une vie désordonnée, emportaient avec eux les fausses idées de la capitale et, par leurs renseignements, faussaient les idées même du Roi. Ils contribuèrent à provoquer et à alimenter l'animosité qui devait, un jour, prendre des proportions irrésistibles. Tel, le Gouverneur du Massachusetts, Bernard, qui, dès que se produisirent les troubles suscités par l'acte du timbre, ne comprit pas, ou ne voulut pas comprendre, la gravité du mouvement et écrivait à Londres, en janvier 1766:

«Les gens ici parlent très haut des moyens qu'ils ont de résister à l'Angleterre; ce ne sont que des mots. New-York et Boston ne sauraient résister à une flotte royale. J'espère que New-York aura l'honneur d'être soumise la première.»

Ainsi, les fonctionnaires payés par les Colonies, qui auraient dû servir de trait d'union entre elles et un monarque irrité, ne faisaient qu'attiser le feu qui couvait.

Il est certain aussi que plus un Anglais de cette époque s'élevait dans la hiérarchie sociale, plus il devait se sentir un étranger pour ses frères d'outre-mer. Il ne pouvait ni comprendre leurs aspirations, ni admirer leurs vertus: les siennes consistaient à détériorer systématiquement celles que la nature lui avait données. Jamais personnel gouvernemental ne fut plus dépravé dans la vie privée et plus cynique dans la vie publique.

La richesse et le bien-être qui, après le ministère de Chatham, s'étaient répandus en Angleterre, proclamaient, certes, sa puissance et sa prédominance dans les deux hémisphères, mais contenaient aussi en germe le poison de toutes les extravagances et de toutes les corruptions.

Les grands caractères qui, au XVIIe siècle, combattirent pour les libertés civiques, avaient fait place à une génération dénuée de scrupules et de grandeur d'âme. Ceux qui perpétuaient les traditions de ces hommes probes et énergiques, n'étaient plus en Angleterre: ils étaient en Amérique.

Là, le tableau était tout autre. On eût dit, dans beaucoup de régions, une communauté sortie de l'imagination de Rousseau ou de Fénelon. Les Français, quelque peu imbus des idées libérales de ces deux écrivains et qui donnèrent l'aide de leur épée au mouvement émancipateur d'outre-mer, furent charmés par l'ambiance sociale les entourant d'une atmosphère de simplicité et de grandeur.

La reine Marie-Antoinette, attirée par le contraste qui la reposait du poids des splendeurs royales, aimait à jouer les fermières dans la fantasmagorie des Trianon,—décor d'opéra-comique opposé au décor d'opéra du Palais de

Versailles. Ainsi, pour les représentants de l'aristocratie française, courtisans habitués à parader aux galas de la Cour, le spectacle des mœurs américaines fut un délassement qui répondait sans doute aussi à l'engoûment nouveau professé, depuis quelque temps, pour la saine et forte nature. Les hommes qui avaient lu le *Contrat social* , les audacieux qui, plus ou moins ouvertement, devinaient et appelaient les changements profonds, les bouleversements à la veille d'éclater comme un tonnerre sur le beau pays de France, se délectèrent, en amateurs superficiels peut-être d'abord, de voir des gens d'une dignité sans emphase évaluer dans un cadre si pittoresque.

Le comte de Ségur qui avait promené sa curiosité inquiète à travers tant de pays et tant de civilisations, ne trouva nulle part plus ample matière à philosopher et à rêver que dans ses tournées le long des routes du Delaware, de New-Jersey et de la Pennsylvanie. Au milieu des forêts immenses, dont la virginité lui rappelait les premiers temps de la conquête, il put évoquer l'image des premiers navigateurs débarquant avec étonnement et audace sur ces rivages inconnus. Puis, sans transition, il pouvait voir s'étendre à perte de vue, quelque vallée paisible où paissait un bétail plein de promesses succulentes, à proximité de maisons très propres, d'une certaine élégance, aux couleurs variées et voyantes, entourées de petits jardins, tels ceux que l'on voit encore, de nos jours, dans les moindres recoins intensivement cultivés de l'île de Jersey. Les habitants de ces contrées lui semblèrent posséder la fierté d'hommes libres ne reconnaissant aucun maître, ne s'inclinant que devant la loi, aussi éloignés de toute vanité que de toute servilité[17] .

Parmi ces hommes, quelques-uns parvinrent à s'élever dans la hiérarchie sociale. Ils furent des autodidactes. Des circonstances différentes les trouvèrent à la hauteur de leur tâche. Il suffit de nommer John Adams, fils de fermier, qui sut prendre sur les occupations matérielles imposées par sa condition, assez de temps, pour se donner une instruction qui lui permit de ne pas être inférieur aux événements où, dans la suite, il joua un rôle prépondérant. Le grand Franklin est le type classique du citoyen américain, fils de ses œuvres, mais fils aussi de ses ancêtres et de son temps. Rarement un homme, étant données les circonstances, fit tant avec si peu. C'est la caractéristique de ces fondateurs de l'indépendance américaine dont la force fut précisément le caractère à base d'énergie et discipliné, ataviquement, par le puritanisme. À des degrés divers, on peut mettre sur le même rang, Samuel Adams qui inspira et guida la résistance à l'acte du Timbre, Alexandre Hamilton qui, simple commis chez un marchand, trouvait encore la possibilité, sa journée faite, de suivre les cours d'une école. Jefferson qui avait de la fortune, l'employa à se procurer l'éducation la plus haute que les ressources de son pays lui permirent d'acquérir, se préparant, de la sorte, aux importantes fonctions que, plus tard, il put remplir avec éclat.

Les futurs soldats de la Révolution furent soumis à un apprentissage encore plus dur. Israël Putnam s'était entraîné, pendant de longues années, à combattre les Indiens et les Français. Nathaniel Green, le plus habile lieutenant de Washington, était le premier dans tous les sports physiques, ce qui ne l'empêchait pas de lire Plutarque et César dans le texte grec et latin. On connaît Washington et le début de sa carrière militaire où il marcha contre les Français du Fort Duquesne, est digne du couronnement de cette carrière, où il combattit contre les Anglais avec l'aide des Français.

À tout prendre, ces hommes dont nous venons d'esquisser la silhouette, étaient ce qu'en Europe et surtout en Angleterre, on appelait, avec quelque nuance de mépris, des gens de peu, de petites gens, élevés, quelques-uns dans la pauvreté, quelques autres, même ceux dont la famille jouissait d'une certaine fortune, dans un intérieur calme et modeste. Ils possédaient toutes les qualités pour fonder une démocratie et leurs vertus sans éclat et leurs défauts sans attraits, formaient un contraste saisissant avec les vices brillants et les attitudes hautaines de la royale Angleterre.

Cependant ils ne se rendaient pas compte eux-mêmes de l'abîme creusé fatalement par la nature, par la distance, par le temps, entre les Colonies et la Métropole. À la veille même du grand bouleversement qui allait les séparer à jamais de la mère-patrie, ils professaient encore pour le chef suprême de cette patrie des sentiments de respect et d'affection. Franklin, qui devait bientôt changer d'opinion, savait faire la part de ce qui incombait à l'hostilité du parlement et de ce qu'il s'imaginait encore devoir à la sympathie personnelle du Roi. Au début de la querelle si vite muée en guerre farouche, il écrivait ceci:... «J'espère que tout ce qui est arrivé, ou pourrait arriver encore, ne diminuera en rien notre loyauté pour notre souverain ou notre affection pour cette nation en général. Je saurais difficilement concevoir un roi ayant de meilleures dispositions, des vertus plus exemplaires ou un désir plus ardent de contribuer au bien-être de tous ses sujets. La masse de ce peuple aussi est d'une nature noble et généreuse, aimant et honorant l'esprit de liberté et haïssant le pouvoir arbitraire, quel qu'il soit.»

Franklin exprimait clairement et logiquement ses sentiments à l'égard de l'Angleterre, mais dans ces protestations impartiales, semble se glisser aussi un sentiment d'indépendance absolue, prélude de la révolte: on dirait un étranger jugeant avec condescendance un pays étranger.

Il faisait également ressortir la différence des mœurs et des conditions, quand il écrivait à Joshua Badcock, en janvier 1772: «J'ai fait dernièrement un tour en Irlande et en Écosse. Dans ces pays, une petite partie de la société est composée de propriétaires terriens, de grands seigneurs, de gentilshommes extrêmement riches, vivant dans le luxe et la magnificence. Le fonds de la population est composé de fermiers très pauvres, vivant dans la plus sordide misère, dans des chaumières sales faites avec de la boue et de la paille, et habillés de haillons. Je songeais souvent au bonheur de la Nouvelle-Angleterre où chacun est propriétaire, a le droit de voter dans les affaires publiques, vit dans une maison propre et chaude, a de la nourriture et du combustible à profusion, ainsi que des vêtements, complets de la tête aux pieds, manufacturés peut-être dans sa famille.»

Telle constatation fait comprendre l'état social des deux pays et, par conséquent, l'état politique qui en est la cause. En Angleterre, un excès de richesses à côté d'un excès de misère, l'aristocratie abondamment pourvue de tous les biens de ce monde et le peuple, en général, courbé sous le poids de travaux peu rémunérateurs: une minorité exploitant une majorité, avec toutes les conséquences qui découlent d'un pareil régime. En Amérique, une égalité de besoins et de moyens de parvenir effaçant, pour ainsi dire, la distance qui sépare ceux qui possèdent de ceux qui aspirent à posséder. Pas de barrières légales opposées aux légitimes prétentions vers une situation meilleure, à cet âge héroïque, du moins, d'une république en voie de formation. C'était là vraiment les éléments d'une démocratie prenant racine dans le sol même du pays, produit naturel d'une zone et s'épanouissant en force et en beauté, comme sa flore et sa faune. Et cette démocratie, malgré ses apparences modestes encore et comme entachée, pour des yeux prévenus, de nécessités petites et vulgaires, avait cependant pour promoteurs des aristocrates, dans une certaine mesure,—je veux dire des hommes qui étaient les meilleurs dans la cité, dans l'église, dans le conseil.

Ces aristocrates, toute proportion gardée, et en donnant à la dénomination un sens étroit qui ne convient qu'à ce qui commence,—ne l'étaient, en effet, que relativement et en comparaison de ceux de leurs compatriotes encore trop absorbés par des besognes matérielles et indispensables. Ils étaient les descendants directs de ces Puritains du deuxième exode, hommes considérables dans leur pays, représentant la fine fleur de la culture britannique dont ils parfumèrent l'âpreté farouche qui inspira et soutint les Pères Pèlerins dans leur désespoir et dans leur initiative. Cette collaboration intime et mystérieuse de deux forces dont l'une venait d'en bas et l'autre rayonnait d'en haut, contenait en elle le germe d'une constitution démocratique qui n'excluait pas le souci des perfectionnements individuels, en dehors de toute différence de caste ou de classe. On peut dire que c'est là le cachet particulier de l'évolution qu'on a appelée la révolution américaine,—au point de vue social s'entend—et qui la distingue essentiellement de tous les mouvements similaires qui bouleversèrent les vieilles sociétés de la vieille Europe.

En France, par exemple, les choses se présentèrent sous un tout autre aspect.

On a souvent parlé de l'influence exercée par la révolution américaine sur la révolution française. Cette influence fut grande au point de vue moral,

—elle fut nulle quand on veut l'appliquer aux origines, aux causes, aux moyens d'action, — tous éléments aussi différents que les étapes historiques des deux pays.

Certes, dès que dans les salons de l'aristocratie française où l'on philosophait à loisir, où un mot d'esprit légitimait toutes les attaques à l'adresse de toutes les autorités et de toutes les supériorités, on apprit que des colons anglais, pressurés par la Métropole, résistaient aux injonctions édictées à Londres, ce fut un sentiment de satisfaction composé de tendances frondeuses et d'aspirations patriotiques. À mesure que les revendications des insurgents se précisaient, les penseurs, sociologues, économistes et politiciens qui, en France, marchaient à l'avant-garde, reconnurent la réalité et la parenté des idées qui s'agitaient encore confusément dans leur cerveau. Mais ce n'était que des idées, exprimées par ces mots: liberté, indépendance, égalité sociale, droits de l'homme, —toute la phraséologie libérale, la même au début de toute crise révolutionnaire et qui répondait à de vagues tendances et possédait la même assonnance dans les deux hémisphères. La théorie avant l'action; mais combien l'action devait être différente.

Dans la célèbre déclaration d'indépendance, élaborée par les fortes têtes du Congrès, rédigée par Jefferson, ces aspirations, ces revendications prirent corps en un langage clair et précis. On connaît ce document qui est comme la charte d'émancipation d'une humanité nouvelle. Quelle profondeur dans la conception, quelle dignité dans l'expression! Ce n'est pas la menace d'une fraction de peuple qui se révolte contre une autre fraction. C'est le cri libérateur d'un peuple tout entier, décidé à secouer le joug d'un peuple oppresseur. Et ce fut, pour ceux de nos ancêtres déjà troublés par l'approche d'une tempête qui allait bouleverser toutes les hiérarchies en France, une leçon de choses et une leçon de mots. Ils y purent lire les droits du citoyen, émanés de la nature même de l'homme, revendiqués avec une assurance naturelle, ignorant la déformation des tyrannies antérieures et s'affirmant en face d'une tyrannie inconsciente.

Ces droits, il ne s'agissait pas de les conquérir, il s'agissait de les faire respecter.

En France, le problème était plus complexe et plus difficile à résoudre.

Tandis qu'en Amérique, la liberté avait pris naissance avec la naissance même de la nationalité, en France, elle avait à lutter contre des entraves séculaires; préjugés, intérêts opposés des classes, abus imposés par en haut: il fallait détruire beaucoup pour rebâtir sur des ruines. C'était à la fois plus tragique et plus compliqué. Il est des morts qu'il faut qu'on tue et quand on les a tués plusieurs fois, ils ressuscitent encore. Rien ne meurt tout à fait et l'idée qui, pour un temps, s'est incarnée dans une dynastie, dans une faction, dans une secte politique ou religieuse, risque de s'imposer à nouveau à l'engouement des foules ou à l'audace d'un soldat heureux. À la tyrannie d'en haut, succède la tyrannie d'en bas. «Ô liberté!» s'est écriée Mme Roland, avant de livrer sa tête au bourreau, «que de crimes on commet en ton nom!» Ces crimes qui ont laissé des éclaboussures de sang sur une des plus belles pages de l'histoire de l'humanité furent épargnés à l'Amérique.

Malgré les essais d'organisations sociales, copiées d'après le modèle des deux grandes monarchies européennes, la féodalité n'y avait pris que de faibles racines. Le sol n'était pas favorable. La poussée d'en bas était trop forte pour que la pression d'en haut pût s'exercer d'une façon déprimante; ou plutôt, il n'y avait ni haut, ni bas, mais une solidarité d'efforts vers un idéal commun, dans la crainte des mêmes dangers extérieurs et sur la base des mêmes principes religieux et politiques. Les cadres dans lesquels se mouvaient et étouffaient les vieilles sociétés, ne pouvaient s'adapter à un groupement d'individus qui avaient précisément rompu avec d'anciennes façons de penser et d'obéir, afin de pouvoir mieux concilier les droits et les devoirs de l'individu avec les droits et les devoirs de la collectivité.

Aussi, lorsque vint la maturité de telles consciences, lorsque sonna la majorité d'un peuple aspirant à affirmer son droit à l'indépendance, il n'y eut pas de luttes de classes, pas de luttes contre la noblesse, contre le clergé et contre le roi,—le roi d'Angleterre ne devant plus être considéré que comme le représentant d'un peuple étranger et hostile,—il n'y eut pas de gradation dans la composition des différents partis, allant du libéralisme philosophique à la démagogie sanglante, des représentants des États-Généraux à Vergniaud, à Danton puis à Robespierre pour aboutir à Bonaparte; il n'y eut pas de proscriptions, d'émigrations en masse, pas de guillotine, pas de massacres et pas de Terreur: il y eut simplement, et malgré les querelles intestines inévitables, un grand mouvement, un lever de boucliers en faveur d'une grande cause, pour laquelle, républicanisme et patriotisme formaient les termes extrêmes d'une même conception.

On voit, tout de suite, la différence qui, dans leurs moyens d'action, sépare la révolution américaine de la révolution française. Si les hommes d'État de l'Union sympathisèrent immédiatement avec les hommes nouveaux, avec les tendances nouvelles qui prenaient de plus en plus consistance en France à la fin du XVIIIe siècle, ils s'aperçurent bientôt que, sous la même étiquette, se heurtaient des éléments divergents et contradictoires. Quoique les plus jeunes dans l'histoire constitutionnelle des États, ils étaient cependant nos aînés en fait d'organisation républicaine: ce qui, pour eux, découlait logiquement, clairement, fatalement, des conditions mêmes de leur établissement dans des territoires immenses et libres, affranchis par la distance de tout contact et de toute influence directe, devenait, pour nous, d'une réalisation problématique, exigeant le concours des forces vitales de la nation. La France, glorieuse et grande par son passé, souffrait de ce passé et, pour préparer les voies vers l'avenir, devait avoir recours à une rupture violente.

Les Américains de marque qui vécurent en France à cette époque troublée de notre vie nationale, se rendirent vite compte de ces divergences et jugeant les événements en Anglo-Saxons habitués au régime représentatif, relevèrent bien des contradictions et bien des hérésies dans les premiers balbutiements du régime républicain français. Nous pouvons nous en faire une idée en feuilletant les lettres, en parcourant les mémoires de Thomas Jefferson et de Gouverneur Morris, par exemple, qui résidèrent à Paris pendant les journées décisives de la Révolution.

Nommé Ministre des États-Unis en France, en 1785, au départ de Franklin, Jefferson est républicain dans l'âme, mais si bizarre que puisse paraître tel assemblage d'adjectifs, un républicain démocrate par principe et aristocrate par éducation. Sa situation de fortune et sa position sociale lui avaient facilité les jouissances de tous les biens matériels et intellectuels. Il consacra toutes ses ressources au progrès et au bien-être du peuple. Il solidarisa son avenir avec l'avenir de son pays.

Il lui fallut s'habituer aux hommes et aux choses l'entourant dans le royaume de France en passe de devenir république. Sa première impression, tout en étant un peu incohérente, n'est pas entièrement dénuée d'optimisme. En général, il nous trouve bien en retard dans la compréhension et la mise en action de tout ce que comporte ce mot: indépendance,—qu'il ne faut pas confondre avec licence. Quelques-unes de ses lettres laissent percer un certain étonnement. Dès

1787, il remarque le grand nombre de caricatures, placards et bons mots qui circulent sans soulever de censure. Mais la foule à son tour devient agressive; Jefferson devient plus attentif. Il écrit à la date du 30 août:

... «Le comte d'Artois, qui devait tenir un Lit de Justice à la Cour des Aides, a été hué sans réserve par la populace. La voiture de Madame de.... (J'ai oublié son nom), portant livrée de la Reine, a été arrêtée, on l'avait prise pour Mme de Polignac que l'on voulait insulter. La Reine, allant au théâtre avec Mme de Polignac, fut reçue par des huées. Le Roi, ayant depuis longtemps l'habitude de noyer ses soucis dans le vin, s'y plonge de plus en plus. La Reine pleure mais continue de pécher. Le comte d'Artois est détesté et Monsieur est grand favori. L'Archevêque de Toulouse est nommé premier Ministre,—c'est un caractère vertueux, patriotique et capable... En l'espace de trois mois, l'autorité royale a perdu, et les droits de la nation ont gagné plus de terrain par une simple évolution de l'opinion publique, que l'Angleterre dans toutes ses guerres civiles sous les Stuarts....»

C'est le début du drame et Jefferson écoute les acteurs de la comédie royale répéter, avec plus ou moins de succès, les dernières tirades de leur rôle. Son attention est surtout attirée par l'Assemblée des Notables, la cour plénière, les États-Généraux, qui, par étapes devaient mener aux réformes définitives.

Jefferson était très lié avec La Fayette. Peu de temps après la nuit du 4 août, le général vint lui demander l'hospitalité pour quelque six ou huit amis qui désiraient se réunir sur un terrain neutre afin de discuter sur le droit de veto devant être accordé ou retiré au Roi. Sur l'invitation empressée du diplomate américain, La Fayette vint avec Duport, Barnave, Alexandre de Lameth, Blacon, Mounier, Maubourg et Dagout, tous patriotes animés des meilleures intentions, prêts à se consentir des concessions mutuelles. Cette réunion d'hommes politiques notoires chez le représentant d'un pays étranger, devait mettre ce dernier dans une situation assez délicate. Sa franchise et son tact le tirèrent d'embarras. «La discussion, dit-il, commença à quatre heures et fut continuée jusqu'à dix heures du soir; pendant ce temps, je fus le témoin silencieux d'une argumentation calme et sincère qu'on trouve rarement dans les conflits de l'opinion politique; ce fut un raisonnement logique, une éloquence sévère, dénuée de toute vaine rhétorique ou déclamation et qu'on pourrait comparer aux plus beaux dialogues de l'antiquité qui nous ont été transmis par Xénophon, Platon et Cicéron.»

Jefferson avoue, à la veille des États-Généraux, que la France n'est pas mûre pour toutes les réformes, pour l'exercice de certains droits du moins, considérés comme élémentaires dans les pays de race anglo-saxonne, — tel l'*Habeas corpus* . La suppression des lettres de cachet, par exemple, n'est pas encore unanimement admise. Et notre Américain ne peut s'empêcher de relever, avec quelque amertume, la légèreté des Français, leur esprit arriéré, quand il s'agit de développement politique. Écrivant à Mme Adams, à l'occasion de la réunion des notables, il avait déjà dit: «Jusqu'à présent, le résultat le plus remarquable de cette assemblée est le nombre incalculable de calembours et de bons mots auxquels elle donna lieu. Si on les réunissait, on en formerait un ouvrage aussi volumineux que l'Encyclopédie. J'en ai conclu que cette nation n'est capable d'un effort sérieux que sur commande... Celui qui ferait un bon mot à propos, pourrait désarmer toute la nation résolue à se révolter.»

Jefferson est sévère.

Il craint, certes, les hâbleurs dans la future assemblée qui va se réunir. Il fait de l'ouverture des États-Généraux, à laquelle il assista, une description un peu superficielle: «Si on les considère comme une mise en scène d'Opéra, c'était imposant; au point de vue affaire, le discours du Roi fut exactement ce qu'il devait être et très bien débité. Personne n'entendit un seul mot du discours du Chancelier, de sorte que, jusqu'à présent, je n'ai pas encore pu savoir de quoi il avait été question. Le discours de M. Necker fut aussi bon que le permettait le nombre des détails qu'il était obligé de traiter.»

Mais pour l'observateur judicieux, l'intérêt de la question commence quand il s'agit de fixer le système du vote: le Tiers-État lève la tête. Jefferson comprend que, de ce côté, sont la force et l'espoir. «Ses représentants, dit-il, possèdent presque tous les talents de la nation; ils sont fermes et audacieux, quoique modérés. Il y a, certes, parmi eux des têtes chaudes; mais ceux qui exercent le plus d'influence sont de sang-froid, tempérés et sagaces. Chaque initiative prise par cette chambre a été marquée par de l'adresse et de la sagesse. La noblesse, au contraire, est absolument hors d'elle. Elle est si furieuse qu'elle peut rarement délibérer. Elle possède peu d'hommes de talents modérés et pas un homme d'un talent supérieur...»

C'est décidément au Tiers-État que Jefferson réserve toute son admiration. La logique dont cet ordre fit preuve dans ces premières discussions, lui rappelle, sans doute, des luttes similaires auxquelles il prit part dans son pays; il sympathise avec ces hommes énergiques qui, dans les transactions les plus difficiles, demeurèrent en possession d'eux-mêmes, résolus de mettre le feu aux quatre coins du royaume et de périr dans cet incendie, plutôt que de retrancher un iota à leur projet de modifier totalement la forme du gouvernement. Jefferson quitta la France avant d'avoir pu assister à ce changement. Mais son âme républicaine était satisfaite de ce qu'il avait vu et il était persuadé que la modération qu'il recommandait autour de lui ne serait pas troublée par des manifestations d'un caractère plus agressif. En cela, son optimisme se trompait et allait être soumis à une épreuve redoutable.

Il se trompait aussi dans certains de ses jugements concernant la Reine sur laquelle il fait retomber, en grande partie, la responsabilité de la Révolution. Cette femme séduisante, produit de son époque et de sa caste, cette créature sensuelle, hautaine, inconsciente et artificielle, n'était pas de taille à enrayer le grand mouvement et, encore moins, à le provoquer. On dirait que Jefferson manque ici de profondeur de jugement et qu'il confond les causes lointaines, inéluctables, avec les prétextes fournis par des comparses. Il juge sans doute la conduite et l'influence de Marie-Antoinette d'après les Jacobins, d'après les campagnes odieuses et les libelles indignes dirigés contre la fille de Marie-Thérèse, qui ne pouvait être autre qu'elle n'a été.

Quand Jefferson écrit, par exemple, dans son Autobiographie: ... «J'ai toujours pensé que, s'il n'y avait pas eu de Reine, il n'y aurait pas eu de Révolution. Aucune violence n'aurait été provoquée, ni exercée... Le Roi aurait marché la main dans la main avec ses sages conseillers... Je ne saurais ni approuver, ni condamner la sentence qui mit fin à la vie de ces souverains... Je n'aurais pas voté la mort de Louis XVI... J'aurais enfermé la Reine dans un couvent, l'empêchant ainsi de nuire, j'aurais placé le Roi dans la situation qui lui convient, l'investissant de pouvoirs limités qu'il aurait, certes, exercés honnêtement. De cette façon, il n'y aurait pas eu de vide facilitant l'usurpation d'un aventurier militaire et l'occasion ne se serait pas présentée de ces atrocités qui démoralisèrent toutes les nations de ce monde et détruisirent et continuent à détruire des millions et des millions de ses habitants»... quand il écrit ces lignes, dis-je, il applique aux choses et aux gens de France sa mentalité d'anglo-saxon américain dont les principes démocratiques se sont développés quasi naturellement et il juge avec son esprit indépendant qui, après avoir espéré une révolution réalisée sans effusion de sang, la voit dévoyée dans les pires excès et finalement escamotée par l'ambition de Bonaparte.

Gouverneur Morris, qui vint en France en février 1789, était un républicain aristocrate. Il était républicain parce qu'il se rendait bien compte qu'aucun autre gouvernement ne pouvait convenir à l'Amérique. Les éléments d'une monarchie et de ce que nous appelons, en Europe, une aristocratie, y faisaient défaut. Pas de hiérarchie sociale, pas de distinction de classes, qui sont l'essence même d'un gouvernement aristocratique. Il était un aristocrate parce qu'il descendait d'une de ces anciennes familles qui, tout en épousant les querelles des citoyens républicains du Nouveau-Monde, n'avaient pas entièrement rompu avec les idées de la vieille Angleterre et transmettaient précieusement, de père en fils, les bienfaits d'une éducation raffinée, —cette grande supériorité auprès des générations jeunes, encore rudes et frustes. Lui-même a dit quelque part: «En adoptant la forme républicaine du gouvernement, je ne l'ai pas seulement prise comme un homme prend une femme, au hasard de la loterie, mais j'ai agi comme peu d'hommes agissent à l'égard de leur femme: je l'ai prise tout en connaissant ses défauts.»

Gouverneur Morris possédait tous les défauts et toutes les qualités d'un aristocrate: cynique, sceptique, hautain, spirituel, il appliquait son éclectisme philosophique à ses vues politiques; il ne préconisait aucun régime de préférence à un autre, le meilleur étant sujet à caution et se recommandant plutôt par sa facilité d'adaptation à la nation à laquelle il convient le mieux que par sa valeur intrinsèque. De sorte que, si le gouvernement républicain s'imposait à l'Amérique, on pouvait se demander s'il convenait bien à la France. Gouverneur Morris semble en douter et, républicain en Amérique, il est plutôt royaliste en France. Il trouve Jefferson exagéré dans sa propagande démocratique. Les deux Américains, dans leurs jugements sur la Révolution française, ne sont pas toujours d'accord et jusque dans l'expression de leurs opinions sur un bouleversement social qui doit nous diviser si profondément nous-mêmes, ils reflètent les tendances des deux partis politiques qui vont se disputer la direction des affaires aux États-Unis: les Républicains et les Fédéralistes.

Gouverneur Morris, fédéraliste, aime la France comme il le proclame dans beaucoup de ses lettres, mais avant tout, il aime la France telle qu'elle est encore: la France aristocratique, élégante, brillante, légère et corrompue, la France aux gestes chevaleresques et aux belles manières, celle qui fit la guerre en dentelles et semblait incapable de la faire en sabots. Ses goûts raffinés lui font apprécier la vie à la fois compliquée et superficielle des salons avec tout ce qu'elle comporte d'agréments un peu artificiels mais dénotant une culture très poussée et une vivacité très spéciale,—tel ce vin éminemment français: le champagne. Où trouvait-on tout cela? À la cour, dans les milieux gravitant autour de la cour, où de grands noms brillaient encore de l'éclat des grands souvenirs.

C'est là que le républicain Gouverneur Morris fréquentait.

Et, en 1792, quand tout cela fut à jamais dispersé à tous les vents de la haine et de l'envie, ferments des fureurs populaires, il garde cependant sa sympathie à la France, comme le prouvent ces lignes adressées à Thomas Pinckney: «Je fais des vœux, des vœux sincères pour le bonheur de ce peuple inconstant. Je l'aime. Je lui suis reconnaissant des efforts qu'il a réalisés pour notre cause, et je pense que, si l'on pouvait établir une bonne constitution ici, ce serait le meilleur moyen, avec l'aide de la Providence divine, d'étendre le bienfait de la liberté à tant de millions d'hommes, mes frères, qui gémissent encore sous le joug du despotisme, en Europe[18] .»

Par une anomalie seulement compréhensible lorsque l'on connaît les antécédents d'un homme qui portait dans ses veines quelques gouttes de sang français, Gouverneur Morris, un des fondateurs de la république américaine, paraît aux Français un peu pâle dans ses professions de foi républicaines et Mme de Tessé, ainsi que Mme de La Fayette, l'accusent de modérantisme. Il le confesse lui-même: «Républicain, dit-il, et fraîchement émoulu d'une des constitutions les plus républicaines qui soient, je prêche sans cesse le respect pour le Roi, pour les droits de la noblesse, je prêche la modération...»

Il fait aussi une description de la première session des États-Généraux; il la décrit en termes plus pittoresques que Jefferson, mais on dirait un royaliste, ému de ce qu'il a vu, qui tient la plume: «.....À mon arrivée, M. Necker est applaudi bruyamment et, à plusieurs reprises, ainsi que le duc d'Orléans; il en est de même pour un évêque qui a longtemps vécu dans son diocèse et pratiqué toutes les vertus réclamées par son ministère... Un vieillard qui avait refusé de mettre le costume assigné au Tiers et qui se présenta dans ses vêtements de fermier, est longuement applaudi. M. de Mirabeau est hué, quoique en sourdine. Enfin, le Roi arrive et prend sa place; la Reine à sa gauche, deux degrés plus bas que lui. Il prononça une courte allocution, bien dite, ou plutôt, bien lue. Le ton et la manière ont toute la fierté qu'on peut attendre du sang des Bourbons. Il est interrompu dans sa lecture par des acclamations si chaudes et d'une affection si touchante, que des larmes s'échappèrent de mes yeux en dépit de moi-même. La Reine pleure ou fait semblant de pleurer;—mais aucune voix ne se fait entendre pour la réconforter. Je me serais certainement fait entendre si j'étais Français; mais je n'ai pas le droit d'exprimer un sentiment et je sollicite en vain les personnes qui se trouvent dans mon voisinage de le faire. Ayant parlé, le Roi se découvre et quand il remet son chapeau, ses nobles imitent son exemple. Quelques-uns du Tiers font le même geste, mais, par degrés, se découvrent de nouveau. Alors, le Roi retire son chapeau. La Reine paraît le désapprouver et une conversation semble s'engager dans laquelle le Roi lui dit qu'il lui a plu d'agir ainsi, que ce soit protocolaire ou non; mais je ne puis certifier l'exactitude de cet incident, étant trop éloigné pour voir distinctement et encore moins, pour entendre.

«Après le discours de M. Necker, le Roi se lève pour se retirer et il est salué d'un long: *Vive le Roi!* La Reine se lève à son tour et, à ma grande satisfaction, elle entend, pour la première fois, sortir de quelques bouches ce cri de: *Vive la Reine!* Elle esquisse une révérence qui provoque une acclamation plus nourrie à laquelle elle répond par une révérence plus accentuée»...

Ces détails de chapeaux retirés et remis, auxquels s'arrête Gouverneur Morris, paraissent, à première vue, un peu puérils. À y regarder de plus près, ils ont une signification profonde. Les représentants du Tiers-État qui se couvrent quand Messieurs de la Noblesse se couvrent, ne veulent-ils pas, de la sorte, exprimer le symbole de leur dignité d'hommes libres, prêts à réclamer l'égalité?

À mesure que le drame se déroule, Gouverneur Morris se trouve dépaysé par la mise en scène théâtrale des sentiments, par la susceptibilité nerveuse des orateurs qui, n'étant plus maîtres d'eux-mêmes, ne pouvaient pas l'être davantage de leur sujet et commettaient des fautes irréparables dans l'exercice d'un mandat important, ce qui ne l'étonné pas, car, dit-il: «ils prennent le génie à la place de la raison pour guide, se servent de l'expérimentation au lieu de l'expérience et s'avancent dans l'obscurité parce qu'ils préfèrent l'éclair de l'orage à la pure lumière du jour.»

Naturellement, la méthode diffère entièrement de celle qu'employèrent les hommes qui élaborèrent la constitution américaine; question de mentalité, de tempérament et de race. Les Américains possédaient l'expérience, fruit de leurs rudes épreuves, depuis qu'ils avaient virtuellement rompu avec la mère-patrie, au commencement du XVIIe siècle, jusqu'au jour où cette rupture devait devenir un fait accompli. Quoi d'étonnant que Gouverneur Morris, tout en proclamant les grands principes de la Révolution, critiquât les moyens employés chez nous pour les faire triompher. Pour lui, la Constituante, la Convention, avec leur personnel nouveau, de plus en plus détaché des traditions raciques, constituent autant d'étapes devant mener à l'anarchie finale. Le procès du roi lui fait présager sa mort. À cette occasion il écrit à Jefferson: «Une personne moins au courant que vous de l'histoire des affaires humaines, pourrait trouver étrange que le plus doux des monarques qui aient jamais occupé le trône de France, qui en est précipité précisément parce qu'il ne veut pas prendre les mesures énergiques reprochées à ses prédécesseurs, qu'un homme, enfin, que personne ne peut accuser d'un acte criminel, soit persécuté comme le plus néfaste tyran qui ait déshonoré l'humanité,—que Louis XVI, en un mot, puisse être condamné à mort. Cela est, pourtant.»

Après le 21 janvier 1793, Morris écrit au même Jefferson: «Le Roi de ce pays a été publiquement exécuté. Il mourut avec dignité. En montant à l'échafaud, il exprima, de nouveau, son pardon à tous ceux qui l'avaient persécuté et l'espoir que son peuple égaré pût profiter de sa mort. Sur l'échafaud, il voulut parler, mais l'officier de service, Santerre, fit battre les tambours. Par deux fois, le roi essaya de se faire entendre, mais en vain. Les exécuteurs le saisirent et mirent une telle hâte à faire tomber la hache, le cou n'étant pas encore convenablement placé, qu'il fut mutilé...»

Gouverneur Morris, comme tous ceux qui, sur les lieux, furent mêlés de près aux différentes phases du drame révolutionnaire, est absorbé par les événements journaliers, composant sa vie à Paris. Il oublie parfois les principes qui planent, immuables et intangibles, dans la sereine région de l'idée, pour ne voir que les hommes qui se démènent dans les convulsions de la passion. Plus haut que les acteurs récitant plus ou moins bien leur rôle, passe le souffle inspirateur et créateur. Et dans la Révolution française, il convient de faire deux parts: celle qui appartient aux contingences humaines, limitée aux nécessités de races et de frontières,—celle qui appartient à l'univers entier et qui, dépassant les frontières d'une patrie, peut, telle une religion, entraîner, dans son rayonnement, d'autres patries.

Les Américains qui suivirent le mouvement de loin, sans être exposés au spectacle immédiat des troubles sanglants, en comprirent sans doute mieux la portée philosophique. À tant de distance, ils crurent entendre comme l'écho de leur propre émancipation et considérèrent le nouveau gouvernement installé en France comme l'établissement d'une république sœur. Certes, dans ce sentiment demeurait toujours vivace la reconnaissance pour l'aide donnée contre l'Angleterre. Les successeurs de Gouverneur Morris, Monroe et J. Barlow, venus en France quand le terrain parut un peu déblayé, se montrèrent impartiaux, enthousiastes pour l'œuvre accomplie, dont les conséquences devaient avoir un retentissement mondial.

Les discussions de doctrine précédèrent, dans le Congrès, les plans politiques et la différence des points de vue s'affirma par la formation de partis opposés. Les uns proclamaient la similitude des principes et des institutions en faveur d'un rapprochement entre les deux républiques. Les autres en faisaient ressortir les dissemblances. La République française, disaient-ils, est une et indivisible; la nôtre est composée d'États souverains dans une certaine mesure, possédant une juridiction particulière et des intérêts locaux; le fédéralisme est considéré, en France, comme une trahison,—ici, la trahison consisterait à vouloir imposer l'unité de gouvernement. L'Union qui respecte la diversité des États, fait la force de notre Confédération.

Les orateurs du Congrès, en émettant telles considérations, faisaient ressortir la nécessité de développer le sentiment d'une nationalité bien déterminée. À ceux qui affirmaient que, malgré la sympathie due à la France, la constitution britannique offrait plus d'affinités avec la constitution américaine, d'autres ripostaient qu'ils n'étaient ni Anglais, ni Français, mais bien des Américains, nommés par le peuple pour défendre des intérêts exclusivement américains. Et, ceux-là étaient dans le vrai; mais ils ne pouvaient pas échapper à la fatalité qui s'imposait d'une politique américaine tour à tour ballottée entre l'influence française et l'influence anglaise.

La presse américaine reflète ces opinions contradictoires. On y trouve les deux conceptions qui vont inspirer les leaders politiques des États-Unis, partagés, pour un temps, entre l'Angleterre réactionnaire et la France libérale.

Les journaux critiquent ou exaltent les événements de France, suivant qu'ils représentent l'un ou l'autre de ces partis. Mais malgré l'enthousiasme des plus fervents, une certaine crainte se manifeste, un sentiment se fait jour, parmi les plus francophiles, devant le spectacle de tant d'excès incompris parce que suscités par des conditions spéciales à un pays étranger, parce que réprouvés par une mentalité si différente de la mentalité latine. Dans ces excès même, indépendamment de toute sympathie pour les principes républicains et à cause de ces sympathies sans doute, la clairvoyance anglo-saxonne devine un danger. Elle s'étonne des soubresauts de l'opinion française, elle condamne les revirements subits de la passion aveugle, les discours grandiloquents, les gestes d'une allure trop théâtrale, parce que derrière cette mise en scène qui souvent amuse et parfois détourne du but poursuivi, se cache la menace des plus terribles tyrannies. Les États-Unis n'ont plus à craindre le retour de celles dont ils ont secoué le joug; mais des problèmes nouveaux à résoudre vont mettre leur jeune indépendance à l'épreuve.

Cependant, le drame révolutionnaire, en France, a suivi sa courbe ascendante et descendante, les hommes les mieux intentionnés, les talents les plus fougueux, les cœurs les plus ardents, les intelligences les plus subtiles, tout ce que la nature a pu produire de génie, d'énergie, de raison, d'utopie, de grâce et même de beauté, a été dépensé en pure perte, pour un temps du moins, car la moisson semée au prix de tant de sacrifices, d'abnégations et de crimes, germera plus tard. Mais, voici que déjà, sur tant de ruines amoncelées sur des ruines, sur la mêlée confuse de tant d'idées qui se heurtent et s'annulent en une incohérence anarchique, s'annonce une ère d'ordre, de discipline, de grandeur militaire; voici que, sur l'ombre pâlissante de tant de lutteurs convaincus, se dresse la silhouette fine et énigmatique du capitaine, du général, du consul: Bonaparte.

Chapitre IV

GROUPEMENTS DES PARTIS
ET DIFFICULTÉS DIPLOMATIQUES.

À l'heure où l'étoile de Bonaparte se levait à l'horizon politique de l'Europe, les courants d'idées et d'événements relatifs à l'Amérique, résumés dans les chapitres précédents, étaient connus de tous ceux qui aspiraient à jouer un rôle dans l'État, de tous ceux qui suivaient, avec intérêt et perspicacité, la marche souvent obscure de l'histoire.

Il faut bien le répéter: les fondateurs de la république américaine partagèrent, dans leurs jugements sur la révolution française, les mêmes engoûments et les mêmes antipathies que nos partisans et nos adversaires européens. Ces sentiments suivirent la gradation de la fièvre qui nous entraînait dans un paroxysme de passion et qui, pour eux, répondait à ces termes extrêmes: d'abord, sympathie et admiration, puis, étonnement et stupeur, enfin, horreur et répulsion. Ils étaient les spectateurs, et gardant toujours leur froide raison d'anglo-saxons, ne pouvaient vibrer à l'unisson des tragédiens exaspérés qui, sur la scène de la politique française, faisaient bon marché de leur sang et du sang d'autrui,—puisque, comme on l'a dit, les Dieux en avaient soif.

Évidemment, Washington et ses amis furent déconcertés par ce qui se passait en France. Comment l'ami de La Fayette qui conservait une profonde reconnaissance à Louis XVI d'avoir ratifié les traités libellés par M. de Vergennes, pouvait-il sympathiser avec des hommes érigés en bourreaux de tout ce qui avait fait la grandeur du Roi de France et de l'aristocratie française dont les représentants les plus brillants furent les compagnons d'armes des premiers combattants de la liberté américaine? On comprend le désarroi du premier Président de la République des États-Unis devant cette alternative: rompre avec toute influence française,—ce qui consistait à condamner la primitive confraternité républicaine,—ou se solidariser avec les excès de l'esprit sectaire et anarchique,—ce qui était contraire à toutes ses tendances conservatrices, même libérales, mais toujours respectueuses du passé,—d'un passé relativement jeune qui ne pouvait certes pas être comparé au passé de la France. C'était là l'inévitable et apparente incohérence de l'intervention monarchique en faveur de la fondation d'une république. La

France royaliste avait un peu délibérément travaillé à la reconnaissance de principes qui devaient la détruire; plus tard, l'Amérique hésite à suivre la France révoltée jusqu'au bout et trouve que son élève en républicanisme a dépassé la signification de son enseignement et professe avec trop d'emportement des principes entachés de dissolution et de destruction sociale.

Deux partis se constituèrent alors aux États-Unis: celui des républicains purs, admirateurs quand même des républicains français et qui étaient d'avis de marcher de l'avant, sans arrière-pensée de réaction; celui des Fédéralistes qui, effrayés de la tournure des événements, ne voulaient pas s'incliner devant les verdicts de la démagogie française et proclamaient hautement leurs anciennes affinités avec les hommes, les idées et les choses d'Angleterre.

Washington fut longtemps ballotté entre ces deux tendances politiques.

S'il pencha du côté des Fédéralistes, il serait excessif de lui en faire un grief. Faisant partie de cette catégorie sociale qui pouvait passer pour aristocrate, parce que, malgré tout et en dépit de toutes les aspirations individualistes et égalitaires, il y a toujours une élite, il se rendait parfaitement compte que les couches sociales venant immédiatement après celles qui formaient les minorités directrices, ne se composaient encore que d'éléments disparates, sans homogénéité, livrées à toutes les sollicitations de l'instinct déchaîné. C'était la masse incohérente, aux origines douteuses, des épaves de races qui, plus tard seulement, pouvaient s'amalgamer en une race unique, mais, pour le moment, avaient besoin, sous peine de se fondre en un mélange sans consistance et sans nom, d'un système de gouvernement autoritaire et hiérarchisé.

Dans ces conditions, il est compréhensible que les hommes ayant présidé à la naissance de la jeune république aient eu la conscience de leur responsabilité quand il s'agissait de défendre et de développer leur œuvre. Cette œuvre, si belle en elle-même, contenait des éléments contradictoires: des appuis qui venaient de la réaction et des forces qui émanaient du radicalisme.

Après avoir conquis l'indépendance, il avait, en effet, fallu fonder le gouvernement qui permit à cette indépendance de durer et de s'organiser. Le pacte fédéral, qui, sous le nom d'*articles de confédération et d'union perpétuelle* , répondait, en somme, à tout essai d'administration aux États-Unis, n'était qu'un semblant de constitution, un pouvoir illusoire soumis aux caprices de treize petites républiques souveraines et rivales. Sous la direction de Washington, de Franklin, de Hamilton, de Gouverneur Morris, se réunit, le 14 mai 1787, la convention de Philadelphie qui élabora cette constitution des États-Unis qui permit d'enrayer le désordre et de considérer l'avenir avec confiance. Grâce à cet instrument de gouvernement, la discorde, la violence, les agitations stériles qui, pendant un instant, avaient compromis la sécurité de la jeune république, le Président Washington put venir à bout des soulèvements socialistes, réagir contre l'esprit de licence démocratique et d'égoïsme local. Il tira lui-même la philosophie de ce mouvement en arrière, quand il dit: «En formant notre confédération, nous avions eu trop bonne opinion de l'humanité. L'expérience nous a appris que, sans l'intervention d'un pouvoir collectif, les hommes n'adoptent et n'exécutent que les mesures les mieux calculées pour leur propre bonheur[19] .»

C'était là, évidemment, le langage d'un sage, d'un homme ayant manié des hommes, mais c'était aussi le langage d'un aristocrate auquel le démocrate Jefferson, d'un optimisme un peu simpliste dans sa sincérité, reprochera de douter de la bonté foncière de la nature humaine.

Jefferson qui, par opposition à Washington, Hamilton, Jay, John Adams, va devenir le représentant du républicanisme avancé, conduisant tout droit à la démocratie, profitait peut-être de la supériorité, fort gratuite, d'entrer en scène à une heure moins troublée de l'histoire de son pays. La politique des fédéralistes était nécessaire; elle ne devait être que transitoire et Jefferson, le leader républicain, put, sans trop de difficultés, demeurer fidèle à son idéal politique que, même à la fin de sa carrière, il prétendit préciser par la distinction suivante: «Par leur tempérament, dit-il, les hommes se divisent naturellement en deux partis: premièrement, les timides, les faibles, les maladifs, ceux qui craignent le peuple, qui s'en méfient et qui sont portés à vouloir lui retirer tous les pouvoirs pour les placer dans les mains des classes supérieures, —en second lieu, les hommes forts, sains et hardis, ceux qui s'identifient avec le peuple, qui ont confiance en lui, qui l'estiment le dépositaire le plus honnête et le plus sûr, sinon le plus sage, des intérêts publics. Dans tous les pays, ces deux partis existent; dans tous ceux où on est libre de penser, d'écrire, ils entrent en lutte. Qu'on les appelle donc libéraux et serviles, jacobins et ultras, whigs et tories, républicains et fédéralistes, aristocrates et démocrates, sous tous les noms divers qu'ils prennent, ce sont toujours les mêmes partis poursuivant le même but. Cette dernière appellation d'aristocrates et de démocrates est la vraie, celle qui exprime le mieux leur essence[20] .»

Ces deux citations, en donnant la caractéristique de ces deux grands citoyens américains, Washington et Jefferson, donnent aussi l'explication des deux conceptions politiques qui vont entrer en lutte.

Jefferson n'eut pas de peine à constituer le parti républicain, — tout le pays étant républicain. Il ne s'agissait ici que de nuances. Nommé secrétaire d'État dans un cabinet où Hamilton représentait des idées soi-disant réactionnaires, il fonda l'opposition qui, pour impressionner l'opinion publique, s'en prit plutôt aux apparences des hommes qu'à la réalité des choses. Fresneau, rédacteur de la *Gazette Nationale* , lui vendit le talent de sa plume. Et l'imagination populaire fut surexcitée par les critiques plus ou moins fondées à l'adresse de certains membres du gouvernement qui se donnaient des airs de grands seigneurs peu en rapport avec les goûts et les tendances de la majorité.

On fit remarquer avec ironie de quel appareil somptueux s'entouraient le Président et surtout la Présidente, Mme Washington, qui, à son entrée à New-York, avait été saluée par une salve de treize coups de canon. Et, abomination plus grande encore: le Vice-Président, John Adams, se prélassait, comme un prince, dans une voiture à six chevaux. Le luxe du palais de la Présidence, avec ses laquais en livrée et ses invités en habit de cérémonie, ne faisait-il pas songer à Versailles et aux corruptions extravagantes d'une cour? Dans un bal qui fit sensation, Washington et la générale occupaient un canapé qui ressemblait, de bien loin, à un trône, mais fut, tout de même, pris pour un trône. De là à accuser Washington de vouloir se faire décerner le titre d'*Altesse* et de *Protecteur* , il n'y avait qu'un pas. Au fond, la querelle de principes tendait à devenir une querelle de personnes entre Jefferson et Hamilton, sous le prétexte fallacieux d'un complot royaliste, le tout assaisonné par la crainte des excès révolutionnaires dont l'exemple venait de France et par le danger des entraînements loyalistes et royalistes dont la sollicitation venait d'Angleterre.

À partir de cette époque, les relations entre la France et les États-Unis allaient connaître des temps moins calmes. Washington vieilli sembla oublier la confraternité d'antan et se tourna vers l'Angleterre. Le gouvernement français, par son attitude intransigeante, fut, en grande partie, cause de ce revirement regrettable.

Le citoyen Genet avait été nommé par la Convention Ministre de la République française aux États-Unis. L'attitude que prit ce diplomate, dès son arrivée, manqua de diplomatie. Il est certain que sa mission consistait à entraîner l'Amérique dans la guerre que la France soutenait alors contre l'Europe. Il fallait aussi faire miroiter aux yeux des membres influents du Gouvernement américain, la perspective d'enlever à l'Espagne l'embouchure du Mississipi, dont la navigation serait ainsi ouverte aux habitants de l'Ouest et permettrait, sans doute, selon la phraséologie du temps, «de réunir à la constellation américaine la belle étoile du Canada[21] .»

L'énoncé seul d'un pareil programme dénotait, de la part des dirigeants français, une certaine ignorance de la mentalité des Américains et des difficultés intérieures dans lesquelles ils se débattaient. Républicains et Fédéralistes, quels que fussent les revirements de l'opinion en faveur de la France ou de l'Angleterre, comptaient s'en tenir à une stricte et juste neutralité. M. Genet débarquant, en avril 1793, à Charlestown, avec l'assurance un peu naïve d'un tribun ou d'un proconsul, se livra aussitôt à une propagande déplacée en faveur des idées et des intérêts de son pays,—ce qui eut été parfaitement naturel s'il avait agi avec quelque discrétion. Malheureusement, il prit ouvertement des mesures attentatoires aux intérêts du pays auprès duquel il était accrédité: armant des corsaires, de sa propre initiative, ordonnant des recrutements, condamnant des prises, enfin, faisant abstraction du gouvernement établi pour obéir sans discernement aux instructions données par la Convention. C'était d'une maladresse insigne. En toutes circonstances, une pareille conduite eût été condamnable; en l'occurrence, elle était dangereuse. Elle s'expliquait par l'état d'esprit dans lequel se trouvait tout Français ayant joué un rôle pendant les journées les plus dramatiques de la Révolution. Hypnotisé par les grandes phrases, par les grands gestes, par les grands événements dont il avait été le témoin, Genet avait simplement transporté, dans une contrée étrangère et éloignée, l'ambiance fiévreuse au sein de laquelle il avait vécu et qui, tout en n'exagérant pas le danger auquel la France était exposé en Europe, exagérait peut-être l'influence de sa propagande républicaine en Amérique. Pour lui, l'indépendance américaine étant, en partie, l'œuvre de la France, il estimait tout naturel que le Gouvernement des États-Unis obéît, sans condition, au Gouvernement de la grande nation,—que dis-je, qu'il s'inclinât, sans réserves, devant les injonctions de la Convention, que lui, le représentant officiel, était chargé de transmettre.

D'ailleurs, les instructions qu'il avait reçues des Comités de la Convention respiraient la haine qu'ils vouaient à Washington qui, prétendaient-ils, s'était entièrement dévouée à l'Angleterre. Genet n'hésita donc pas à s'appuyer sur l'opposition pour arriver à ses fins. Il était parvenu à avoir des adhérents secrets ou avoués dans plusieurs États et jusque dans le sein du Congrès. Fort de leur appui, il eut l'audace de préparer un mouvement qui avait pour but rien de moins que la conquête de la Louisiane. Les mécontents l'assurèrent que toute cette province désirait rentrer sous la domination de la France et Genet poussa l'outrecuidance jusqu'à prêter la main à une coopération de forces navales qui devaient se présenter sur les côtes de la Floride. Le principal corps de troupes de terre devait s'embarquer au Kentucky et, descendant l'Ohio et le Mississipi, envahir inopinément la Nouvelle-Orléans. Ces préparatifs hostiles auxquels plusieurs États de l'Union semblaient vouloir prendre part, causèrent d'autant plus de craintes au gouvernement fédéral qu'à la même époque il était engagé, avec la cour de Madrid, dans une négociation relative à la navigation du Mississipi. Washington crut nécessaire d'intervenir auprès du Gouverneur du Kentucky. Non content de jeter le trouble dans les relations intérieures. Genet alla jusqu'à accuser le Président des États-Unis de violer la Constitution et le menaça «d'en appeler de lui au peuple, de porter ses accusations devant le Congrès et d'y comprendre tous les aristocrates partisans de l'Angleterre et du gouvernement monarchique.»

C'était un appel à la révolte et le Ministre de France aux États-Unis était allé trop loin dans sa propagande et dans ses agissements. Il était, pour ainsi dire, devenu le chef d'une faction et les Ministres américains firent connaître au Gouvernement français «que les actes de son envoyé ne correspondaient point aux dispositions dont la République française était animée; qu'il s'appliquait, au contraire, à engager les États-Unis dans une guerre au dehors, à semer au dedans la discorde et l'anarchie et ils demandaient son rappel comme nécessaire au maintien de la bonne intelligence.»

Le Gouvernement sut désapprouver la conduite de Genet; il le rappela et le remplaça. On peut se demander si, tout en interprétant d'une façon trop rigoureuse les instructions de la Convention, ce diplomate improvisé n'obéissait pas quand même à ses plus secrets désirs. En tout cas, ces menées prouvent que la hantise de posséder de nouveau la Louisiane et de poser les bases d'un empire français en Amérique, revenait périodiquement inspirer les fauteurs d'une grande politique internationale. C'était la première fois qu'on osait afficher hautement ces tendances ambitieuses. Elles furent reprises par Talleyrand, comme nous allons le voir, dans une conception différente, et, enfin, par Bonaparte qui leur donna une solution bien inattendue.

Mais, pour le moment, le résultat le plus éclatant auquel on était parvenu, fut celui-ci: les fédéralistes gagnèrent du terrain et les relations se brouillèrent avec la France au profit de l'Angleterre.

Le traité que Jay signa à Londres fut la conséquence de cette politique nouvelle et mit le comble à notre mécontentement. Les successeurs de Genet comme Ministres de France à Philadelphie, Fauchet et Adet, ne purent enrayer le mouvement hostile à notre égard. Washington, à la veille de sa retraite, effrayé des perspectives troublantes que la Révolution française faisait miroiter à ses yeux, ne fit rien pour lutter contre le mouvement anti-français; au contraire, il se solidarisa entièrement avec la passion haineuse de Hamilton qui incarna, un instant, toutes les passions du fédéralisme militant.

En réalité, le traité de Londres était une violation flagrante des traités que nous avions conclus avec les États-Unis en 1778,—ces traités qui constituaient les premiers pactes politiques de la république américaine et lui avaient, en somme, permis de faire le pas décisif vers l'indépendance. En les violant, les Américains nous mettaient dans une position inférieure à l'égard de l'Angleterre.

C'est ce que Fauchet fit ressortir quand il essaya de préciser la nature de nos rapports politiques avec l'Amérique du Nord, en l'an V de la République.

«En consacrant dans ces traités, dit-il, les principes de la neutralité moderne dans toute leur plénitude, nous ne pouvions pas, à coup sûr, désirer que les États-Unis consentissent, dans leurs traités postérieurs, à des principes contraires: c'est particulièrement la nature de leurs stipulations avec l'Angleterre qui devait nous embarrasser. Nous ne pouvions désirer que cette puissance pût faire usage de leur pavillon à son aise, tandis que cette faculté nous serait interdite.»

«Tel est cependant l'état de choses qui a été établi par le traité de Londres. Les États-Unis ont abandonné explicitement, dans ce traité, la neutralité moderne, d'où il résulte que l'Angleterre peut légalement nous piller sous pavillon américain et que nous devons respecter ce qu'elle met sous ce pavillon.»

«Les principes de neutralité dont il s'agit, s'étendent encore à une partie du commerce des neutres, sujette à bien des discussions, c'est la contrebande. D'après l'ancien droit des gens, tout ce qui était destiné pour l'ennemi, tout ce qui sortait d'un port ennemi, était contrebande, et plus particulièrement les matières propres aux arsenaux de terre ou de marine, et même les provisions»...

«Le traité de Londres consacre l'ancien droit des gens à cet égard, c'est-à-dire, qu'il est légal pour l'Angleterre, de s'emparer de toutes les matières propres aux approvisionnements des chantiers, que pourraient nous apporter les Américains, tandis que nous devons respecter ces mêmes objets transportés en Angleterre sous même pavillon. Quant aux provisions, on laisse à son arbitraire de déclarer quand elles sont contrebande, c'est-à-dire, saisissables, lorsqu'elles seront envoyées en France ou dans nos colonies, sur bâtiment américain[22] ».

Le Directoire se trouvait, de la sorte, devant un fait acquis,—fruit d'une politique trop intransigeante. Pastoret le fit remarquer dans la séance du 2 messidor où il appela l'attention du Conseil des Cinq Cents sur les relations de la France avec les États-Unis. Il était loin d'approuver le traité de 1794 que ces derniers avaient conclu avec l'Angleterre; cependant, dans un esprit de conciliation, il s'efforçait de montrer les torts réciproques... «Mais enfin, disait-il, si les États-Unis ont violé les convenances et les égards, ils n'ont trahi aucun engagement, ils n'ont usurpé aucun droit, ils n'ont fait qu'user de la faculté universelle des nations, de contracter, quand et comme elles le veulent. Sommes-nous donc les souverains du monde? Nos alliés ne sont-ils donc que nos sujets, pour qu'ils ne puissent pactiser à leur gré? Et certes, il n'est pas peu singulier d'entendre le gouvernement français accuser le traité du 19 novembre 1794 d'être une hostilité, tandis qu'il fait prendre lui-même, sans avoir déclaré la guerre, tous les vaisseaux américains.»

Pastoret jugeait sainement les choses. Cependant, les victoires des armées françaises, tout en exaltant l'orgueil du Directoire, firent souhaiter aux Américains de rétablir les anciennes relations amicales avec la nation à laquelle les rattachaient tant de souvenirs communs et de sentiments reconnaissants. D'ailleurs, il était question de paix entre la France et l'Angleterre. Aussi le Président John Adams, absolument d'accord avec le Congrès, envoya à Paris trois plénipotentiaires dont les instructions étaient inspirées par un réel désir de rapprochement. Cette tentative échoua pourtant. Soit que MM. Pinkney, Marshall et Gerry ne fussent pas bien préparés pour la mission qu'on leur avait confiée, soit que le Directoire n'en comprit pas toute la signification, les pourparlers qui auraient dû prendre l'ampleur digne des deux grandes nations en présence, se résuma en des marchandages louches avec des agents subalternes. On insinua qu'on compterait éventuellement sur un concours financier et effectif, en vue d'une descente en Angleterre. Mais telles propositions, vaguement traitées par les Ministres français, irritèrent les envoyés américains qui ne furent jamais reçus par les Directeurs lesquels se refusaient de reconnaître le caractère officiel de MM. Pinkney et Marshall, sous prétexte qu'ils appartenaient au parti fédéraliste, si anti-français. Exception fut faite pour M. Gerry qui, tout en étant un républicain avéré, était pourtant obligé de se solidariser avec ses collègues.

Dans ces négociations, Talleyrand joua un rôle prépondérant, quoique, parfois, sujet à caution. Il y trouva l'occasion de mettre en lumière ses vues personnelles sur l'Amérique.

Dans le tourbillon des affaires qui entraînaient et accaparaient tous les esprits en France, peu de gens connaissaient à fond les affaires d'Amérique. Les Ministres plénipotentiaires qui en revenaient, après avoir plus ou moins bien réussi dans leur mission, se montraient, dans leurs rapports, d'une partialité concevable. Beaucoup d'émigrés qui encombraient Philadelphie, qu'un des leurs appela plaisamment «l'*Arche de Noé* », n'étaient pas encore revenus dans leur patrie et n'avaient pas encore publié des mémoires sur leur séjour en Amérique.

Il faut faire une exception pour Talleyrand qui, dès 1795, est rayé de la liste des émigrés et rentre en France. Sans doute, portait-il déjà dans sa tête de vastes projets à la réalisation desquels il savait pouvoir utiliser ses ressources d'homme de l'ancien régime parfaitement décidé de profiter des occasions offertes par le nouveau régime. Pour lui, le régime qui comptât, était celui en vigueur.

Son séjour aux États-Unis lui avait évidemment suggéré bien des réflexions. Il avait vu et écouté. Dès son retour, il consigna ses souvenirs et ses idées dans un mémoire destiné certainement à attirer l'attention de Bonaparte[23] .

Son coup d'œil perspicace avait relevé tout de suite la grande différence qui existait entre la révolution américaine et la révolution française, au point de vue des conséquences. Rappelant le mot profond de Machiavel: «Toutes les mutations fournissent de quoi en faire d'autres», il oppose, d'une façon judicieuse, l'état social des États-Unis à l'état social de la France. Dans les deux pays, une révolution ne pouvait avoir les mêmes effets. Chez nous, il s'agissait d'établir la liberté, et nous employons ici ce mot dans un sens général, sans entrer dans les distinctions de partis qui en ont souvent dénaturé le sens exact. En Amérique, cette liberté existait en principe et il s'agissait seulement de la faire respecter. Il est facile de tirer la conséquence d'une pareille constatation: les haines, les agitations, les inquiétudes, les bouleversements de toutes sortes, qui sont les fruits d'une révolution dans les pays d'une civilisation avancée et d'un passé lointain, ne se retrouvent pas avec la même âpreté dans les pays d'un passé récent comme l'Amérique. «Sans doute cette révolution a, comme les autres, laissé dans les âmes des dispositions à exciter ou à recevoir de nouveaux troubles; mais ce besoin d'agitation a pu se satisfaire autrement dans un pays vaste et nouveau, où des projets aventureux amorcent les esprits, où une immense quantité de terres incultes leur donne la facilité d'aller employer, loin du théâtre des premières dissensions, une activité nouvelle, de placer des espérances dans des spéculations lointaines, de se jeter à la fois au milieu d'une foule d'essais, de se fatiguer, enfin, par des déplacements et d'amortir ainsi chez eux les passions révolutionnaires[24] .

En France, il n'en était pas de même. Les passions révolutionnaires ne pouvaient se satisfaire que sur place. De là, cette progression dans la lutte où les partis, tour à tour triomphants et vaincus, se faisaient une guerre sans merci et qu'on a pu comparer les étapes fournies par le personnel politique de cette époque agitée, aux convulsions d'une hydre dont les têtes abattues renaissent toujours. Au point de vue social,... «sans parler des haines qu'elles éternisent et des motifs de vengeance qu'elles déposent dans les âmes, les révolutions qui ont tout remué, celles surtout auxquelles tout le monde a pris part, laissent après elle une inquiétude générale dans les esprits, un besoin de mouvement, une disposition vague aux entreprises hasardeuses et une ambition dans les idées qui tend sans cesse à changer et à détruire.»

Pour remédier à cet état d'esprit dangereux, fauteur de troubles et d'anarchie, il fallait créer une diversion puissante. La meilleure était la fondation de colonies nouvelles où des hommes fatigués et vieillis par le malheur pussent trouver, dans un cadre nouveau, le moyen de rajeunir leur énergie, en débarrassant la mère-patrie d'éléments de discorde, tout en lui permettant d'étendre son influence au dehors.

C'était, en somme, aiguiller les entreprenants, les audacieux, les généraux vainqueurs dont l'ambition pouvait être sollicitée par une des nombreuses factions en attente, vers un but précis, utile et glorieux. «Et combien de Français, disait Talleyrand, doivent embrasser avec joie cette idée! Combien en est-il chez qui, ne fût-ce que pour des instants, un ciel nouveau est devenu un besoin! et qui, restés seuls, ont perdu, sous le fer des assassins, tout ce qui embellissait pour eux la terre natale; et ceux pour qui elle est devenue inféconde et ceux qui n'y trouvent que des regrets, et ceux même qui n'y trouvent que des remords; et les hommes qui ne peuvent se résoudre à placer l'espérance là où ils éprouvèrent le malheur; et ces multitudes de malades politiques, ces caractères inflexibles qu'aucun revers ne peut plier, ces imaginations ardentes qu'aucun raisonnement ne ramène, ces esprits fascinés qu'aucun événement ne désenchante; et ceux qui se trouvent toujours trop resserrés dans leur propre pays; et les spéculateurs avides et les spéculateurs aventureux, et les hommes qui brûlent d'attacher leur nom à des découvertes, à des fondations de villes, à des civilisations; tel pour qui la France constituée est encore trop agitée; tel pour qui elle est trop calme; ceux, enfin, qui ne peuvent se faire à des égaux, et ceux aussi qui ne peuvent se faire à aucune dépendance.»

Cette énumération contenait tous les éléments troublés de la Société française au lendemain de la révolution; elle indiquait la matière variée et complexe à employer mais elle ne désignait pas l'homme assez fort et bien doué qui pût la diriger et la mener au but.

Il n'est pas téméraire d'affirmer que, si Talleyrand ne proclame officiellement aucun nom, il ne voyait qu'un homme capable d'une pareille mission: le général Bonaparte.

Si l'homme était trouvé et prenait, de jour en jour, plus de consistance et plus d'ampleur, quels seraient les pays sur lesquels il faudrait jeter son dévolu?

On ne pouvait hésiter qu'entre l'Orient et l'Occident.

Dès 1769, le duc de Choiseul qui prévoyait l'indépendance des colonies américaines du joug de l'Angleterre et, par suite, la répercussion qui pourrait se faire sentir sur les colonies que nous possédions dans ces parages, envisageait les négociations à entamer pour la cession de l'Égypte à la France dans le but de trouver vers l'Orient un débouché qui semblait nous échapper vers l'Occident. Talleyrand, Ministre des Affaires Étrangères du Directoire, se solidarisa d'abord avec le général Bonaparte pour préparer, faciliter et mener à bonne fin une expédition qui, ayant pour but de faire la conquête de l'Égypte, devait enlever à l'Angleterre la communication directe avec les Indes. Bonaparte avait encore d'autres projets; on sait que, par la Syrie, il voulait gagner Constantinople et relever, sans doute en son nom, l'ancien empire d'Orient. On sait aussi comment ce projet échoua: la flotte française battue à Aboukir, — Bonaparte enfermé en Égypte, mais parvenant à s'échapper, à tromper la vigilance de l'ennemi et même le secret espoir du Directoire, en débarquant en France sans y être officiellement autorisé. Sa présence était, en effet, nécessaire en Europe: il y allait de son propre destin et du destin de la France.

Mais Talleyrand, dont l'esprit incisif au service d'une imagination réaliste, n'avait pas deviné un homme sans lui assigner aussitôt un rôle, — du moins dans ses rêves secrets d'ambition et de domination — ne trouvait sans doute pas l'Europe digne de ses projets et si la route de l'Asie, après l'échec de l'expédition d'Égypte, se fermait au génie de Bonaparte, l'Amérique n'était-elle pas un vaste champ tout préparé pour y fonder un empire français, empire dont les jalons avaient été posés au XVIIe siècle.

La France, en effet, avait toujours regretté la perte de la Louisiane, cette création de Louis XIV qui, autant que le Canada, peut-être, avait conservé le culte de ses origines françaises. En la cédant, en 1763, à l'Espagne, monarchie bourbonienne, de race latine et de religion catholique, on ne l'enlevait pas entièrement à l'influence française. Le comte de Vergennes fut sur le point de racheter cette belle colonie, mais le prix demandé alors par l'Espagne dépassait les ressources de notre trésor. Cette nécessité de compter fut la seule raison pour laquelle la Louisiane demeura espagnole. En vain, par le traité de Bâle, la République française tenta de la recouvrer,—elle ne parvint qu'à se faire céder la partie orientale de Saint-Domingue,—et encore, devant la supériorité navale de l'Angleterre et les craintes qu'inspirait déjà Toussaint-Louverture, la prise de possession en fut remise à plus tard. Les directeurs Carnot et Barthélemy essayèrent bien de séduire le roi d'Espagne par une combinaison[25] qui, à première vue, devait amplement satisfaire les deux partis. Il s'agissait simplement d'enlever les trois Légations au Pape, de les réunir au Duché de Parme et d'en constituer une principauté pour le fils du duc de Parme qui venait d'épouser une fille de Charles IV. Quoique cet arrangement eût procuré à sa fille une situation prépondérante, le Roi très chrétien ne crut pas devoir se prêter à une spoliation des États de l'Église.

Mais ces efforts, ces tentatives répétées ne prouvent-elles pas avec évidence que, sous une forme ou une autre, la nostalgie de l'Amérique perdue tourmentait périodiquement quelques-uns de nos hommes d'État, soit par pur patriotisme, par intérêt personnel ou par ambition collective? Les raisons multiples qui avaient poussé la France à intervenir en faveur des États révoltés contre l'Angleterre répondaient à des besoins complexes, d'une nature à la fois élevée et aussi moins désintéressée. Les droits de l'humanité en général étant satisfaits, ne serait-il pas possible maintenant de lutter et de revendiquer en faveur des droits plus proches de son propre pays? Bien des changements s'étaient effectués depuis qu'avait été reconnue l'indépendance de l'Amérique. Les Anglais chassés des États-Unis, les Bourbons chassés de France, tant de gens chassés de leurs prébendes et de leurs habitudes, tant de victoires françaises remportées sur les champs de bataille de la guerre et de la pensée, justifieraient, certes, une mise au point de l'organisation sociale, dont profiteraient également la masse et l'individu. Nous avons vu que, dans son mémoire lu à l'Institut, Talleyrand avait paraphrasé et développé telles idées et, dans l'anarchie où se traînait le gouvernement des

Directeurs, devant une Europe matée et divisée, un parti se groupa autour du Ministère des Affaires Étrangères, proclamant l'opportunité de restaurer la paix continentale, au profit d'une plus grande extension de l'influence française au dehors — au delà des mers — c'est-à-dire, au profit de la restauration d'un empire français dans certaines régions de l'Amérique.

Talleyrand qui voulait jouer un rôle, qui devait en jouer un si considérable sous peu, avait résumé, dans son esprit, les conceptions d'un aristocrate d'ancien régime à l'égard des États-Unis d'Amérique. De son séjour là-bas, il n'avait pas rapporté une grande sympathie pour les hommes et les choses. Il reprochait aux États-Unis qui n'en étaient encore qu'au début de leur carrière politique, d'être demeurés foncièrement anglais, — anglais de race, de goût, ainsi que par nécessité commerciale. Il insiste sur cette constatation, quand il dit:

«Ce qui détermine la volonté, c'est l'inclination, c'est l'intérêt. Il paraît d'abord étrange et presque paradoxal de prétendre que les Américains sont portés d'inclination vers l'Angleterre: mais il ne faut pas perdre de vue que le peuple américain est un peuple dépassionné, que la victoire et le temps ont amorti ses haines et que, chez lui, les inclinations se réduisent à de simples habitudes;

or, toutes ses habitudes le rapprochent de l'Angleterre.

«Dans toute la partie de l'Amérique que j'ai parcourue, je n'ai pas trouvé un seul anglais qui ne se trouvât américain, et pas un seul français qui ne se trouvât étranger».

«Qu'on ne s'étonne pas, au reste, de trouver ce rapprochement vers l'Angleterre dans un pays où les traits distinctifs de la constitution, soit dans l'Union fédérale, soit dans les États séparés, sont empreints d'une si forte ressemblance avec les grands linéaments de la constitution anglaise[26] ».

Mais en face de ces hommes qu'il accusait volontiers d'être des trafiquants sans vergogne, il dressait, sans scrupule, sa silhouette fine de forban en jabot de dentelles. Il est avéré que les commissaires envoyés, en juillet 1797 pour aplanir les difficultés existant alors entre les deux pays, se heurtèrent surtout à l'intransigeance déplacée de M. de Talleyrand. Les négociations ne purent aboutir parce que le Ministre français des Affaires Étrangères réclamait pour lui, avec un cynisme éhonté, un don de 1.200.000 fr., et que les Américains, outrés de telle prétention, préférèrent rompre toute conversation. En avril 1798, on était à la veille d'une guerre.

Cette guerre qui aurait répondu aux plus secrètes aspirations de sa politique, il ne fit rien pour l'éviter. Au contraire, les instructions qu'il envoie au Ministre de France, à Madrid, Guillemardet, prouvent combien lui tenait à cœur son projet d'intervenir dans les affaires d'Amérique, dans le but d'y développer les bases d'un établissement français. Aussi, dès qu'il apprit que l'Espagne avait livré aux États-Unis les forts des Natchez situés le long du Mississipi, il fit ressortir toute la maladresse du cabinet de Madrid qui portait ainsi une atteinte directe à l'avenir de ses propres colonies, la possession de ces forts étant précisément destinée à contenir les progrès des Américains dans ces contrées.

Pour arrêter court cette ambition des Américains, il n'y avait qu'un moyen: celui qui consistait à les empêcher de dépasser les limites qui empiéteraient sur les régions d'influence espagnole. Mais l'Espagne, laissée à ses seules ressources, ne pouvait accomplir une œuvre aussi difficile. Il ne lui restait plus qu'à avoir recours à l'aide de la France et de lui céder une partie de ses immenses domaines, dans le but de préserver le reste, — c'est-à-dire de nous céder les Florides et la Louisiane. Ces deux provinces constitueraient le rempart le plus impénétrable à opposer aux forces combinées, le cas échéant, d'Angleterre et des États-Unis.

Ce projet qui, pour l'exécution, reposait sur une politique tortueuse, ne manquait pas de grandeur. Il n'avait pu être conçu que par un esprit foncièrement monarchique dont toutes les origines se confondaient, pour ainsi dire, avec celles de la royauté. Talleyrand, tout en se pliant aux événements, n'avait jamais cru au triomphe définitif de la Révolution. Pour lui, elle était une crise avec laquelle, certes, il fallait compter mais qui, une fois parvenue à sa période de décroissance, tendrait tout naturellement à la restauration des principes indestructibles de l'ancien régime. Il avait guetté l'homme capable de parfaire une telle œuvre. Cet homme rentrant d'Égypte, venait de soulever les premiers plis du voile qui recouvrait son ambition. Bonaparte, Premier Consul, après avoir pacifié l'Europe, pourrait la rassurer aussi en consacrant toutes les énergies de la France à la création d'un empire contre-révolutionnaire dans le Nouveau-Monde. Le succès d'une telle entreprise serait d'autant plus assuré, qu'elle répondrait aux désirs des monarchies européennes, en poursuivant l'esprit républicain jusque dans son dernier repaire. Atteindre la démocratie américaine ne pouvait déplaire à l'Angleterre; au lendemain de tant de bouleversements sociaux, réunir toutes les légitimités en vue de faire échec à toutes les anarchies, ce fut, en somme, le fond de la politique de Talleyrand, politique qui, à travers les heures les plus difficiles ou les plus glorieuses de la République, du Consulat et de l'Empire, devait trouver son triomphe dans les subtiles discussions du Congrès de Vienne.

En attendant, Bonaparte battait les Autrichiens à Marengo et concluait une paix qui lui permît de reprendre les négociations avec l'Amérique. Son frère Joseph, chargé de négocier, signa un traité à Mortefontaine, par lequel, tout en réservant le règlement définitif de certaines questions relatives aux garanties et obligations imposées aux États-Unis par le traité d'alliance de 1778, les relations diplomatiques reprirent leur cours. Mais même avant que Joseph Bonaparte ait pu faire preuve d'habileté transactionnelle, le Premier Consul avait déjà pris une décision importante concernant l'Amérique, qui devait lui permettre d'intervenir dans les affaires des pays d'outre-mer, d'une façon ou d'une autre, suivant les circonstances.

Son génie prévoyait tout le parti à tirer d'une main mise sur de vastes territoires américains et, dès le lendemain de Marengo, sans attendre la conclusion de la paix avec les États-Unis, l'Angleterre et l'Autriche, il chargea Talleyrand d'envoyer un courrier à Alquier, notre Ministre à Madrid, avec les pouvoirs de conclure un traité par lequel l'Espagne rétrocéderait la Louisiane à la France, moyennant un agrandissement équivalent du Duché de Parme. C'était reprendre, sur des bases plus larges, un projet qui avait déjà été repoussé par le roi très catholique, mais qui serait sans doute plus favorablement accueilli par la reine, non moins catholique, — la seule chose qui n'était pas catholique du tout, c'était la proposition que l'on faisait.

Cette proposition prit même des proportions plus grandes, quand Alquier fut remplacé par Berthier[27] pour mener à bien une affaire qui répondait aux ambitions secrètes de Bonaparte et constituait une menace dangereuse dirigée contre les États-Unis d'Amérique. Il ne s'agissait plus seulement de la Louisiane, mais l'Espagne devait y ajouter les deux Florides et appuyer cette convention par le don de six vaisseaux de guerre. Depuis la lutte séculaire qui avait mis Français et Anglais face à face pour la conquête de l'Amérique du Nord, jamais, peut-être, les États-Unis n'avaient été exposés à un plus grand péril. On peut donc conclure de cette constatation que la fondation d'un empire colonial hanta, à cette époque plus qu'à une autre, l'esprit de Bonaparte et qu'il subordonna à sa réalisation, pendant quelques années du moins, jusqu'en 1803, les plus immédiates et les plus mystérieuses menées de sa diplomatie.

Le roi d'Espagne souleva des objections en ce qui concernait la cession des Florides. Il était disposé à céder la Louisiane dont les origines étaient bien françaises, mais il fit des difficultés pour les Florides qui faisaient bien partie du domaine national. Ses hésitations furent vaincues par l'habile promesse de remplacer les trois Légations par la Toscane. La Toscane offerte en compensation à leur neveu et gendre devait lever tous les scrupules du Roi et de la Reine. C'était une perspective inespérée! Ils firent immédiatement venir le Prince de la Paix pour lui faire part de leur grande joie. La satisfaction de voir leur fille régner sur le beau pays qui s'étend aux bords de l'Arno leur fit oublier les territoires non moins beaux du pays qui s'étend aux bords du Mississipi. Le général Berthier signa, le 1er octobre 1800, le traité de San Ildefonso qui annulait, pour ainsi dire, le traité de Mortefontaine signé si peu de temps auparavant. Le premier de ces traités, grâce à certaines concessions réciproques, rétablissait les relations normales entre les deux pays en assurant la paix; le second, en plaçant un concurrent redoutable à la frontière des États-Unis, risquait de les refouler à jamais entre les Alleghanys et la mer et d'empêcher une extension vers l'ouest qui fut, de tout temps, la condition essentielle du progrès normal de la République naissante.

Le Ministre dirigeant les affaires d'Espagne devait essayer de reculer le plus loin possible cette échéance, non pas par sympathie pour les États-Unis, mais bien dans l'intérêt de sa patrie.

Godoy, Prince de la Paix, avait beau jouir d'une réputation scandaleuse dans sa vie privée, il était homme de ressource, d'un patriotisme à la fois souple et tenace. Il parvint à empêcher, pendant sept ans, l'intrusion de Napoléon en Espagne, en signant avec le Portugal le traité de Badajoz, au bas duquel Lucien, gorgé de présents et de richesses, apposa sa signature, — et à éluder les conséquences du traité de San Ildefonso, en ce qui concernait la rétrocession de la Louisiane, sous le prétexte, d'ailleurs assez légitime, que le nouveau royaume d'Étrurie avait été remis au jeune roi dans des conditions qui ne répondaient nullement à la compensation stipulée, ce royaume continuant à être occupé et administré par des généraux français et n'étant pas reconnu par les autres puissances. Jusqu'à présent, ce n'était, en somme, qu'un jouet illusoire que l'on faisait miroiter devant les yeux de deux souverains fascinés par le fantôme d'une royauté.

Cette manière d'envisager les choses irrita Bonaparte, et avec d'autant plus de raison que la cour d'Espagne, influencée par Godoy, remettait de jour en jour l'heure de la rétrocession de la

Louisiane. Après le traité de San Ildefonso, le Premier Consul, inspiré par un sentiment à la fois de politique et de convenance, avait permis à Godoy de différer, pendant un an, cette cession. Cependant, s'il était impatient d'en prendre possession, l'Espagne, de son côté, soulevait des difficultés dans le but d'éloigner l'échéance. Notre Ministre, Gouvion Saint-Cyr, obtint, enfin, la promesse que Charles IV consentirait à livrer la Louisiane, à deux conditions: l'Autriche, l'Angleterre et le Grand Duc de Toscane détrôné, devaient reconnaître officiellement le nouveau roi d'Étrurie,—et la France devait s'engager à ne pas aliéner la propriété et l'usufruit de la Louisiane et à la remettre à l'Espagne dans le cas où le roi de Toscane perdrait la totalité ou une partie de ses États.

Le Prince de la Paix n'avait donc pas une confiance absolue dans la durée et la solidité des royaumes créés par Bonaparte?

Talleyrand fut chargé de donner à l'Espagne l'assurance formelle que jamais la France n'aliénerait une colonie qui, en 1763, n'avait été retranchée du domaine national qu'en faveur de l'Espagne et dont les antécédents français légitimaient les prétentions actuelles.

Le Premier Consul insistait toujours pour avoir aussi les deux Florides. Même résistance de la part de Godoy qui fit intervenir la diplomatie anglaise, affirmant que Sa Majesté Britannique ne consentirait jamais à ce que les deux Florides soient acquises par la République française et que les États-Unis se solidariseraient, en cette circonstance, avec la cour de Saint-James[28] . D'un autre côté, la nature des compensations offertes soulevait des objections. L'Empereur Alexandre de Russie lui-même s'étonnait de voir la France disposer des États de Parme en faveur de l'Espagne, quand il était plus légitime de les donner en indemnité au roi de Sardaigne.

Étranges contestations! Étranges pourparlers! Ils font ressortir la ténacité avec laquelle Bonaparte cherchait à réaliser ses projets de domination en Amérique. Étrange opposition aussi de la part de l'Europe. Pour elle, n'aurait-il pas mieux valu diriger l'activité du capitaine ambitieux vers le Nouveau-Monde? En lui facilitant l'acquisition de toutes les Florides et de toute la Louisiane, l'Espagne et la Russie auraient, sans doute, agi dans leur propre intérêt. La France et les États-Unis mis face à face, à cette heure décisive de leur destinée, auraient été entraînés, sans doute, dans des complications dont on aurait difficilement vu la fin.

Le Prince de la Paix et l'Empereur de Russie, s'ils avaient pu lire dans l'avenir, auraient, certes, mieux fait d'encourager ces velléités de conquêtes extra-européennes, de laisser couler le sang français à Saint-Domingue et sur les rives du Mississipi, plutôt que de voir leurs pays envahis, Saragosse emporté d'assaut et Moscou incendié...

Seule, l'Angleterre, l'île intangible, le pays des colonies, qui n'avait pas renoncé à l'espoir d'agrandir celles qu'il possédait toujours en Amérique, avait intérêt à en écarter sa rivale séculaire. Pour elle, le salut consistait à nous susciter des hostilités continentales. On était arrivé à la dernière phase de la seconde guerre de Cent Ans qui, par des alternatives plus ou moins rapprochées, mettait aux prises Français et Anglais.

Chapitre V

NAPOLÉON ET LA LOUISIANE.

Thomas Jefferson fut appelé à jouer un grand rôle en Amérique, au moment où, en Europe, se mesuraient ces partenaires redoutables: Bonaparte et Pitt.

Il fut nommé Président de la République des États-Unis en mars 1801.

C'était le triomphe du parti républicain qui, dans sa personne, avait vaincu les Fédéralistes. C'était aussi le triomphe de l'idée française qui trouva, dans le nouveau Président, un défenseur et presque un disciple.

Jefferson avait quitté la France à temps pour ne garder, de son séjour parmi nous, que le souvenir des grandes journées de la Révolution. Il assista à son aurore et ne fut pas le témoin des excès qui refroidirent si vite tant d'amis de la première heure. Sa sympathie nous était donc acquise. Mais il dut compter avec les questions litigieuses qui, sous la Convention et le Directoire, avaient mis les deux pays à deux doigts d'une guerre.

Cette sympathie pour la France, avait pour corollaire sa haine pour la Grande-Bretagne. Elle fut d'abord soumise à une grande épreuve mais finit par récolter une récompense glorieuse. Elle allait jusqu'à excuser les massacres de septembre et aurait volontiers poussé à la rupture de tous les liens commerciaux si importants entre les États-Unis et l'Angleterre. Autant de raisons qui rendaient Jefferson odieux aux Fédéralistes tombés mais toujours redoutables; ils le traitaient de gallomane, anglophobe et jacobin, tous épithètes qui répondaient à une réalité dont il revendiquait hautement la responsabilité, mais qui pouvaient légitimer de graves oppositions au gouvernement,—oppositions qui s'étaient déjà manifestées au moment des élections pour la présidence et la vice-présidence. Pourtant Jefferson, quoique taxé de fanatique, penchait plutôt vers la conciliation. N'avait-il pas dit à Madison: «Je n'ai pas assez de passion pour trouver du plaisir à naviguer au milieu des tempêtes».

C'était réflexion de sage politique, d'autant plus que les excès des Fédéralistes tendant à rien de moins qu'à fomenter des discordes civiles, avaient finalement tourné contre eux-mêmes.

Dans son discours d'inauguration, Jefferson développa des idées de conciliation, d'apaisement et de philanthropie. Certains passages semblaient empreints de quelque amertume provenant du souvenir des luttes récentes et peut-être aussi de la crainte des difficultés à venir. Pour bien montrer combien il prétendait représenter une démocratie jusque dans ses formes extérieures, il simplifia, autant que possible, la mise en scène des cérémonies coutumières. Il vint à pied de son logis à la maison où se réunissait le Congrès, dans ses vêtements ordinaires, escorté par un détachement de la milice et accompagné des secrétaires de la Marine et des Finances, auxquels étaient venus se joindre quelques-uns de ses amis politiques de la Chambre des Représentants. D'ailleurs, son extérieur répondait assez bien à son idéal politique. Jefferson était très grand, d'allure timide, d'apparence froide, d'attitude réservée et ne donnant pas l'impression d'un homme habitué au commandement.

Cet honnête homme, ce grand citoyen, qui fut surtout remarquable par le caractère et les intentions, rêvait une ère de calme à l'intérieur et une ère de paix à l'extérieur, qui permît aux États-Unis de se développer sans entraves.

À l'intérieur, il eut à lutter contre les attaques de ses adversaires politiques, à l'extérieur, il eut à faire face aux exigences tour à tour coalisées ou rivales de la France, de l'Angleterre et de l'Espagne, toujours à l'affût d'une occasion propice dont la faiblesse de l'armée américaine leur permettrait de profiter.

Précisément, au début de sa Présidence, Jefferson, dans une illusion d'humanitarisme tout à son honneur, ne parle que de paix, de réduction de dépenses, surtout pour l'armée et la marine. Ce programme allait à l'encontre de celui des Fédéralistes. Eux, en vue d'une guerre avec la France, en 1799, n'avaient pas dépassé le budget de l'année et de la marine, de six millions de dollars. Pour le moment, tout danger de guerre étant écarté, ce budget fut réduit de moitié. Jefferson, par l'excès contraire, cherche à atteindre son adversaire, à «plonger le fédéralisme dans un abîme où il fut condamné à périr sans espoir de résurrection.»

Au moment même où le Président prenait ces mesures pacifiques, au moment où, aux États-Unis, les ressources militaires étaient réduites à leur minimum, Bonaparte négociait avec l'Espagne, en vue de la rétrocession de la Louisiane.

Nous avons vu avec quelle cauteleuse habileté Godoy cherchait à reculer l'heure de l'échéance qui, pour lui, sonnerait le glas de la puissance espagnole. Mais ce n'était pas seulement le Prince de la Paix qui mettait la patience du Premier Consul à une rude épreuve. La résistance de Toussaint Louverture à Saint-Domingue était un facteur important dont il fallait tenir compte, car il pouvait, selon les circonstances, faciliter ou anéantir l'exécution des plans de domination en Amérique, auxquels travaillait en secret le gouvernement français. Si le chef des noirs était vaincu, rien n'empêcherait plus le flot de l'envahisseur de se précipiter sur la Louisiane et de remonter le Mississipi en une poussée irrésistible, — s'il réussissait, au contraire, dans sa résistance, Bonaparte ne pouvait plus considérer Saint-Domingue comme un point d'appui, une base d'action, — la première étape menant à la Louisiane lui échappait et toutes ses forces devaient être rappelées et concentrées en Europe où l'Angleterre, suivant sa politique séculaire, cherchait à entraîner la France pour l'empêcher d'agrandir ses colonies et de devenir une puissance coloniale.

Jefferson se trouva donc en présence d'un grand danger, mais, connaissant l'état insuffisant de la flotte et de l'armée, il hésitait à exposer son pays aux aventures d'une guerre qui se présentait dans des conditions peu favorables. Il ne fallait pas se le dissimuler: sans les hésitations de Godoy et sans la résistance de Toussaint Louverture, un corps expéditionnaire de plus de 10.000 Français, entraînés à l'école de Hoche et de Marceau, commandé par un futur maréchal de France, aurait facilement occupé la Nouvelle-Orléans et Saint-Louis, avant seulement que Jefferson ait pu rassembler une brigade de milice à Nashville.

Pour le grand républicain qui aimait la France, qui avait trouvé chez elle les mêmes tendances libérales, les mêmes affirmations du droit et de la justice, une pareille entreprise eût été contraire à la politique française si régulièrement suivie depuis plus de quarante ans. Il ne pouvait pas prévoir que, par la force des choses, le Premier Consul allait reconstituer petit à petit ce que la Révolution avait systématiquement détruit. En un mot, c'eût été le renversement des alliances et, finalement, intéresser les États-Unis à l'abaissement de la France et les contraindre à s'appuyer sur la Grande-Bretagne.

C'est ce que Jefferson analysait clairement quand il écrivait à Livingston, Ministre des États-Unis à Paris[29] :

«Il n'y a sur le globe qu'un seul point dont le possesseur soit notre ennemi naturel et habituel: c'est la Nouvelle-Orléans. C'est par là, en effet, et par là seulement que les produits des trois

huitièmes de notre territoire peuvent s'écouler...
En nous fermant cette porte, la France fait acte
d'hostilité contre nous. L'Espagne pouvait la
garder encore pendant de longues années. Son
humeur pacifique et sa faiblesse devaient
l'amener à nous accorder successivement des
facilités de nature à empêcher son occupation de
nous être trop à charge; peut-être même se serait-
il produit avant peu des circonstances en
présence desquelles une cession aux États-Unis
serait devenue pour elle l'occasion d'un marché
fort profitable. Mais lorsqu'il s'agit des Français,
la question change de face. Eux, ils sont d'une
humeur impétueuse, d'un caractère énergique et
turbulent; nous, malgré nos goûts tranquilles,
malgré notre amour pour la paix et pour la
poursuite de la richesse, nous sommes aussi
arrogants, aussi dédaigneux de la richesse acquise
au prix de l'honneur, aussi énergiques, aussi
entreprenants qu'aucune autre nation du monde.
Établir un point de contact et de froissement
perpétuel entre des caractères ainsi faits, créer
entre eux des rapports aussi irritants, c'est rendre
impossible l'amitié de la France et de l'Amérique.
La France et l'Amérique seraient également
aveugles, si elles se faisaient illusion à cet égard.
Et, quant à nous, il faudrait être bien imprévoyant
pour ne pas prendre tout de suite certaines
précautions en vue de cette hypothèse. Le jour où
la France s'emparera de la Louisiane, elle

prononcera la sentence qui la renfermera pour toujours dans la ligne tracée le long de ses côtes pour le niveau des basses mers; elle scellera l'union de deux peuples qui, réunis, peuvent être les maîtres exclusifs de l'Océan; elle nous contraindra à faire alliance avec la flotte et la nation anglaises.»

Ces lignes résument excellemment la question. Livingston eut a défendre ce point de vue à Paris. Mais quoique les hommes sérieux qui entouraient le Premier Consul se montrassent peu disposés à approuver une expédition aussi aventureuse[30] , il n'y avait pas à espérer qu'on pût exercer une influence directrice, décisive, sur la volonté du maître. Une seule perspective pouvait faire modifier ses intentions: un événement européen rejetant au second plan l'aventure américaine.

Cet événement fut le traité d'Amiens.

Mais avant de se trouver devant un fait accompli, qu'il ne pouvait prévoir, Jefferson voulut essayer la conciliation pour éviter la guerre et, dans le cas où elle serait inévitable, pouvoir la faire avec quelque chance de succès. Il résolut donc d'envoyer en Europe un ambassadeur extraordinaire qui eut pour mission de traiter d'abord avec Bonaparte et, s'il n'y réussissait pas, de sonder les cours de Londres et de Madrid. Son choix tomba sur James Monroe qui devait s'entendre avec Livingston, le Ministre américain à Paris, pour décider le Premier Consul à céder aux États-Unis la Nouvelle-Orléans et les Florides.

«La fermentation des esprits croît dans nos contrées de l'Ouest, — écrivait Jefferson à Monroe. — Elle est stimulée par les intérêts mercantiles et même par ceux de l'Union en général, au point de mettre la paix en danger. Dans notre situation prospère, nous devons prévenir ce malheur, le plus grand de tous, et vous demander un sacrifice temporaire. Je vais vous charger d'aller remplir une mission extraordinaire en France, et demain je fais connaître au Sénat que je vous nomme. Vous ne pouvez refuser car toute notre espérance est en vous. Attendez deux jours, à Richmond ou Albermarle, la décision du Sénat. Passez la nuit et le jour à arranger vos affaires pour une absence qui sera peut-être courte, peut-être longue.»

Le 13 janvier, le Président écrivait encore à Monroe une missive plus pressante et plus explicative:

«Hier, n'ayant pas le temps d'écrire, je vous ai envoyé l'approbation, donnée par le Sénat, à votre nomination. La suspension de notre droit d'entrepôt à la Nouvelle-Orléans a porté l'agitation publique au plus haut degré. Elle est fondée dans le pays de l'Ouest sur des motifs justes et naturels. Des remontrances, des mémoires circulent de tous côtés et sont signés par tous les habitants. Le parti que nous prenons n'étant pas connu, l'inquiétude ne se calme pas. Il faut faire connaître quelque chose de positif pour apaiser ce trouble. Le dessein que nous avons formé d'acquérir la Nouvelle-Orléans et les Florides peut recevoir tant de modifications, qu'il n'est pas possible de les exprimer à notre Ministre ordinaire en France, par des instructions et par une correspondance. Il importait donc de lui adjoindre un Ministre extraordinaire, ayant des pouvoirs discrétionnaires, bien pénétré de notre dessein et en état d'entendre et de modifier en conséquence toutes propositions qui lui seraient faites: cela ne peut avoir lieu que dans une suite de discussions orales. L'envoi d'un Ministre une fois arrêté, il ne pouvait y avoir deux opinions sur le choix de la personne. Vous possédez la confiance sans bornes de l'administration et celle des habitants de l'Ouest. Tous les yeux sont fixés sur vous: si vous n'acceptiez pas, le chagrin serait grand et porterait atteinte à la haute considération dont vous jouissez. En vérité, je ne sais rien qui pût produire autant de sensation, car de l'événement de cette mission dépendent les futures destinées de cette république. Si nous ne pouvons, au prix que coûterait l'acquisition qu'il s'agit de faire, nous assurer une paix perpétuelle et l'amitié de toutes les nations, il convient de nous préparer à la guerre; car elle ne peut être éloignée. Si vous veniez à échouer dans la négociation sur le continent, il serait peut-être nécessaire de passer en Angleterre. C'est alors que nous nous verrions embarrassés dans la politique européenne, aux dépens de notre bonheur et de notre prospérité. Cela ne peut être prévenu que par le succès de notre mission. Je sens qu'après être entré dans une autre carrière, vous avez à faire un grand sacrifice. Mais il est des hommes nés pour le service public. La nature, en les créant pour rendre de grands services à l'humanité, leur a imprimé le sceau de leur destinée et de leur devoir.»

Monroe était autorisé à offrir deux millions de dollars comme prix de cette cession.

Cependant, contrairement à ces dispositions pacifiques qui prétendaient régler ces délicates questions par un traité, un parti s'était formé dans les provinces de l'Ouest dans le but de s'emparer de la Nouvelle-Orléans par la force. Les Fédéralistes prirent la direction de ce mouvement auquel M. Livingston lui-même accordait son approbation, ne croyant pas qu'il serait possible de réduire l'intransigeance du Premier Consul en faveur d'un arrangement à l'amiable.

Bonaparte, en hâtant les préparatifs des forces nouvelles qu'il destinait à Saint-Domingue et à la Louisiane, avait naturellement attiré l'attention soupçonneuse de l'Angleterre. L'armée française, une fois débarquée en Amérique, ne se contenterait certes pas d'atteindre le but officiellement proclamé; elle ne résisterait pas à la tentation de s'emparer des colonies anglaises du golfe: la Jamaïque, les Antilles anglaises n'étaient plus en sûreté. Et même, tout le commerce des vice-royautés espagnoles en Amérique risquait de tomber entre les mains des Français.

L'Angleterre était frémissante. L'ancienne rivalité avec la France renaissait des mêmes causes et, cette fois encore, c'est l'Amérique qui en est le prétexte. Bonaparte fut obligé de suivre le courant et, malgré son désir de donner libre carrière à son génie dans les vastes espaces du Nouveau-Monde, il dut porter tous ses efforts sur l'Europe.

Le 20 février 1803, le Premier Consul, dans son exposé de la situation adressé au Corps Législatif, se plaignit des intrigues de l'Angleterre et accusa le cabinet de Londres de ne pas exécuter le traité d'Amiens. La réponse fut catégorique. Le 8 mars, dans un message belliqueux, le roi d'Angleterre disait: «Je suis informé des préparatifs considérables qui se font dans les ports de

Hollande et de France et quoiqu'on m'assure qu'ils ont les colonies françaises pour objet, j'ai dû prendre des précautions pour la sûreté de nos domaines, l'honneur de ma couronne et les intérêts de mon peuple.»

L'Angleterre faisait immédiatement procéder à des armements considérables, en réponse à ceux qui se préparaient dans les ports de France et de Hollande: dix mille hommes de mer furent levés. L'atmosphère était pleine de menaces. La guerre semblait imminente. Malgré les assurances de l'ambassadeur anglais, Lord Withworth, le Premier Consul y croyait. Mais, pour la première fois, il paraissait hésiter. Cette hésitation, certes, ne venait pas de la crainte de n'être pas prêt, ou de l'appréhension d'une défaite: elle venait, sans doute, du regret d'être obligé de diriger contre l'Angleterre des forces destinées à opérer en Amérique. Le rêve de travailler en grand dans un continent neuf, encore en voie de formation, où un génie militaire et administratif pourrait facilement poser les bases d'un empire, ce rêve s'évanouissait devant la nécessité de faire face à des dangers plus proches que la situation géographique du pays et la rivalité de l'ennemi séculaire rendaient redoutables.

Avec son coup d'œil perspicace, Bonaparte vit immédiatement qu'il fallait renoncer à la

Louisiane.

L'expédition destinée à l'Amérique était pourtant en bonne voie de préparation. À côté de l'ambition personnelle de Bonaparte, qui, entretenue par Talleyrand, voyait dans cette expédition le point de départ de conquêtes plus importantes, il ne faut pas oublier que le sentiment patriotique français ne s'était jamais éteint dans cette belle colonie, il ne faut pas oublier que, pendant les dix dernières années, il y eut des manifestations en faveur de la France, qui légitimaient son intervention.

Dès 1790, des Odouarts-Fantin remettait à l'Assemblée nationale une pétition des habitants qui demandaient à être réunis à la mère-patrie.

Pendant la Révolution, le Comité de Salut Public, désireux de réparer l'indifférence du gouvernement des Bourbons envers les Français de la vallée du Mississipi, voulut leur témoigner de nouveau tout l'intérêt dont ils jouissaient toujours en France; Volney fut désigné pour aller, comme naturaliste, se renseigner sur la situation générale de l'Amérique.

En janvier 1794, Mahlberger, capitaine d'artillerie de la compagnie de la Charente, demanda, au nom de quelques actionnaires, «200 hommes, 80 canonniers, 1 pièce de 12, 1 pièce de 8, 2 obusiers pour aller intercepter le Mississipi en passant par le Maryland, le fort Pitt, l'Ohio jusqu'à l'anse de la Graisse occupée par les Espagnols.... Le soussigné, à son passage à la Nouvelle-Orléans, avait été chargé d'une pétition de plus de 1.500 personnes, riches habitants, pour réclamer les secours de la Convention nationale pour être réunis à la mère-patrie dont ils ont été séparés par la trahison du Ministre Choiseul qui les a lâchement vendus pour huit millions... À défaut de la Louisiane, ajoute-t-il, l'expédition pourra s'emparer de la Trinité[31] .»

Tels projets d'invasion, sous une forme ou sous une autre, ressemblent aux tentatives faites par Genet. En tout cas, depuis ce moment, nos dirigeants ne renoncent plus à l'espoir de rentrer en possession de la Louisiane. Carnot lui-même se fait le défenseur d'un projet d'annexion. Barthélemy, notre plénipotentiaire aux négociations de Bâle, fut chargé de demander à l'Espagne la rétrocession de la Louisiane et de Saint-Domingue en échange de Fontarabie et de Saint-Sébastien. Nous avons vu qu'il ne put obtenir qu'une partie de Saint-Domingue. En 1797, le Directoire dut prendre des mesures pour empêcher les Anglais d'envahir la Louisiane. Le fils du général Collot présenta un mémoire pour être autorisé à lever, au nom de la France, un corps de Canadiens. Un nommé Magdett proposa même de s'emparer de la Louisiane et de soulever l'Irlande, an VII et an VIII[32] .

Sur ces tentatives et ces velléités, Bonaparte greffa son projet plus grandiose et mieux conçu. Le traité de Mortefontaine avait rétabli les relations avec les États-Unis et le traité de San-Ildefonse avait obligé l'Espagne à accepter les conditions d'une rétrocession. À l'heure où nous sommes parvenus, était réuni à Helvoett Sluys, près de Rotterdam, un corps de troupes qui, pendant quelque temps, fut désigné sous le nom d'expédition de Flessingue. En réalité, il était destiné à la Louisiane et toutes les mesures avaient été prises en vue d'un établissement solide et définitif.

Voulant éloigner Bernadotte, le Premier Consul le désigna d'abord comme capitaine général de la Louisiane, mais Bernadotte ayant émis des prétentions inacceptables, le général Victor fut nommé à sa place.

Une somme de 2.686.000 fr. avait été prévue, plus 486.235 fr. pour l'affrètement des navires du convoi.

Pour préparer la venue des Français et se faire bienvenir auprès des sauvages, on réunit, conformément aux conseils de l'interprète Fournerel, de nombreux cadeaux en fusils, carabines, sabres, objets d'habillement, accompagnés d'un lot de médailles destinées aux grands chefs des sauvages. Cette médaille portait l'effigie du Premier Consul et au revers: «À la Fidélité[34] .»

Dès le 24 septembre 1802, un décret organise le pouvoir militaire et civil à la Louisiane. Les fonctionnaires de tous ordres doivent être répartis comme suit:

- Un capitaine général (Victor), au traitement de 70.000 fr. plus celui de son grade en non activité.
- Un général de brigade, lieutenant du capitaine général (Cassague) avec 5000 fr. de supplément de traitement.
- Deux généraux de brigade. Deux adjudants commandants. Un commandant d'armes de 2e classe. Deux commandants de 4e classe. Un chef de bataillon d'artillerie. Un chef de bataillon du génie.
- Deux ingénieurs géographes. Un capitaine de port. Sept officiers de santé. Quatre pharmaciens.
- Un préfet colonial (Laussat) au traitement de 50.000 fr.

- Un grand juge (Aimé), au traitement de 36.000 fr.
- Un sous-préfet de la Haute-Louisiane (Charles Maillard), au traitement de 6075 fr.
- Un commissaire, chef d'administration (Mollet).
- Un commissaire inspecteur (Grandpré).
- Deux sous-commissaires. Deux commissaires principaux. Deux gardes-magasins. Un directeur des domaines. Deux arpenteurs. Un directeur de douane. Un receveur payeur général (Peyrusse). Deux économes. Un jardinier-botaniste.

Les lois françaises devaient être appliquées en Louisiane et un décret de nivôse ordonnait «l'incorporation immédiate dans les troupes de la République de tous les individus sans aveu et moyen d'existence qui débarqueront dans la colonie.»

Rien n'avait été oublié et on sent qu'une direction administrative de premier ordre avait présidé à cette organisation militaire et civile qui méritait un meilleur sort que celui qui lui était réservé.

En effet, malgré l'activité et la hâte déployées pour aboutir le plus vite possible, les armements subissaient des retards; on était déjà en février

1803 et la flotte restait encore bloquée par les glaces dans le Haringvliet. Le général Victor s'impatientait. Le 12 février le Ministre rédigeait une note se terminant par ces mots:

«...Les glaces retenant l'expédition du général Victor, lui donner ordre de ne mener à la Louisiane que trois bataillons, savoir: un de la 17ᵉ de ligne et deux de la 54ᵉ et de les porter au complet de guerre.»

Enfin, le 10 mars: «Je compte incessamment recevoir la nouvelle de votre départ».

L'ordre allait être donné, tous et tout étaient prêts quand un courrier arriva, bride abattue, apportant cette dépêche du Ministre:

13 floréal an XI (3 mai).

«L'expédition qui avait été préparée à Helvoett Sluys, citoyen, n'aura pas lieu, et, à la réception de cette lettre, vous ferez cesser immédiatement toutes les dépenses qu'elle continuait d'occasionner et les troupes seront débarquées»...

Quelle était la cause de ce revirement subit et pour quelles raisons la direction imprimée aux événements changeait-elle si brusquement?

On l'a déjà dit: la nécessité, pour le Premier Consul, de faire face à l'Angleterre et de renoncer, par conséquent, à la Louisiane pour concentrer toutes ses forces sur le continent. L'inquiétude et la menace croissaient de l'autre côté du détroit.

À Londres, écrivains et orateurs tenaient le peuple en haleine. Un membre du Parlement anglais avait dit ces paroles:

«La France nous oblige de nous ressouvenir de l'injure qu'elle nous a faite, il y a vingt-cinq ans, en s'alliant à nos colonies révoltées. Jalouse de notre commerce, de notre navigation, de notre opulence, elle veut les anéantir. Les entreprises du Premier Consul à la suite d'une paix trop facilement faite nous forcent de nouveau d'en appeler aux armes. L'ennemi s'approprie, par un trait de plume, des territoires plus étendus que toutes les conquêtes de la France pendant plusieurs siècles. Il hâte ses préparatifs. N'attendons pas qu'il nous attaque; attaquons les premiers.»

Dans une conférence qui eut lieu aux Tuileries, le Premier Consul répondit sur le même ton aux conseillers qui penchaient encore vers la conciliation que, si immédiatement, on ne prenait pas des mesures décisives contre la puissance anglaise, cette nation assujettirait tout l'Univers à sa domination.

Et il ajouta:

«Pour affranchir les peuples de la tyrannie commerciale de l'Angleterre, il faut la contrepoiser par une puissance maritime qui devienne un jour sa rivale: ce sont les États-Unis. Les Anglais aspirent à disposer de toutes les richesses du monde. Je serai utile à l'Univers entier, si je puis les empêcher de dominer l'Amérique comme ils dominent l'Asie!»

Sa pensée se précisait. Dans la guerre qui allait éclater, la Louisiane pouvant lui échapper au profit de l'Angleterre, il fallait prendre les devants et céder cette belle province aux États-Unis.

À partir de ce moment, Talleyrand se montra moins intransigeant avec M. Livingston; il lui adresse, le 24 mars 1803, une lettre dans laquelle il exprime les sentiments de sympathie du gouvernement français à l'égard de la république sœur et l'empressement avec lequel le Premier Consul recevra le Ministre extraordinaire envoyé par Jefferson: M. Monroe.

Quoique peu enclin à changer d'opinion après s'être arrêté à celle qu'il estimait la meilleure,

Bonaparte aimait cependant, dans les cas graves, à prendre l'avis des spécialistes. En l'occurrence, il eut recours à deux de ses ministres, Barbé de Marbois et Decrès, qui avaient vécu aux États-Unis et connaissaient l'état du pays, sa politique, ses besoins, ses aspirations. Le dimanche de Pâques de l'année 1803, il les réunit dans son cabinet, à Saint-Cloud, et leur exposa l'affaire avec logique et passion. Cet exposé est, pour ainsi dire, une justification du parti auquel il allait s'arrêter et comme un résumé des différentes étapes par lesquelles avait passé la rivalité franco-anglaise en Amérique. Il se complut à le rappeler et à expliquer les raisons qui modifiaient, en ce moment, son opinion, en ce qui concernait la Louisiane. Cette Louisiane, en effet, à la désinence si française, qui perpétuait encore aujourd'hui la gloire du grand roi, n'avait été retranchée du patrimoine français que par la faute des négociateurs du traité en 1763. Ce traité venait d'être annulé par un autre traité. Mais si, à la veille de rentrer en possession de la vallée du Mississipi, celle-ci doit de nouveau échapper à la France, sous aucun prétexte il ne faut laisser les Anglais en devenir les maîtres. Les Anglais avaient successivement enlevé à la France, le Canada, l'Île Royale, Terre-Neuve, l'Acadie, sans compter les opulentes colonies de l'Asie. La conquête de la Louisiane leur serait facile, étant donné l'état de leur flotte qui possédait déjà vingt vaisseaux dans le Golfe du Mexique. Aussi fallait-il se hâter et, avant même de commencer les hostilités, soustraire la Louisiane aux attaques de l'ennemi, ce qui ne pouvait se faire qu'en la cédant aux États-Unis. Cette politique allait à l'encontre de celle du Directoire et M. de Talleyrand devait renoncer à son attitude hostile à l'égard des citoyens libres de la libre république. Tout l'échafaudage chimérique, qu'il avait élevé dans son imagination, croulait sous le souffle réaliste qui dressait l'un en face de l'autre, Bonaparte et Pitt.

Barbé de Marbois partagea l'avis du Premier Consul. Il donna, à l'appui de sa manière de voir, des arguments qui ne firent qu'accentuer un parti déjà irrévocablement pris. Ces arguments se basaient sur la nécessité de sacrifier bénévolement ce que l'on ne peut conserver. La Louisiane n'était pas en état de se défendre contre des forces navales supérieures. Le pays tout entier, malgré les attaches françaises, était, en réalité une proie offerte à la cupidité des Anglais, —une annexe aussi, nécessaire à l'extension des Américains vers l'Ouest, à laquelle, un jour, on ne pourrait s'opposer. Vouloir aller contre cette fatalité serait illusoire, car ce serait tenter de refaire en un jour une politique qui avait échoué depuis plus d'un siècle.

Bonaparte n'avait pas besoin d'être converti. Il écouta, pour la forme, les doléances de ceux qui considéraient la cession de la Louisiane comme une déchéance au point de vue commercial et industriel, — de ceux aussi qui, s'inspirant toujours des idées de Talleyrand, concluaient à la fondation d'une vaste colonie comme déversoir pour les éléments troublés qui, au lendemain de la Révolution, étaient encore un danger pour la mère-patrie. Ceux-là ignoraient que, pour édifier une telle œuvre, il était trop tard, et que ce que les Puritains anglais avaient tenté et exécuté au début du XVIIe siècle ne pouvait plus être recommencé, à peu près dans les mêmes latitudes, par des révolutionnaires ou des émigrés mécontents, au début du XIXe siècle. Les nouvelles d'Angleterre devenaient de plus en plus agressives: Bonaparte ordonna à Barbé de Marbois de se mettre en rapport avec Monroe.

«Les incertitudes et la délibération ne sont plus de saison, lui dit-il en substance. — Je renoncé à la Louisiane. Ce n'est pas seulement la Nouvelle-Orléans que je veux céder, c'est toute la colonie, sans en rien réserver. Je connais le prix de ce que j'abandonne, et j'ai assez prouvé le cas que je faisais de cette province, puisque mon premier acte diplomatique avec l'Espagne a eu pour objet de la recouvrer. J'y renonce donc avec un vif déplaisir. Nous obstiner à sa conservation serait folie. Je vous charge de négocier cette affaire avec les envoyés du Congrès. N'attendez pas même l'arrivée de M. Monroe; abouchez-vous dès aujourd'hui avec M. Livingston; mais j'ai besoin de beaucoup d'argent pour cette guerre, et je ne voudrais pas la commencer par de nouvelles contributions. Il y a cent ans que la France et l'Espagne font à la Louisiane des dépenses d'amélioration dont le commerce ne les a jamais indemnisées. Des sommes ont été prêtées aux Compagnies, aux agriculteurs et elles ne rentreront jamais au trésor. Le prix de toutes ces choses nous est bien dû. Si je réglais mes conditions sur ce que ces vastes territoires vaudront aux États-Unis, les indemnités n'auraient point de bornes. Je serai modéré, en raison même de l'obligation où je suis de vendre. Mais retenez bien ceci: je veux cinquante millions, et à moins de cette somme, je ne traiterai pas; je ferais plutôt quelque tentative désespérée pour garder ces belles contrées. Vous aurez demain vos pleins pouvoirs».

Marbois vit d'abord Livingston, Ministre des États-Unis à Paris, en attendant l'arrivée de Monroe.

À côté de ces réunions, de ces conciliabules, de ces conférences concernant la cession de la Louisiane, dont nous avons essayé de résumer les principales phases, se place une scène entre Bonaparte et deux de ses frères, scène que Lucien raconte dans ses mémoires et qui jette une lumière à la fois curieuse et comique sur les relations du futur Empereur avec ses frères.

On n'a pas oublié que Joseph et Lucien Bonaparte avaient été mêlés à la diplomatie de l'affaire de la Louisiane, le premier en signant le traité de Mortefontaine avec les représentants des États-Unis, le second, comme ambassadeur de France près la cour d'Espagne, en signant le traité de San-Ildefonse qui stipulait la rétrocession de la Vallée du Mississipi à la France.

Et maintenant que cette rétrocession allait être annulée, serait annulée, en même temps, l'œuvre des deux ambassadeurs improvisés. Ce fut un rude coup pour leur vanité. Comment? Après les avoir stylés, poussés, encouragés de toutes les façons pour qu'ils menassent à bien une mission diplomatique assez délicate, à laquelle le Premier Consul attachait la plus haute importance, on allait faire bon marché de tous leurs efforts dépensés en pure perte, en vue d'une négociation n'ayant plus aucune valeur?

Lucien Bonaparte, le frondeur, celui des frères de Napoléon qui, en dépit des grandes richesses qu'il avait su accumuler de bonne heure, prétendait demeurer un pur républicain et défendre même en face de l'autocratie fraternelle, son indépendance personnelle, apprit la nouvelle par Joseph. Ce dernier vint le prendre à son hôtel de la rue Saint-Dominique, un soir de première aux Français où ils devaient aller ensemble. Les idées qu'ils échangèrent au sujet de l'aliénation de la Louisiane, tout à coup si chère à Lucien, firent vite passer le temps et on dut renoncer au spectacle. Mais les deux frères se donnèrent rendez-vous, pour le lendemain, chez le Premier Consul, afin de savoir s'il était vraiment décidé à mettre son projet à exécution et d'essayer de l'en détourner. Cette démarche, en y réfléchissant, était bien superflue. Elle s'explique, cependant, quand on songe qu'à cette époque, Napoléon traitait encore Joseph et Lucien sur un pied d'intimité qui, tout en faisant respecter les distances protocolaires, permettait parfois les expansions familiales. Et puis, le Premier Consul avant d'être Empereur, avait encore besoin de ménager certaines susceptibilités et certaines influences.

Il était dans son bain, aux Tuileries, quand Lucien se fit annoncer.

On sait que Bonaparte prenait des bains fortement arrosés d'eau de Cologne, ce qui était à la fois astringent, parfumé, et donnait au liquide une opacité blanchâtre permettant tels ébats hygiéniques qui n'offensaient pas la pudeur, quand il recevait des visites tout en se livrant aux soins de sa toilette.

Les deux frères causèrent de choses et d'autres: l'un, sur un ton de supériorité bienveillante; l'autre, sur un ton de respectueuse ironie.

Ils parlèrent littérature, théâtre, poésie, analysant, en passant, les œuvres de Turgot, de Paoli, de Jean-Jacques; le temps s'écoulait, l'heure du bain touchait à sa fin et Lucien n'avait pas encore pu placer un seul mot concernant la Louisiane. Le valet de chambre avait déjà préparé le drap précieux dans lequel il allait envelopper l'auguste nudité de son maître, quand on frappa à la porte. C'était Joseph.

—«Qu'il entre! dit le Premier Consul,—je resterai dans l'eau un quart d'heure de plus.»

Aussitôt la question de la Louisiane fut entamée.

Joseph exprima son étonnement, Lucien son ahurissement, quand ils apprirent que le Premier Consul, pour arriver à ses fins, c'est-à-dire pour céder la Louisiane aux États-Unis, se passerait de l'assentiment des Chambres. La discussion prit un tour agressif et Bonaparte, devant l'insistance de ses frères, insistance qu'il commençait à trouver déplacée, finit par leur jeter à la face ces mots, sans s'inquiéter de la présence du valet de Chambre:

—«Et puis, Messieurs, pensez-en ce que vous voudrez, mais faites tous les deux votre deuil de cette affaire; vous Lucien, pour la vente en elle-même, vous Joseph, parce que je me passerai de l'assentiment de qui que se soit, entendez-vous bien?»

Cette réponse eut le don d'exaspérer Joseph qui, s'approchant de la baignoire, émit cette affirmation comminatoire:

—Vous ferez bien, mon cher frère, de ne pas exposer votre projet à la discussion parlementaire, car je vous déclare que moi, le premier, je me place, s'il le faut, en tête de l'opposition qui ne peut manquer de vous être faite.

Le Premier Consul ayant fait comprendre qu'il se moquait de toute opposition et que le projet conçu par lui, négocié par lui, serait aussi ratifié et exécuté par lui tout seul, Joseph emporté par un mouvement de colère irrésistible, répartit aussitôt:

— «Eh bien! moi, je te dis, général, que toi, moi, nous tous, si tu fais ce que tu dis là, pouvons nous préparer à aller rejoindre dans peu les pauvres diables innocents que tu as si légalement, si humainement, si justement surtout, fait déporter à Sinnamary...»

Le coup porta.

Bonaparte, suffoqué d'indignation, se souleva un instant hors de sa baignoire et s'y replongea avec une telle violence que l'eau en fut précipitée en jets abondants, accompagnés de ces mots:

— «Vous êtes un insolent! Je devrais...

On n'entendit pas la fin de la phrase, tant les éclaboussures humides firent de bruit et de dégâts. Le pauvre Joseph fut aspergé de liquide et, sous cette douche inattendue, sa colère tomba comme s'apaise le bouillonnement d'une soupe au lait brusquement enlevée au contact de la flamme qui l'exaspère.

Les trois hommes, dont la dignité consulaire et parlementaire aurait exigé un peu plus de dignité personnelle, se regardèrent avec des mines de circonstance répondant aux caractères respectifs des acteurs de cette scène qui, en tout autre lieu, eût été du plus haut comique: le Premier Consul était pâle, Joseph était rouge et Lucien, vierge de toute souillure humide, s'efforçait d'atténuer l'acuité de son air gouailleur. Seul, le brave domestique, témoin involontaire de tels écarts de langage et de tenue chez des maîtres auxquels il accordait volontiers une essence quasi olympienne, se sentit probablement atteint dans ses plus intimes croyances et, sous le choc, tomba évanoui.

Cette réalité mit les choses au point. Après avoir relevé et fait emporter le serviteur trop sensible, Joseph se retira pour changer de vêtements, le Premier Consul sortit de son bain et invita Lucien à l'aller attendre dans son cabinet de travail.

Là, Bonaparte ayant recouvré tout son calme, voulut énumérer, de nouveau, pour son jeune frère, les raisons péremptoires qu'il pouvait invoquer pour justifier ce qu'il appelait plaisamment sa «Louisianicide».

Lucien persistait à penser que «céder la Louisiane aux Américains pour dix-huit millions était plus déshonorant que de la laisser prendre en tel cas de guerre...» Mais Lucien ne savait pas encore que cette guerre, Napoléon devait la faire, qu'il revenait, par la force des choses, à la politique continentale au détriment d'une politique coloniale et que, comme Louis XIV obligé d'abandonner l'œuvre de Colbert en Amérique, il devait aussi abandonner ses projets sur Saint-Domingue et la Louisiane pour atteindre l'Angleterre en Europe. Lucien refusa catégoriquement de l'appuyer si la question devait être portée devant les Chambres et, à son point de vue, il était nécessaire qu'elle le fût. Devant son frère, il prétendait encore défendre son respect pour le Républicanisme et pour la Constitution,—cette Constitution qu'il avait contribué à faire accepter et, comme le Premier Consul le raillait vertement, tournant en ridicule ces vocables dont il méprisait déjà la signification, pour lui, surannée: Constitution! Inconstitutionnel! République! Souveraineté nationale!... Grands mots, grandes phrases...— Lucien n'hésita pas à faire connaître le fond de sa pensée et répondit avec courage:

—«Je pense, citoyen Consul, qu'ayant prêté serment à la Constitution du 18 brumaire, entre mes propres mains, comme président du Conseil des Cinq-Cents, et vous voyant la mépriser ainsi, si je n'étais pas votre frère, je serais votre ennemi...»

Cette attitude et cette menace mirent le comble à l'exaspération de Bonaparte; il s'avança sur son frère et fit le geste de le frapper; mais aussitôt maître de lui, il se ressaisit et lui jeta en plein visage:

—«Mon ennemi, toi! je te briserais, vois-tu, comme cette boîte!»

Et, en même temps, il lança violemment sur le plancher la tabatière qu'il tenait à la main et sur laquelle se trouvait le portrait de Joséphine par Isabey. Ce bijou, aussi précieux par le contenu que par le contenant, ne se brisa pas sur la couche épaisse du tapis, mais sous la secousse brutale, le portrait se détacha du couvercle. Lucien se baissa pour le ramasser et présenta l'objet d'un air intentionnellement respectueux, disant:

—C'est dommage, c'est le portrait de votre femme que vous avez brisé, en attendant que vous brisiez son original[35] ...

J'ai rapporté ces incidents de famille qui auraient peut-être dû rester ensevelis dans le secret des dieux,—c'est-à-dire, dans les archives privées de Bonaparte—si l'indiscrétion des Mémoires publiés et annotés ne les en avait pas fait sortir. Ils montrent, du moins, combien l'affaire de la Louisiane avait occupé les esprits, combien elle remuait d'intérêts des deux côtés de l'Atlantique,—intérêts d'ailleurs de nature bien différente et les Louisianais qui cherchaient à asseoir, d'une façon définitive, leur domination sur les rives du Mississipi, auraient été bien étonnés d'apprendre qu'aux Tuileries, dans la salle de bain et dans le cabinet de travail du Premier Consul, des discussions, qui risquèrent de dégénérer en pugilat, avaient eu lieu entre trois frères Bonaparte dont les opinions opposées semblaient ponctuer la gamme montante passant par ces trois états représentatifs de l'ambition de l'un d'eux: républicanisme, constitutionalisme, césarisme.

Dans une atmosphère plus calme, commencèrent les pourparlers officiels entre Livingston, Monroe et Marbois. Cependant là aussi, quand il s'agit de percer le secret des négociations, on se trouve devant une obscurité quasi mystérieuse: pas de rapport officiel, de compte-rendu des réunions ou des discussions permettant de suivre la marche des pourparlers. Pour cela, il faut consulter les papiers personnels des contractants. On dirait une affaire privée dont on ne veut ébruiter les difficultés. Mais, comme elle n'était pas menée avec toute l'activité voulue par les négociateurs américains qui cherchaient à étudier la place, le Premier Consul leur soumit par l'intermédiaire de Marbois, dès le 23 avril (1803), le projet d'une convention secrète[36] .

Par cette convention, dans le but d'éviter des malentendus au sujet des articles II et V du traité de Mortefontaine et dans le but aussi de fortifier les relations amicales, la République française était prête à céder ses droits sur la Louisiane. En conséquence de cette cession, la Louisiane, son territoire et ses dépendances devaient être incorporés dans l'Union américaine et former successivement un ou plusieurs états, conformément aux lois de la constitution fédérale; en échange, les États-Unis devaient favoriser le commerce français en Louisiane, le mettre sur le même pied que le commerce américain, avec des entrepôts permanents sur six points du Mississipi, auxquels répondait un droit permanent de navigation; de plus, ils devaient prendre à leur compte toutes les dettes dues aux citoyens américains d'après le traité de Mortefontaine. Ce projet fut pris en considération par les plénipotentiaires américains, dans ses grandes lignes. Livingston et Monroe l'étudièrent de près; ils exprimèrent quelque divergence dans leur appréciation, mais finirent par s'entendre en prenant l'article II du traité de Mortefontaine comme base de la nouvelle convention. Le 29 avril, ils soumirent leur projet à Marbois: ils proposaient d'offrir cinquante millions à la France, plus vingt millions pour les dettes contractées par elle envers les citoyens des États-Unis,—en tout soixante-dix millions. Marbois insista pour avoir quatre-vingts millions. Après avoir résisté, le Américains accordèrent ce chiffre et le projet ainsi péniblement mis sur pied fut présenté le lendemain 30 avril au Premier Consul, qui l'accepta dans son ensemble.

Les difficultés commencèrent lorsque, pour la rédaction du traité, on se trouva devant la nécessité de précisions plus grandes. Les Américains réclamaient, d'abord, une définition plus exacte des frontières, laquelle définition copiée sur le traité de rétrocession signé par Berthier, restait dans le vague, accordant à la Louisiane l'étendue possédée par l'Espagne, telle que l'avait aussi possédée la France; mais sous la domination française, la Louisiane comprenait une partie de la Floride et toute la vallée de l'Ohio, jusqu'aux Monts Alleghanys et le lac Érié. Il n'était plus question de ces pays. À Livingston qui demandait des éclaircissements, il fut répondu évasivement: le Premier Consul n'était pas fâché de laisser planer quelque obscurité sur ces imprécises évaluations de limites. Il s'ensuivit des discussions longues et parfois âpres. Les Florides devaient être exclues du marché, mais Bonaparte promit d'appuyer le droit des Américains auprès de l'Espagne, en cas de vente. En ce qui concernait les indemnités à payer en Amérique, on ne trouva pas les représentants de l'Union assez exigeants, des citoyens pouvaient se prétendre lésés dans la suite, mais Livingston surtout et Monroe avaient hâte d'en finir. Au-dessus des questions d'intérêt financier, planait pour eux l'intérêt primordial de la patrie à agrandir, d'autant plus que le moment était critique, que la paix ou la guerre dépendait d'un geste et qu'avant tout il était urgent de conclure[37] .

La convention relative aux revendications ne fut signée qu'une semaine après le traité de cession. Quelles que fussent les critiques dont on accabla Livingston au profit de Monroe, il serait parfaitement injuste de déprécier les services rendus par le diplomate américain à son pays. Aucune négociation diplomatique n'eut de résultats si importants, à un prix si minime. L'annexion de la Louisiane fut, pour les États-Unis, un événement d'une portée immense; elle modifia de fond en comble les visées politiques des dirigeants, ouvrit des horizons infinis à des ambitions sans bornes et, au point de vue historique, peut être placée sur le même rang que la Déclaration de l'Indépendance, deux événements qui, dans l'évolution nécessaire du pays, se relient l'un à l'autre, comme l'effet à la cause.

Chapitre VI

LA LOUISIANE ET LES ÉTATS-UNIS.

Au moment de la cession de la Louisiane, quelle était la situation des États-Unis? Elle était encore précaire. Beaucoup avait été fait mais beaucoup restait à faire. On n'en était qu'à l'aurore d'une journée qui devait s'épanouir splendidement.

La grandeur de l'entreprise avait consisté, jusqu'à présent, dans la réalisation d'une grande idée: l'affranchissement de la tutelle anglaise.

Ceux qui s'y étaient employés avec l'habileté et le courage que l'on sait constituaient une élite, c'est-à-dire, une minorité. Les autres, suivant de plus ou moins loin, se confondaient dans la masse ignorante, anonyme, dont l'ensemble formait une population d'un peu plus de 5.000.000 d'habitants d'après le recensement de 1800,—population composée de blancs qui ne reculaient pas devant la nécessité illogique d'exploiter quelques millions d'esclaves nègres—nécessité d'ailleurs transitoire qui, plus tard, devait aboutir à l'inéluctable conflit mettant aux prises, dans une lutte effroyable, le Nord et le Sud.

Pour le moment, la situation matérielle et économique laisse beaucoup à désirer. La puissance des États-Unis ne réside encore que dans la volonté de la réaliser. Et cette volonté, qui s'est manifestée surtout dans le domaine de la politique, a dû aller d'abord au plus pressé.

La mise en valeur du sol n'avait pas pu être menée bien loin. Il fallait, avant tout, être les maîtres de ce sol. Et malgré près de deux siècles de luttes, le pays n'était pas entièrement conquis. La forêt enserrait encore, de son mystère dangereux et attirant, les centres habités; le minerai inutilisé dormait toujours dans son lit de roches. Presque toute la population était agglomérée sur les côtes où seul se rencontrait un peu de vie civilisée mais accentuant périodiquement, dans ses manifestations essentielles, la tendance inévitable de se développer vers l'Ouest.

La ville de New-York, quoique possédant un passé historique, ne présentait pas beaucoup d'apparence de luxe et de richesse. Philadelphie semblait avoir sacrifié à un plus grand souci de l'esthétique et méritait d'avantage l'admiration des touristes[38] . Boston, le centre intellectuel, la

Mecque littéraire et politique, mal pavée, malpropre, avait toutes les allures d'une vieille ville anglaise où l'on va faire son marché. Washington émergeait du sein d'une solitude marécageuse, malsaine, où la Maison-Blanche, à moitié édifiée, s'élevait non loin des rives du Potomac, entourée seulement de quelques bâtisses minables où, pendant l'été de 1800, les membres du Congrès trouvèrent chichement à se loger. L'apparence matérielle de tous ces municipes semblait le symbole de la nationalité américaine: un commencement, un effort pour se libérer d'ancestrales influences vers une nouvelle conception de vie.

Ce changement se pressentait plutôt qu'il ne s'affirmait sous des formes concrètes. Pour le passant, le train ordinaire de l'existence présentait encore l'aspect coutumier. Et le héros de Washington Irwing, Rip van Winckle, se réveillant d'un long sommeil à peu près en 1800, remarqua peu de modifications autour de lui, excepté sur les emblèmes officiels où la tête du Président Washington avait remplacé celle du roi Georges.

Les conditions économiques, en somme, avaient été très dures pendant tout le XVIIIe siècle et la vie, en général, n'avait pas progressé depuis les temps coloniaux.

Les hommes qui, par leur situation sociale, leur talent, purent prendre la direction du mouvement, répondirent aux tendances latentes, endormies dans les consciences, en s'efforçant d'imprimer un cachet national aux manifestations essentielles d'une nation en train de devenir et qui se cherchait encore. On put constater des prétentions exagérées, parfois prématurées, dans la politique, dans la société et dans la littérature. Mais, avant tout, il fallait s'affirmer en face des empiétements de l'étranger et donner une direction habile aux relations internationales dont le pivot oscillait toujours, en ce qui concernait l'Europe, entre la France et l'Angleterre.

C'était là la tâche principale, mais aussi le point faible et difficile, les Américains, absorbés par tant de besognes immédiates, s'étant longtemps habitués à considérer les affaires étrangères comme négligeables,—les nations étrangères même comme n'existant pas pour eux. D'après ce point de vue étroit et exclusif, leur histoire, leur système politique, leur évolution sociale, tels les produits d'un sol spécial, n'avaient rien à voir avec ce qui se passait dans les autres pays. Ces expressions consacrées: «Vieux Monde», —«Nouveau Monde», devaient s'appliquer à deux formes d'humanité absolument distinctes qui, ne se devant rien, avaient le droit de s'ignorer.

Erreur dangereuse!

L'humanité, dans son ensemble, ne connaît pas une séparation aussi absolue. Cette humanité est diverse dans ses types représentatifs, depuis l'individu hostile à un individu, jusqu'à la collectivité ennemie d'une autre collectivité, mais dans ses manifestations de sympathie ou de haine, elle ne peut s'abstraire entièrement des lointaines traditions dans lesquelles une de ses fractions retrouve l'origine de sa mentalité, — elle ne peut s'affranchir de l'influence des ancêtres, qui ont façonné la majorité des individus, sans distinction de lieu et de temps, ou un groupement unique, même si ce groupement s'est partagé en deux branches séparées.

Les illusions des Américains qui, pendant un temps, prétendaient ne relever que d'eux-mêmes, ne sont donc pas admissibles. Pas plus parmi les nationalités que parmi les espèces animales, il n'y a de génération spontanée. Malgré les âpres revendications de la politique des nationalités trop exclusives, aucun peuple ne peut vivre longtemps sur son propre fonds et faire abstraction du glorieux héritage mondial dont les acquêts successifs se sont accumulés pendant près de deux mille ans.

Étant donnée, cependant, la situation géographique, les conditions de développement, les grandes distances, si un groupement d'individus a pu croire un instant, avec quelque apparence de raison, à la possibilité de tirer tout de soi et de ramener tout à soi, ce fut, certes, le groupement dont nous nous occupons. Il ne l'a pas pu plus que les autres, — d'abord, parce que c'eût été son arrêt dans le progrès, ensuite, parce qu'il contenait en lui d'immenses forces d'absorption et d'expansion:

En effet, dès que les Américains se trouvèrent en présence de questions politiques plus compliquées, ils comprirent que, malgré la séparation momentanée, une solidarité a toujours existé entre eux et l'évolution de l'activité européenne.

Après avoir coupé tout lien les rattachant à l'Europe et, principalement, à cette partie de l'Europe dont ils avaient un jour fait partie intégrante, les Américains s'aperçurent, un beau matin, qu'ils ne faisaient que continuer, à une date différente, le geste esquissé par des Anglais du XVIIᵉ siècle, et aussi, que, dans les manifestations spéculatives de la pensée, ils ne faisaient que s'inspirer des plus importantes manifestations de la pensée européenne.

Il est donc évident qu'ils ne pouvaient pas demeurer étrangers et indifférents à l'histoire du Vieux Monde, dans les temps antérieurs,—et qu'ils seraient appelés, d'un jour à l'autre, à jouer un rôle dans l'histoire qui se préparait pour les temps à venir.

Dans le passé, à mesure qu'ils s'en éloignaient, ils trouvaient des points de repère, des noms glorieux dont leurs noms obscurs étaient comme un prolongement partiel. En effet, Guillaume le Conquérant n'a-t-il pas conquis pour eux? La grande Élisabeth n'a-t-elle pas été leur reine? Et Shakespeare n'a-t-il pas été leur poète? Cela est tellement vrai que, malgré la scission politique et intellectuelle qui, à partir d'une certaine époque, s'accentue entre les citoyens de l'Amérique septentrionale et les sujets de Sa Majesté britannique, les premiers écrivains qui cherchèrent à créer une littérature nationale, à tendance exclusivement américaine, ne peuvent se dégager de l'empreinte ancestrale et nous voyons, par exemple, Nathaniel Hawthorne, auteur essentiellement américain, d'un cachet original directement inspiré du puritanisme, ne pouvoir écrire sur l'Angleterre sans l'appeler: «Our old Home.»

Si, au point de vue diplomatique, l'Amérique prétendit ainsi longtemps demeurer isolée des mouvements plus ou moins importants qui se produisaient en Europe, cette fierté bien relative contenait une grande part d'illusion. Le terme «Nouveau Monde» ne peut s'appliquer qu'aux conditions matérielles du pays, aux conditions spéciales imposées par la flore et la faune, mais en réalité, tout le reste, sous des dehors plus primitifs, était aussi vieux que la vieille Angleterre. Qu'ils le voulussent ou non, les Américains, même à leur insu, furent mêlés, de tout temps, aux querelles internationales qui bouleversaient l'Europe. Dès le début, l'établissement des Colonies occasionna de longues luttes entre l'Angleterre, la France et l'Espagne. Les traités de Ryswick (1697), d'Utrecht (1713), d'Aix-la-Chapelle (1748), de Paris (1763), tous traités qui avaient mis fin à des contestations d'aspect essentiellement européen, contenaient cependant des clauses relatives à des territoires situés en Amérique. La guerre de Sept Ans qui, en Europe, avait pour cause la rivalité de deux monarchies de droit divin, débuta, en Amérique en 1754, par un fait d'armes du colonel Georges Washington. Enfin, en combattant pour l'indépendance, les fondateurs de la République américaine mirent de nouveau face à face les deux peuples rivaux qui, après s'être disputé la domination des mers, retrouvaient leur rivalité dans les grandes entreprises coloniales.

Mais tels contacts avec la politique européenne, qui obligeaient un peu malgré eux les Américains à élargir leur champ d'action, ne répondaient encore qu'à des nécessités indirectes. Avec le traité de la Louisiane, l'action devient, pour ainsi dire, directe; les intérêts immenses qui en découlent pour les États-Unis leur promettent un développement infini; désormais, ce ne sera pas seulement leur politique qui doit suivre les fluctuations de la politique européenne, —c'est cette dernière qui doit compter souvent avec les exigences de la politique américaine.

Ainsi, le Premier Consul, pour mieux atteindre l'Angleterre, l'attaque en Europe et la diminue en Amérique, en ouvrant, pour les États-Unis, l'ère des agrandissements territoriaux destinés à recevoir l'afflux des nombreux immigrants et à provoquer cette poussée formidable qui, dans toutes les branches de l'activité humaine, transforma de vastes étendues désertes et inexploitées en la ruche admirable où palpite et s'agite une démocratie en travail et en lutte.

D'autre part, si la cession de la Louisiane inaugura, pour les États-Unis, la série des relations internationales leur permettant de devenir une puissance mondiale, cette cession souleva aussi à l'intérieur du pays des questions constitutionnelles qui remirent aux prises l'âpre hostilité des partis.

Et d'abord, rendons-nous compte de l'importance de l'acquisition: elle comprend tous les États de l'Arkansas, Missouri, Iowa, Nebraska, Dakota septentrionale et méridionale, une partie des États de Minnesota, Kansas, Colorado, Montana, Wyoming, la Louisiane proprement dite, tout le territoire indien et une partie du territoire d'Oklahoma. La superficie de ces États était sept fois plus grande que la Grande-Bretagne et l'Irlande, quatre fois plus grande que l'Allemagne, l'Autriche ou la France; trois fois plus grande que l'Espagne et le Portugal; sept fois plus grande que l'Italie et deux fois plus que l'Égypte; dix fois plus grande que la Turquie et la Grèce; trois fois plus grande que la Suède et la Norvège et à peu près six fois plus que le Japon. En résumé: la Grande Bretagne, l'Allemagne, la France, l'Espagne et l'Italie réunies, répondaient à peine à l'étendue de cette vaste succession de pays.

C'était beaucoup pour les facultés d'assimilation d'une confédération d'États qui n'en était encore qu'au début de sa carrière constitutionnelle. À peine arrivait-on à s'entendre au sujet de l'administration, des droits plus ou moins étendus et réciproques des Parlements particuliers et du Congrès et quelques-uns s'effrayèrent des difficultés qu'allait faire surgir ce subit accroissement de territoires qui viendraient ajouter aux difficultés, aux contestations, aux délicates questions d'initiative et d'entreprise politique appartenant à chaque état pris en soi ou à l'Union entière prise dans son ensemble.

Ce fut une occasion propice pour les Fédéralistes de relever la tête.

Le président Jefferson et ses représentants, Livingston et Monroe, furent critiqués dans leur empressement patriotique à signer un traité qu'ils croyaient avantageux, mais qui, pour être valable, devait avoir l'assentiment du Congrès. Or, pour ne pas laisser passer une occasion qui ne se serait sans doute plus représentée, les hommes intelligents et judicieux appelés à discuter avec les représentants de Napoléon n'avaient pas jugé nécessaire de se munir de cet assentiment.

Quand on en discuta le bien fondé, des citoyens d'une notoriété et d'une autorité incontestables, tels Pickering, Griswold et d'autres, émirent des doutes sur la validité du traité et sur l'opportunité de l'agrandissement qui en fut la conséquence. Le débat commença à la Chambre le 24 octobre 1803, dans un désarroi de l'opinion où républicains et fédéralistes changèrent réciproquement leur fusil d'épaule. Des fédéralistes avérés comme Gouverneur Morris abondèrent dans le sens des républicains avancés, partisans résolus de Jefferson.

Au point de vue strict du droit constitutionnel, les objections étaient nombreuses et judicieuses.

L'article 3 du traité spécifiait que les habitants du territoire cédé seraient incorporés dans l'Union.

Or, ni le Président du Sénat, ni le Président du Congrès n'étaient qualifiés pour ratifier une pareille incorporation. D'après la constitution, il fallait le consentement particulier de chaque état pour qu'une contrée étrangère pût être admise comme un membre de l'Union. En principe, d'ailleurs, l'essence même d'un gouvernement républicain s'oppose à ce que l'étendue de son territoire soit démesurément agrandie, car plus cette étendue s'accroît, plus s'accroissent aussi les difficultés suscitées par la divergence des origines et des coutumes. Ceux qui ne reconnaissaient pas la nécessité inévitable de s'étendre vers l'Ouest, seule condition pourtant d'une expansion future et systématique, craignaient que les États de l'Est en fussent diminués dans leur importance et n'en vinssent à former un empire séparé et indépendant. Et même, sans envisager une telle séparation comme fatale, les citoyens qui émigreraient vers ces vastes contrées seraient tellement éloignés de la capitale de l'Union, qu'ils finiraient par se soustraire à tout contrôle gouvernemental, au point de devenir, pour les compatriotes de l'Est, des étrangers ayant à défendre des intérêts contraires aux leurs.

À toutes ces raisons qui émanaient d'une conception logique mais un peu étroite, on pouvait opposer la faculté accordée au Congrès d'agrandir le territoire quand il s'agissait du bien-être général et de la défense nationale. Dans ces conditions, une annexion était parfaitement légale et à ceux qui demandaient avec ironie s'il ne serait pas possible d'annexer aussi légalement l'Angleterre ou la France, Randolph fit cette réponse un peu naïve mais décisive: «Nous ne pouvons pas, parce que nous ne pouvons pas.»

On cherchait de mauvaises raisons et on donnait de mauvaises explications.

Pourquoi ne pas aller jusqu'à l'absurde et préconiser l'annexion de quelque nation étrangère de plus de 10 millions d'habitants—l'Afrique par exemple—et exposer de la sorte les annexeurs à être mangés par les annexés? On discutait dans le vide.

En réalité, ces discussions ne portaient que sur des subtilités constitutionnelles. Au fond, on était d'accord sur le résultat acquis: on était divisé sur la manière d'envisager la méthode employée pour arriver à ce résultat. La vieille querelle des Républicains et des Fédéralistes renaissait.

La Louisiane, en effet, ne pouvait être considérée que comme un État ou comme un territoire. Dans le premier cas, constitutionnellement parlant, l'Union n'existait plus; dans le second cas, le gouvernement n'était plus une république, mais un empire avec la souveraineté dérivant du pouvoir dc déclarer la guerre et de signer des traités.

Le grand intérêt de ces débats provenait précisément de l'opportunité dans laquelle se trouvaient les États-Unis de modifier le caractère de leur constitution. À l'occasion de l'annexion de la Louisiane, prélude, sans doute de nouveaux agrandissements promis à la grandeur future du pays, on pouvait deviner la solution des problèmes politiques qui divisaient encore les deux partis en présence. La théorie fédéraliste contenait en germe la conquête et l'empire; la théorie républicaine tendait à l'absorption pacifique des pays par l'assimilation.

En attendant et en tout état de cause, et quelles que fussent, à cette date de l'évolution américaine, les différentes opinions des différents hommes d'État qui prétendaient s'imposer, la nécessité s'imposait aussi, pour le gouvernement, de s'acquitter de sa haute mission qui consistait, avant tout, à gouverner.

La faculté d'acheter un territoire étant admise en principe, la faculté de le gouverner en découlait nécessairement. La difficulté commençait quand il s'agissait de déterminer quels seraient les droits du gouvernement sur ce territoire. Serait-il traité comme les anciens États de l'Union? ou serait-il administré comme un territoire particulier? Question délicate, le Congrès pouvant exercer sur des territoires annexés par lui un pouvoir qu'il ne saurait imposer aux États. Cette distinction entre les États et les territoires pouvait mener loin. Si l'on considérait la Louisiane comme un territoire annexé, le Président y remplaçait simplement le roi d'Espagne; les fonctionnaires et officiers remplaçaient ceux du roi et leur nomination dépendait exclusivement du Président, sans l'intervention du Sénat. Mais un tel gouvernement était absolument incompatible avec la constitution américaine,—c'eût été l'émanation directe du despotisme espagnol concentrant, en la personne d'un intendant général, représentant du roi, tous les pouvoirs civil, militaire, législatif et exécutif, — et ne laissant au peuple, en fait de droits politiques, que le devoir d'obéir en silence.

Les Fédéralistes purent objecter que les pouvoirs ainsi conférés au Président étaient inconstitutionnels. Le principe de la souveraineté qu'ils défendaient par ailleurs, ils l'attaquaient quand il s'agissait de le faire prévaloir au profit du représentant de l'idée républicaine. Les Républicains répondirent que la Constitution était faite pour les États et non pour les territoires et qu'en l'occurrence les États-Unis se trouvaient dans la nécessité, au nom d'un patriotisme bien entendu, de prendre possession de la Louisiane, en toute souveraineté.

Ce point fut acquis et il fallut s'incliner.

On divisa, alors, le pays dont l'acquisition avait été reconnue valable, au 33° parallèle, ligne qui devait séparer l'État des Arkansas du territoire de la Louisiane. Le pays au nord de cette ligne fut appelé le District de Louisiane et soumis au gouvernement territorial d'Indiana, surtout habité par des Indiens. Le district Sud, qui fut appelé «territoire d'Orléans», contenait une population d'environ 50.000 personnes, comprenant les éléments d'une société organisée et policée.

D'après les termes mêmes du traité: «les habitants du territoire cédé devaient être incorporés dans l'Union des États-Unis et admis, aussitôt que possible, conformément aux principes de la Constitution fédérale, à la jouissance de tous les droits, avantages et immunités de citoyens des États-Unis et, en attendant, maintenus et protégés dans l'entière jouissance de leur liberté, propriété et de la religion qu'ils professaient.»

En attendant, il est vrai, le gouvernement accordé à la Louisiane pouvait soulever bien des critiques. N'était-il pas à la fois arbitraire et contradictoire? Le pouvoir octroyé au gouverneur de ce nouveau territoire était presque royal et un représentant du Kentucky compara Jefferson à Bonaparte. M. Campbell, de Tennessee, alla jusqu'à taxer tout le système de despotisme: on n'y trouvait pas, dit-il, la moindre trace de liberté et les droits promis par le traité n'étaient même pas mentionnés. Ce ne devait d'ailleurs être qu'un régime transitoire. Le Dr Eustes, de Boston, était, en effet d'avis qu'un certain despotisme était nécessaire au début; selon lui, l'entière liberté civile ne pouvait être accordée brusquement à un peuple habitué au joug de la royauté espagnole.

Pauvres Louisianais!

Survivants d'un établissement français, un instant florissant, soumis, depuis, à bien des vicissitudes, ils cherchaient en vain à se rattacher à leur pays d'origine,—tout tendait à les en séparer pour toujours: la politique de la mère-patrie, la situation géographique, les aspirations américaines. Entourés de tribus sauvages, déprimés par la tyrannique administration espagnole, ils avaient à peine pu espérer renouer la trame des traditions nationales, en étant de nouveau incorporés à la France, qu'ils passaient, en un tour de main, sous la domination des États-Unis qui les considéraient naturellement comme des étrangers dont il fallait, pendant quelque temps, éprouver les facultés d'assimilation. Ces idées constituaient, en somme, le fond de toutes les discussions qui eurent lieu à la Chambre et au Sénat au sujet de cet achat et de cette incorporation de territoires nouveaux. En résumé, les Louisianais, auxquels on avait solennellement promis tous les droits de citoyens américains, furent considérés, pendant un certain temps, comme formant un groupement à part, non comme des citoyens libres, mais comme des sujets placés, politiquement parlant, plus bas que les dernières des tribus indiennes auxquelles on n'avait jamais refusé le droit de se gouverner elles-mêmes. Il ressort de ces débats que l'affaire de la Louisiane si délibérément traitée par Bonaparte soulevait, pour les États-Unis, des problèmes de politique extérieure et intérieure de la plus haute importance. À l'extérieur, c'était l'immixtion de l'Union dans les complications mondiales et, en l'occurrence, une influence décisive exercée sur la marche des événements européens, sur l'issue des guerres que le Premier Consul se préparait à déchaîner contre la domination anglaise. À l'intérieur, ce fut l'occasion de mettre au point des questions d'ordre constitutionnel qui touchaient au principe même de la démocratie. Cette démocratie, malgré les luttes sanglantes et diplomatiques qu'elle eut à soutenir contre une métropole située à tant de milles de distance, au-delà de l'Atlantique et évoluant dans une atmosphère toute différente, avait pu se développer sur un terrain quasi vierge de toute atteinte monarchique et despotique. Les querelles intestines, qu'elles fussent alimentées par une théocratie intransigeante ou fomentées par un loyalisme suranné, avaient toujours eu pour base: l'esprit d'indépendance, — et pour but: l'affranchissement de l'individu. Conception simple et claire au triomphe de laquelle fut, jusqu'à présent, consacrée une politique simple et logique aussi dans ses grandes lignes.

Mais, dès qu'à ces éléments sociaux, économiques et théologiques, d'essence anglo-saxonne, vinrent se mêler les éléments constitutifs de nations étrangères, longtemps soumises au joug oppresseur des vieilles monarchies française et espagnole, les conditions de vie et d'administration se compliquèrent nécessairement, prirent plus d'ampleur et il fallut se résoudre à des concessions pour gouverner. Le Président Jefferson et ses partisans, tout le parti républicain en un mot, se trouvèrent donc devant la nécessité de transiger avec des principes réputés intangibles, auxquels, pour un temps du moins, il était besoin de donner une interprétation plus souple, davantage adaptée aux multiples aspects d'une confédération de contrées aux origines si opposées.

Un tel changement se produit généralement, en matière de gouvernement, quand on passe, de la sphère un peu étroite de l'opposition, à la responsabilité plus élargie du pouvoir. Il n'en est pas moins vrai que ceux qui s'alarmaient des immunités accordées au Congrès, immunités imposées par la nature physique et politique de la Louisiane, n'avaient pas tort. Elles constituaient, en effet, une violation des droits constitutionnels. Et l'on pouvait dire, à juste titre, que le gouvernement qui y avait été contraint par les événements, n'était plus un gouvernement de républiques confédérées, mais bien le gouvernement d'une démocratie consolidée: ce n'était plus un gouvernement libre mais un gouvernement despotique: despotique, puisqu'il était avéré que Jefferson avait acheté une colonie étrangère, non-seulement sans le consentement de ses habitants mais contrairement à leur volonté, et qu'il l'avait annexée par un acte absolument contraire à la Constitution.

Si l'on s'en tient à la lettre de cette constitution, les accusations d'arbitraire et les critiques acerbes, les attaques, les joutes oratoires, les discussions de droit et de fait qui mirent aux prises les différents partis représentés par des orateurs de talent ou par des juristes experts, se justifiaient amplement. Cependant, elles ne répondaient vraiment qu'à des agitations locales, à des intérêts limités dont le rayonnement ne portait pas bien loin, tandis que la politique des États-Unis, telle que la concevait Jefferson, consistait précisément, quels que fussent les obstacles à surmonter, à reculer les frontières vers l'ouest, à agrandir l'étendue des territoires dans le but d'y verser le trop-plein des populations qui risqueraient un jour d'étouffer entre la mer et les monts Alleghanys, — à s'emparer, avant tout, des vastes étendues allant de la région des Grands Lacs jusqu'au golfe du Mexique, dans le but de pouvoir offrir une hospitalité large et indépendante aux nombreuses théories d'immigrants qui allaient bientôt venir de toutes les parties du monde. C'était la mission de la confédération américaine: avec des résidus de nationalités, composer une nation, avec des déchets de races, recréer une race, — à moins que sa grandeur ne consiste à passer un peu dédaigneusement sur le principe des nationalités, sur le préjugé des races, pour amalgamer races et nationalités en une vaste union, au sein de laquelle l'impérieuse puissance des intérêts généraux et collectifs mettrait au second plan, sans les anéantir toutefois, les tendances particularistes, les origines différentes, les religions, et les coutumes, — le tout réuni et coordonné sous la bannière étoilée qui porte cette devise: *E pluribus unum!*

Chapitre VII

NAPOLÉON ET LA FLORIDE.

Si l'affaire de la Louisiane eut une influence considérable sur l'avenir des États-Unis, elle n'en exerça pas une moindre sur la destinée de Bonaparte.

Ayant renoncé à son rêve de fonder un empire français en Amérique, Napoléon est maintenant tout entier au projet de bouleverser l'Europe pour pouvoir mieux atteindre l'Angleterre, — et, de son côté, l'Angleterre, à l'effet d'éloigner tout danger des côtes britanniques, s'efforce de rejeter la guerre sur le continent, en y suscitant une nouvelle coalition.

Les conséquences du traité signé pour la cession de la Louisiane par la France, les pourparlers qui en furent la suite pour la cession de la Floride par l'Espagne, troublèrent profondément les relations diplomatiques des États-Unis avec ces deux pays et engendrèrent des complications qui mirent de nouveau, face à face, Républicains et Fédéralistes.

Immédiatement après la rupture de la paix d'Amiens, la soif de domination s'affirme chez Bonaparte et tout républicain, observateur, a lieu de s'inquiéter. Des événements graves montrent que le despotisme militaire marche, à grands pas, vers la dictature césarienne. L'automne de 1803 est consacré aux préparatifs d'une descente en Angleterre. En 1804, des indications plus significatives sont autant d'avertissements. L'homme qui est décidé à sacrifier tous les liens et tous les préjugés à la satisfaction d'une ambition personnelle, immense et encore dissimulée, va écarter de sa route tout obstacle, tout rival, qu'il soit un ancien compagnon d'armes, ou qu'il soit un membre de la famille des Bourbons: dès le mois de février, c'est l'arrestation, le procès et le bannissement de Moreau,—en mars, c'est l'enlèvement et l'exécution du duc d'Enghien,—en mai, c'est la proclamation de l'Empire.

Quelque temps avant que Bonaparte eût pris le titre d'Empereur, le général Turreau, qui avait joué un rôle au 18 brumaire, avait été nommé Ministre de France à Washington. Mais comment ce républicain, représentant d'un souverain d'occasion, pouvait-il être *persona grata* aux États-Unis? Tout au plus pouvait-il inspirer quelque intérêt aux aventuriers qui composaient une certaine fraction des fédéralistes, aventuriers qui n'auraient pas désavoué un 18 brumaire tenté à la

Nouvelle-Orléans, au profit, par exemple, d'Aron Burr, chef d'une bande toute prête à se partager l'or des mines de Mexico et à légitimer leur coup de main par un coup d'État instituant une organisation hiérarchique où se rencontreraient des Ducs et des Maréchaux.

Cependant, Turreau avait à traiter des questions importantes non résolues par son prédécesseur; telles: le commerce avec Saint-Domingue, les frontières des deux côtés de la Louisiane, les contestations espagnoles, les créances françaises, sans compter la troublante querelle qui s'était envenimée entre son collègue espagnol, Yrujo, et le Ministère. Surtout la question des Florides était la plus compliquée parce qu'elle mettait aux prises les États-Unis et l'Espagne, défendue ou sacrifiée par la France suivant les intérêts du moment.

C'était là comme l'héritage un peu amoindri laissé par la politique du Premier Consul en Amérique.

Tandis que l'Empereur faisait parler le canon en Europe, ses représentants aux États-Unis devaient s'employer à régler par de subtiles tractations ces irritantes difficultés. La tâche était d'autant plus ardue qu'entre les deux pays venait de se creuser un abîme: celui qui séparait désormais la

République de l'Empire. L'atmosphère sinon hostile, du moins étrangère qui, comme l'avait déjà un peu exagérément constaté Talleyrand, faisait d'un Français un étranger aux États-Unis, même au lendemain de la guerre de l'Indépendance, ne pouvait que s'accentuer maintenant que la France, après avoir combattu pour toutes les libertés, combattait, sous l'impulsion de Napoléon, à les détruire.

En réalité, dans cette lutte gigantesque, dernière convulsion de la rivalité franco-anglaise, l'Amérique du Nord se trouvait, comme toujours, exposée aux contre-coups des vicissitudes ressenties par la France et l'Angleterre.

Et d'abord, la cession de la Louisiane par le Premier Consul n'avait pas reçu l'approbation du roi d'Espagne. Le rôle du brouillon Yrujo consistait précisément à faire ressortir cette irrégularité et à présenter l'attitude des États-Unis comme très hostile à l'égard de l'Espagne. Madison supportait fort mal le langage dilatoire et les incartades un peu déplacées du Ministre espagnol. Dans ces conditions, il était difficile d'arriver à régler l'affaire de la Floride, d'autant plus que Pinckney, Ministre des États-Unis à Madrid, y jouait à peu près, mais en sens inverse, le même rôle qu'Yrujo à Washington.

D'autre part, le Prince de la Paix, tout en déplorant la perte de la Louisiane, comprit parfaitement que le meilleur moyen de garder la Floride était de s'assurer l'appui de Bonaparte. Il fallait donc conseiller au roi de ne plus faire d'opposition à la cession de la Louisiane. La situation, on le voit, était devenue fort embrouillée; les éléments de l'embroglio diplomatique changeaient à chaque instant de valeur,—comme changeaient de ton et d'inspiration les principaux interlocuteurs en présence.

Certes, ni les difficultés, les contestations pendantes, ni les compensations dues par la France aux États-Unis pour les spoliations, ni la Floride occidentale ne décideraient le gouvernement américain à rompre son système pacifique, aussi longtemps du moins que Jefferson et ses amis pourraient rester fidèles à leur principe. L'Espagne devait plier sa grandeur déchue à une souplesse plus opportune. Mais, s'il était bon qu'elle renonçât à toute revendication en ce qui concernait la Louisiane, il n'était peut-être pas souhaitable de la voir s'acquitter des compensations en espèces, tout argent passant d'Espagne en Amérique étant autant de moins pour la France.

Le mot d'ordre était donc d'entretenir le trouble et l'incohérence. On y parvint à merveille.

Pinckney, à Madrid, continuait à se montrer intransigeant et exigeant. Il voulait en finir avec la Floride. Par son attitude, il fut plus royaliste que le roi, ou plutôt, plus américain que le Président. Voyant l'Espagne impassible, il alla jusqu'à demander ses lettres de rappel. Il ne parvint qu'à faire sortir Cevallos de sa courtoisie coutumière et à se faire désavouer par Madison qui pria Monroe de se rendre au plus tôt à Madrid pour donner aux relations diplomatiques une direction à la fois plus digne et moins agressive.

Napoléon, de son côté, comprenant qu'il serait peu sage, après la cession de la Louisiane, d'indisposer encore le gouvernement espagnol au sujet de la Floride, voulait retarder la solution de cette affaire en retardant autant que possible le départ de Monroe pour l'Espagne. Monroe, chapitré par Cambacérès et Lebrun, s'était décidé à changer son itinéraire et, laissant Livingston à Paris, en face de l'Empereur, partit pour Londres, où il était aussi accrédité auprès de Georges III.

Livingston se trouvait, de la sorte, dans une situation délicate. Lui avait été le premier artisan du traité relatif à la Louisiane; l'opinion publique ainsi que Jefferson et ses amis en reportaient tout l'honneur à Monroe. La vanité du diplomate méconnu en souffrit amèrement. Ses anciennes attaches fédéralistes n'étaient pas entièrement rompues et ses bons amis, Gouverneur Morris en tête, auxquels il se plaignit, s'amusaient à lui faire comprendre qu'on voulait le mettre de côté, parce qu'un succès diplomatique à son actif serait une insulte à l'adresse de Jefferson. Livingston se consola de ses déboires dans la compagnie de Robert Fulton et de Joel Barlow, en attendant l'arrivée de son successeur, le général Armstrong. Ils seraient donc bientôt trois représentants américains à Paris, ayant mission de discuter le différend pendant entre Jefferson et l'Espagne.

La question était de savoir si le gouvernement des États-Unis devait faire table rase de ses engagements avec Napoléon et agir en toute indépendance ou bien prendre acte de l'opinion de Talleyrand et s'incliner devant la volonté de l'Empereur. En tous cas, Monroe se rendait bien compte que les pourparlers au sujet de la Floride ne pouvaient pas se poursuivre sur les bases indiquées par Jefferson.

La France, au nom de l'Empereur ou de son Ministre des Affaires étrangères, prétendait influencer, voire diriger ces pourparlers.

Cevallos, en effet, s'était adressé à Talleyrand pour que l'intervention de l'Empereur en faveur de l'Espagne, vînt mettre fin, de la part de l'Amérique, à des manifestations hostiles, — telles que l'*acte de Mobile* et les insolences de Pinckney. Talleyrand qui, depuis l'échec de sa politique personnelle en Amérique, depuis surtout certaine humiliation à lui infligée par le gouvernement des États-Unis, n'avait plus de ménagement à prendre avec Jefferson, Madison, Monroe ou Livingston, s'exagérait au contraire, toutes les raisons de se montrer conciliant avec l'Espagne, en dépit même des projets hostiles et cachés que Napoléon nourrissait contre cette puissance, et tout en étant décidé à faire profiter la France des dépouilles de l'Espagne, si l'on ne pouvait éviter cette extrémité.

L'âme compliquée de l'ancien évêque d'Autun était parfaitement capable de tirer un avantage quelconque de tractations d'une nature aussi embrouillée. D'ailleurs, Talleyrand n'avait jamais été favorable à la cession de la Louisiane aux États-Unis, il rejetait toute responsabilité dans le traité intervenu à ce sujet et s'empressait de faire ressortir les inconvénients qui en découlaient. Napoléon, absorbé ailleurs, lui permit de traiter l'Espagne avec la bienveillance qui répondait à ses propres sentiments, ceux du moins de sa politique du moment. Talleyrand en profita pour imprimer à la diplomatie qui devait être suivie en Espagne et aux États-Unis une direction conforme à ses vues particulières. À cette occasion, il fit adresser à nos représentants dans ces pays, plusieurs rapports qui résument la question en un style clair et précis, d'après ses idées personnelles, inspirées naturellement par des conceptions historiques d'ancien régime et de tradition classique. À Turreau qui, sans doute, en manquait, il rappela les grandes lignes du contesté en un petit cours d'histoire et de géographie parfaitement bien présenté[39] .

Si, à l'Est, la Louisiane était assez bien délimitée par le Mississipi et l'Iberville, il n'en était pas de même à l'Ouest. De ce côté, pas de rivière, pas de chaîne de montagne ne la séparait des possessions espagnoles, de sorte que, entre les derniers établissements de la Louisiane et les premiers qui firent partie des colonies espagnoles, s'étendaient de si grands espaces de terrain, qu'on en pouvait difficilement tracer la ligne de démarcation. L'Espagne avait donc lieu de craindre que les États-Unis, qui tendaient toujours à dépasser les limites occidentales de la Louisiane, pussent avancer dans cette direction jusqu'à l'Océan, pour s'emparer de toute la côte américaine, au nord de la Californie.

Talleyrand voyait de loin. Cette éventualité devait se réaliser, mais plus tard.

En attendant, Turreau avait la mission de détourner le gouvernement des États-Unis de toute velléité d'extension vers l'ouest ou le sud-ouest qui pût être préjudiciable à l'Espagne. Mais cette question n'intéressait la France qu'indirectement, il fallait tâcher de la résoudre par des moyens de persuasion plutôt amicale que par une pression diplomatique officielle.

Pourtant, il était nécessaire de préciser[40] .

D'après la théorie de Pinckney, d'ailleurs admise par le gouvernement américain, l'Espagne était responsable des spoliations françaises, qu'elle n'avait pu empêcher. Mais la convention qui ratifiait cette manière de voir datait du 11 août 1802, était, par conséquent, postérieure à celle que la France avait conclue avec les États-Unis le 30 septembre 1800, aux termes de laquelle, aucune indemnité n'était due pour des prises faites par l'une des deux puissances. Même les prises faites au détriment des Américains sur les côtes d'Espagne ne pouvaient prétendre à une indemnité. Ce serait bien inutilement qu'on s'adresserait à l'Espagne pour en obtenir des indemnités, car celle-ci n'en ferait que les avances pour se faire rembourser ensuite par la France.

Toute la charge retomberait donc sur cette dernière et, comme, par la convention du 30 septembre 1800, nous étions relevés de toute dette relative aux prises, c'est avec étonnement que nous voyions les États-Unis chercher à obtenir, d'un autre gouvernement, une partie des indemnités auxquelles ils avaient renoncé par leur convention avec la France. C'est probablement dans l'ignorance de telles considérations et dans l'oubli de cette convention que l'Espagne signa celle du 11 août 1802. Ce fut une erreur de sa part. Par contre, le gouvernement américain qui, par son attitude à l'égard des Florides, avait violé les droits souverains de l'Espagne, était mal venu à se plaindre de la réciprocité de sentiments hostiles manifestés par la cour de Madrid, laquelle était parfaitement recevable à demander, dans le traité, telles modifications en rapport avec ses droits et sa dignité.

La précision de ces instructions envoyées à Turreau devait tranquilliser l'Espagne. C'était l'intention de Talleyrand, comme il le fait comprendre à Cevallos qui demandait toujours à être rassuré sur les prétentions des États-Unis du côté des frontières de la Louisiane. Ces frontières, comme Laussat en avait été informé, étaient limitées à l'ouest par le Rio Bravo[41] . C'est ce que Cevallos trouvait excessif. Talleyrand intervint pour montrer au gouvernement espagnol dans quelle mesure il pouvait résister aux exigences américaines. Dans une note à Gravina[42] , il fit ressortir l'opportunité de distinguer, dans cette délicate question de frontières à déterminer, les portions de territoire annexées par les Français ou les Espagnols. Néanmoins, comme les droits revendiqués par les Américains leur venaient de la France, Talleyrand avait fait connaître au Ministre impérial aux États-Unis les bases sur lesquelles l'Empereur lui-même se serait placé pour arriver à une équitable démarcation de ces frontières. Tout ce qui était d'origine française, devait revenir à la Louisiane. Pour le reste, comme les espaces existant entre les derniers établissements français et les dernières missions espagnoles auraient soulevé encore certains doutes quant à leur tracé définitif, ces difficultés eussent été résolues grâce à l'esprit affectueux et conciliant qui animait leurs Majestés....

Mais dans ces intentions et dans ces expressions, Talleyrand ne se montrait-il pas plus conciliant que Napoléon, son impérial maître? Il n'ignorait pourtant pas que l'ambition du peuple américain était entretenue et développée par la nécessité quasi inéluctable de s'étendre vers l'Ouest. Par la force des choses, devaient être rompues, un jour ou l'autre, toutes les barrières qui s'opposaient à une extension de ce côté et, par la logique absolue de leur raisonnement, les diplomates américains comprenaient aussi la Floride occidentale dans cette sphère d'absorption, avec d'autant plus de raisons que beaucoup de territoires situés entre le Mississipi et le Perdido avaient déjà été accordés depuis la cession faite par l'Espagne. Cette dernière, selon toutes probabilités, allait être entraînée bientôt dans la guerre avec l'Angleterre et Jefferson pouvait croire que les mêmes raisons qui avaient poussé Bonaparte à céder la Louisiane amèneraient aussi l'Espagne à céder la Floride.

Il ne se trompait pas en ce qui concernait les hostilités. Avant que Monroe eut quitté Londres, le 1er octobre 1804, une escadre anglaise s'empara des vaisseaux espagnols en route pour l'Europe et une déclaration de guerre en fut bientôt la conséquence. Dès son arrivée à Paris, Monroe demanda à Livingston, son compatriote, et son rival en diplomatie, d'être son intermédiaire auprès de Talleyrand, en lui faisant parvenir par écrit l'objet de sa mission. Livingston fit quelques objections et ce ne fut qu'après l'arrivée d'Armstrong qu'on se mit d'accord sur les termes de la note à envoyer. Cette note[43] , rédigée sous une forme de parfaite courtoisie, n'avait, au fond, rien d'agressif. En fait, elle sollicitait le bienveillant appui de l'Empereur en faveur des négociations qui devaient s'ouvrir à Madrid. En résumé, elle passait en revue les différentes phases par lesquelles traînèrent les démêlés avec l'Espagne: les spoliations, les dommages provenant de la fermeture du Mississipi par Morales, l'acte de Mobile qui devait mener à l'immédiate possession de la Floride.

Les diplomates américains ne pouvaient pas s'attendre à une réponse favorable de la part de Talleyrand; nous avons vu qu'il avait pris parti pour l'Espagne contre les États-Unis. Et Napoléon, paraît-il, en lisant la note en question, se montra fort irrité. Il paraît aussi que les illusions de Monroe, si illusions il pouvait avoir, furent mises à une rude épreuve par son ami Marbois, un des Ministres de Napoléon qu'il connaissait de longue date pour l'avoir fréquenté en Amérique, qui lui assura que toute la question se réduisait à une simple affaire d'argent. L'Espagne, en ayant grand besoin, se prêterait probablement à un arrangement. Le gouvernement français lui-même faisait comprendre que, si le principe de l'indemnité pécuniaire était admis, Paris pourrait devenir le centre des négociations qui seraient alors menées dans le sens désiré.

En d'autres termes, c'était imposer au gouvernement américain la nécessité de faire un nouvel emprunt d'environ 70 millions de livres à transférer à l'Espagne qui immédiatement le reverserait à la France, en conséquence de quoi, les États-Unis pourraient entrer en possession du territoire convoité. C'était, enfin, payer deux fois cette partie de la Floride, laquelle, d'après l'interprétation des hommes d'État de Washington, faisait déjà partie intégrante de la Louisiane. Dans ces conditions, Monroe ne pouvait prêter une oreille attentive aux suggestions de Talleyrand auquel il fit savoir qu'en dépit même de Napoléon, il irait traiter directement à Madrid.

Il était cependant douteux que, là aussi, un meilleur accueil pût être réservé à sa thèse. L'intervention plus ou moins occulte de l'Empereur, exercée par l'action plus manifeste de son Ministre des Affaires Étrangères, s'y opposait. Les sentiments moins bienveillants de Napoléon à l'égard des États-Unis avaient maintenant pour origine des causes indirectes et lointaines, mais habilement exploitées par ceux qui avaient intérêt à pêcher en eau trouble. Ç'avait été, d'abord, les représentations faites par Leclerc et d'autres au moment de l'expédition de Saint-Domingue; depuis, ce furent les incidents qui éternisaient la guerre dans ce pays,—le commerce prohibé qui n'avait jamais cessé entre Saint-Domingue et les États-Unis. À ces causes matérielles, pour ainsi dire, il convient d'ajouter ce qu'une certaine école historique appelle les impondérables, au nombre desquels, depuis que le général s'était transformé en Empereur, il faut mettre la liberté et le sans-gêne avec lesquels il était traité par la presse américaine et, par-dessus tout, le développement des principes républicains qu'il voulait abolir en France et qui tendaient, au contraire, à prendre un essor nouveau avec la jeune prospérité des États-Unis.

La guerre qui venait d'éclater entre l'Angleterre et l'Espagne aurait pu rapprocher cette dernière des États-Unis; en réalité, elle fit d'elle une vassale de Napoléon et, par conséquent, toute offense à l'adresse de Charles IV en était une pour l'Empereur.

Mais Monroe était à peine arrivé à Madrid, au commencement de l'année 1805, dans le but d'arracher la Floride des griffes de l'Espagne et de la France, que des événements se préparaient du côté de la Grande-Bretagne, dont l'importance rejetait toutes les autres préoccupations au second plan.

Cependant, Monroe se mit immédiatement en relation avec Charles Pinckney qui, malgré la position délicate dans laquelle il se trouvait, fut admis à prendre part à la négociation.

Les deux ministres américains rédigèrent, à l'adresse de Cevallos, une note qui contenait encore l'expression des mêmes griefs et des mêmes réclamations; ils y joignirent un projet de traité qui était naturellement à l'avantage unique des États-Unis. L'Espagne devait céder les deux Florides ainsi que le Texas jusqu'au Rio Colorado, laissant l'espace entre le Colorado et le Rio Bravo comme un pays frontière, sans désignation précise; elle devait aussi nommer une commission ayant pour mission de connaître de tous les différends qui pourraient s'élever entre des sujets espagnols et le gouvernement des États-Unis.

Cevallos répondit sur un ton décidé, mais courtois, que l'Espagne ne pouvait souscrire à des conditions aussi léonines. Il y eut encore des échanges de vue, des offres et des fins de non recevoir qui, à la clarté un peu brutale de l'Américain, opposait la stabilité un peu jésuitique de l'Espagnol,—diplomatiques manœuvres, au jeu desquelles, finit par s'user la patience de Monroe qui n'eut plus qu'une ressource: demander ses passeports.

Ils lui furent accordés avec un empressement auquel il ne s'attendait pas. La politique extérieure de Jefferson, que Monroe représentait en Europe, avait donc échoué. Elle s'était heurtée au mauvais vouloir de l'Espagne soutenue par la

France. Il aurait mieux valu prendre possession, sans coup férir, de la rive septentrionale du Rio Bravo, quitte à négocier ensuite. En tout état de cause, la guerre avec les États-Unis pouvait éclater d'un moment à l'autre. Mais sur toutes ces négociations espagnoles planait une atmosphère de corruption dont il est délicat de préciser l'origine. Quoique le besoin d'argent se fit sentir à Paris comme à Madrid, il ne faut pas la faire remonter jusqu'à Napoléon ou Godoi, car tous les deux étaient trop haut placés pour pouvoir s'abaisser à de tels tripotages pécuniaires, tandis qu'aux alentours de Talleyrand, dans le personnel même des Affaires Étrangères, ce n'était pas la première fois que des appétits indiscrets et peu scrupuleux se manifestaient[44] . Pour la Floride, Monroe croyait qu'on demanderait huit millions de dollars.

Monroe était à plaindre.

Peu de diplomates ont été, comme lui, éconduits par les ministres de trois grandes cours européennes. Il était ballotté entre Madrid, Paris et Londres,—symbole vivant de la politique américaine encore si influençable par la politique des vieilles monarchies. Plus tard, peut-être s'est-il souvenu de ces mois d'une vie pénible, quand il défendit une doctrine qui porte son nom mais qui, n'étant pas entièrement due à sa seule initiative, avait pour but effectif de libérer l'Amérique de l'immixtion des pouvoirs étrangers. L'intention était logique et provenait du désir légitime d'affranchir les États-Unis de la pression persistante exercée par l'Europe sur le destin de la nouvelle république, chaque fois surtout qu'il y avait divergence entre la France et l'Angleterre.

Ainsi, au début même des guerres de la Révolution, cette pression se fit sentir. Des novembre 1793, le gouvernement britannique enjoignit à tous les vaisseaux anglais armés, de saisir tout bateau appartenant aux neutres, transportant les produits d'une colonie française ou dirigeant des renforts vers cette colonie. Bientôt le commerce de l'Amérique avec les Antilles se ressentit de ces mesures draconiennes. Tous les bateaux américains chargés de produits français, venant en France ou y allant, furent cueillis dans leur course à travers l'Océan, conduits dans des ports anglais pour y être condamnés par des cours d'Amirauté anglaise,— d'après la Règle de guerre de 1756[45] . Cette règle qui pouvait être appliquée, à la rigueur, entre gouvernements européens, possesseurs de colonies, devenait une injustice quand il s'agissait des États-Unis qui n'avaient pas de colonies. À ce point de vue, le système colonial anglais répondait à une politique ayant pour but de rendre le commerce du monde entier tributaire de sa marine et de sa navigation[46] . Après la retraite de Pitt, des ordres furent donnés à l'effet d'exempter les États-Unis d'une obligation aussi vexatoire; les bateaux américains purent transporter en France, par l'intermédiaire d'un port américain, des produits de colonies françaises, tandis qu'il demeurait interdit à des bateaux russes ou danois, quoique neutres, de transporter ces produits en Europe. Mais ce traitement, de faveur répondait à un calcul commercial qui était faux et finit par tourner contre l'Angleterre; car, sous prétexte d'entraver la marine et le commerce de la France et de l'Espagne, elle était simplement parvenue à se donner une rivale dangereuse au-delà des mers.

À la date où nous sommes, pendant l'été de 1805, Monroe retournant à Londres, constata que, pendant son absence, Pitt s'était efforcé de faire passer, dans des mains anglaises, tout le commerce des Indes occidentales. Son pays était encore lésé.

Lord Mulgrave, le Ministre des Affaires Étrangères, avait beau l'assurer des sentiments bienveillants que le gouvernement de Sa Majesté Britannique nourrissait à l'égard des États-Unis, il n'en était pas moins avéré que, tous les jours, des vaisseaux américains étaient capturés, dans les eaux même de la Manche, par des marins anglais qui prétendaient agir conformément aux prescriptions de la loi de 1756. Décidément, Lord Mulgrave, ainsi que Talleyrand et Cevallos, traitait Monroe en quantité négligeable. Sa mission diplomatique ne pouvant aboutir, il ne lui restait plus, après l'échec de tant d'efforts qui méritaient un meilleur sort, qu'à engager son gouvernement à persévérer dans sa résolution énergique, au prix même d'une guerre qui serait déclarée simultanément à la France, à l'Espagne et à l'Angleterre. «Je suis sûr, écrivit-il à Madison[47] qu'une pression exercée en même temps, sur chacun de ces pays, produirait un bon effet sur l'autre.»

En réalité, les efforts de Monroe se heurtaient à la fatalité des événements. Son patriotisme voyait clair, seulement ce patriotisme un peu intransigeant, devançait les temps. Il indiquait les routes à suivre dans lesquelles, sous l'impulsion de Jefferson, il était déjà engagé, mais il ne pouvait venir à bout des nombreux obstacles diplomatiques dressés devant lui par les compétitions des gouvernements européens qui s'enchevêtraient et se combattaient en considérant toujours l'Amérique septentrionale comme le pays où leur rivalité plus ou moins heureuse pourrait trouver des compensations utiles. Au moment de la cession de la Louisiane, un rapprochement s'était opéré entre la France et les États-Unis. L'affaire de la Floride qui fut la conséquence de cette cession créait naturellement des difficultés avec l'Espagne soutenue par le gouvernement français, et, brochant sur le tout, la question du commerce des neutres mettaient maintenant aux prises les cabinets de Washington et de Londres.

Dans ces conjonctures, il était délicat, pour Jefferson, de prendre un parti. On comprend son hésitation: comme toujours, le premier magistrat de la République américaine devait fatalement choisir entre la France et l'Angleterre. En histoire, les hypothèses sont illusoires. Pourtant, on peut se demander ce qui serait arrivé si, obéissant aux conseils de Monroe et d'Armstrong, il avait ordonné, au mois d'août 1805, à ses troupes de traverser la rivière Sabine et d'occuper le Texas jusqu'au Rio Bravo. En droit, une pareille initiative pouvait parfaitement se justifier de la part du chef d'un pays qui avait, en somme, hérité de tous les droits de Napoléon sur la Louisiane. C'était la guerre avec l'Espagne, par conséquent, avec Napoléon lui-même, puisque nécessairement la France aurait marché contre les États-Unis; c'était, peut-être, la conquête facile de la Floride et, en même temps, toutes les difficultés avec l'Angleterre aplanies, car les controverses au sujet du commerce des neutres, du blocus, de la presse des matelots, tombaient, du même coup, au second plan. C'était, en allant jusqu'au bout, et en admettant que la guerre avec la France pût durer deux ans, la possibilité de s'allier avec les patriotes espagnols et de donner, de loin, le signal du mouvement qui, en Europe, allait s'accentuer contre le joug de Napoléon. Perspective brillante et séduisante qui devait sourire à l'âme républicaine de Jefferson. Mais c'était risquer gros jeu et, en fin de compte, puisqu'il aurait déclaré la guerre au nom de ses principes républicains, ces mêmes principes le firent définitivement pencher vers la paix.

Cependant, Turreau n'avait pu percer le secret de ces subtils mouvements d'opinion. On ne lui avait manifesté aucun mécontentement et, tout en reconnaissant que les négociations avec l'Espagne avaient absorbé tous les esprits judicieux, il se crut justifié au plus grand optimisme en ce qui concernait les sentiments professés par les Américains à l'égard de la France, allant jusqu'à mettre cette phrase dans la bouche de Jefferson:

«Eh bien! aurait-il dit, — puisque l'Empereur le désire, l'arrangement sera remis à des temps meilleurs»!

Il est douteux que le Président ait exprimé son désir de conciliation dans une forme aussi obséquieuse; mais l'Empereur avait tout lieu d'être satisfait de l'empressement de Jefferson à lui donner satisfaction et du zèle de son représentant.

Ce zèle était parfois intempestif et indiscret, comme lorsqu'il se manifesta à l'occasion de l'arrivée du général Moreau aux États-Unis. Turreau émit la prétention de voir boycotter ce rival de Napoléon, dont le plus grand tort était d'être un grand républicain doublé d'un grand stratège. Il ne pouvait admettre que celui que l'Empereur avait fait bannir de France, pût être reçu aux États-Unis avec des marques spéciales d'honneur; il commit l'effronterie d'écrire au Président qu'il serait convenable de s'abstenir de toute démonstration dont l'interprétation pourrait dépasser les limites de l'hospitalité anonyme. Le Ministre des Affaires Étrangères fut outré de cette intervention déplacée dans les affaires intérieures du pays. Jefferson fut d'avis de faire comprendre à qui de droit, que le gouvernement de la République américaine n'était nullement disposé à recevoir et à exécuter des ordres[48] .

Cet incident fut vite oublié. Si Turreau manquait de tact en diplomatie, son coup d'œil était assez juste quand il s'agissait de juger la situation générale du pays et ses ressources militaires. Ainsi, il fut bientôt convaincu que le maintien de la paix était universellement exigé par tous les hommes politiques de l'Union et que toute guerre aurait, pour premier résultat, de précipiter du pouvoir le parti qui s'en ferait le champion. Les velléités guerrières qui, un moment, avaient agité les sphères dirigeantes s'étaient tôt apaisées: elles ne s'étaient jamais manifestées au grand jour, tandis qu'ouvertement, il fallait bien se soumettre aux humiliations journalières infligées par l'Angleterre; même le mépris professé à l'égard de l'Espagne, n'allait pas jusqu'à des provocations directes. L'opinion publique était ainsi parfaitement d'accord avec le caractère et les sentiments philanthropiques bien connus du Président, sentiments entretenus et développés par la certitude que l'armée et la marine étaient encore loin d'être à la hauteur de leur mission et ne pourraient soutenir victorieusement une campagne contre des soldats aguerris. On manquait surtout d'officiers instruits. D'après notre représentant, les marins américains étaient les plus hardis et les plus ignorants du monde. Aussi, comme les moyens d'action ne répondaient pas aux ambitions latentes, on s'évertuait de concilier des aspirations et des faits contradictoires en s'efforçant de «conquérir sans guerre».

L'attitude de Turreau qui, Ministre de Napoléon, voulait conduire les affaires diplomatiques à la manière autoritaire de son maître, finit par éveiller d'anciennes querelles de politique intérieure. Il était bien évident que le républicanisme invétéré de Jefferson ne lui permettait, en aucune façon, d'aimer ou de craindre Napoléon ou l'Empire, et, depuis un certain temps, les journaux fédéralistes ne pouvaient vraiment pas accuser le Président de sympathies françaises. Pendant l'hiver 1805-1806, la peur de l'influence française reprit pourtant de la consistance. Tout le parti fédéraliste se montrait indigné des procédés dont usait la France dans les affaires espagnoles et leur indignation ne connut plus de bornes quand la France souleva des objections sur la façon dont les États-Unis faisaient le commerce avec Saint-Domingue.

En fait, l'expédition de Saint-Domingue avait échoué. Cependant, malgré la reddition de Rochambeau aux Anglais, malgré l'indépendance proclamée par les noirs, Napoléon s'intitulait toujours le maître de l'île. Le général Ferrand, pour affirmer ces prétentions, s'opposait aux tentatives de Dessalines qui, d'ailleurs, n'était reconnu par aucun gouvernement. Seul, le commerce encore important avec ce pays ne permettait pas aux convoitises de s'endormir, mais, comme ce commerce n'était protégé par aucune loi, les vaisseaux qui s'en occupaient étaient généralement armés. Pendant l'hiver de 1804-1805, une flottille de 80 canons et de 700 hommes partit de New-York avec une cargaison de contrebande de guerre. Turreau se plaignit et Madison promit qu'une loi serait bientôt proposée qui ne permettrait plus un pareil abus.

Les discussions qui s'ouvrirent au Sénat, à ce sujet, n'aboutirent que partiellement et l'amendement du Dr Logan qui voulait que tout commerce avec Saint-Domingue fût prohibé, ne fut pas voté. La majorité se décida pour empêcher simplement le commerce sur vaisseaux armés. Mais quel contrôle exercer? Après le retour de la flottille incriminée par le gouvernement français, publiquement célébrée par les citoyens de New-York, une nouvelle expédition se prépara et même un vaisseau américain qui portait des cargaisons de poudre aux Haïtiens, fut saisi par les Anglais, envoyé à Halifax et condamné pour commerce illicite.

Turreau s'empressa de faire connaître cet état de choses à son gouvernement. Napoléon était occupé par ses préparatifs et l'exécution de son plan du camp de Boulogne. Cette complication venant s'ajouter à toutes celles qui entravaient sa marche en avant, le mit de fort méchante humeur. Il écrivit aussitôt à Talleyrand[49] lui enjoignant de faire connaître son mécontentement au représentant américain, lui déclarant qu'il était temps «que cela finisse...» que c'était indigne de la part des citoyens des États-Unis de faire du commerce avec des brigands et que tout ce qui entrerait ou sortirait désormais des ports de Saint-Domingue serait déclaré de bonne prise, car il était impossible de considérer avec indifférence les armements évidemment dirigés contre la France et que le gouvernement américain facilitait dans ces ports...

L'Empereur avait parfaitement le droit de saisir les vaisseaux américains qui faisaient du commerce avec Haïti, seulement, il était la plupart du temps dans l'impossibilité de le faire, si le gouvernement américain ne le soutenait pas. Il avait donc parfaitement raison dans le fond, — la forme dans laquelle il exprimait ses revendications laissait à désirer; elle fut adoucie par Talleyrand dans sa lettre à Armstrong, mais Turreau n'hésita pas à répéter à Madison que «ce système d'impunité et de tolérance ne pouvait durer davantage».

En résumé, à la fin de 1806, le cabinet de Washington se trouvait en présence d'une situation hostile sur toute la ligne. L'Espagne, en dépit des traités, saisissait les propriétés américaines sur mer et sur terre, faisait des incursions en Floride et au Texas. La France tenait un langage menaçant et, comme si ces difficultés ne suffisaient pas à l'habile activité du Congrès qui allait s'ouvrir, la Grande-Bretagne prit une attitude telle qu'on aurait pu croire, de sa part, à une déclaration de guerre, à courte échéance.

Plus que jamais, les deux pays étaient profondément divisés par la question de la presse des matelots.

Les deux frégates, le *Cambrian* et le *Leander* surveillaient le port de New-York, d'une façon intolérable; c'était un véritable blocus exercé avec une telle âpreté, que le moindre prétexte, la moindre suspicion quant à la provenance d'un vaisseau, en légitimait la capture et son envoi à Halifax pour y être retenu et jugé. De tels procédés qui, en somme, profitaient au commerce des neutres, auraient encore à la rigueur pu être tolérés par la classe des marchands, la plus nombreuse et naturellement la plus âpre au gain; mais ils devenaient odieux par la façon dont les officiers anglais pratiquaient la presse. Tout individu trouvé sur un vaisseau américain que, pour une raison ou une autre, ils pouvaient considérer comme sujet anglais, était immédiatement incorporé dans la marine anglaise. Mais comment prouver la nationalité? La similitude de langue rendait cette preuve, dans la plupart des circonstances, excessivement difficile; en tous cas, elle donnait lieu, parfois, à des erreurs pénibles mais voulues qui retombaient sur toute une classe de citoyens et lésaient des intérêts considérables. Une haine profonde couvait, de ce fait, en Amérique contre l'Angleterre. L'opinion publique s'étonnait de la longanimité du gouvernement.

Cette longanimité s'explique si l'on songe que les difficultés avec l'Espagne étaient loin d'être aplanies; Madison croyait habile, de sa part, de se concilier l'Angleterre dans le but de tenir la France en respect: c'était l'éternel jeu de bascule de la politique américaine qui, pour le moment, suivait les fluctuations de la politique napoléonienne et qui, dans ces dernières hésitations, avait pour stimulant un nouveau projet de Jefferson dans le but de rouvrir des négociations pour l'achat de la Floride.

Ce projet allait pouvoir se réaliser mais sur des bases toutes différentes que celles sur lesquelles Jefferson comptait s'appuyer. C'était de France et non d'Angleterre que devaient lui parvenir des sollicitations favorables et, au moment même où il semblait décidé à faire comprendre à Napoléon que le gouvernement des États-Unis n'était nullement disposé à recevoir des ordres, le gouvernement français, au contraire, lui faisait des ouvertures dans le sens désiré.

Au moins d'août 1805, l'Empereur venait de lever le camp de Boulogne et dirigeait son armée vers les opérations qui devaient être couronnées par la bataille d'Austerlitz. Mais, avant de pouvoir aboutir à cette brillante victoire, il avait encore bien des dispositions à prendre et sans doute aussi, à se ménager la bienveillance, sinon l'alliance, de pays qui supportaient difficilement le joug de l'Angleterre. Est-ce cette raison qui lui fit désirer un rapprochement avec les États-Unis? Il est permis de le supposer.

Armstrong, qui suivait les événements à Paris, reçut vers cette époque, la visite d'un agent ne faisant pas partie officiellement des Affaires Étrangères, qui lui remit, au nom de Talleyrand, un projet d'arrangement à intervenir entre les États-Unis et l'Espagne. Le Prince de la Paix devait être prévenu que, s'il ne se joignait pas aux États-Unis pour demander à Napoléon d'être l'arbitre, dans leur dispute, il exposerait son pays à de graves inconvénients. C'était, en résumé, la contre-partie de ce qu'avait déjà proposé le Ministre des Affaires Étrangères: il soutenait maintenant les États-Unis au lieu de soutenir l'Espagne. Et si, sous la pression de l'Empereur, l'Espagne consentait à céder les Florides, la

France proposait les conditions suivantes: facilités de commerce en Floride comme en Louisiane; le Rio Colorado et les territoires au Nord-Ouest s'étendant jusqu'aux sources des affluents du Mississipi et formant une région neutre; dix millions de dollars à être payés par les États-Unis à l'Espagne. Ce chiffre fut descendu à sept millions.

Ces propositions furent soumises par Jefferson à ses collègues du Conseil. Il fit remarquer qu'elles ne différaient pas beaucoup des leurs, excepté en ce qui concernait l'indemnité à payer qui, selon lui, ne devait pas dépasser cinq millions. Les Américains ne voulaient pas donner davantage pour les Florides; ils acceptaient le Colorado comme frontière occidentale et un espace de trente lieues de chaque côté de cette rivière, qui ne serait pas occupé.

Jefferson avait hâte de conclure cette affaire d'autant plus que l'opinion publique devenait de plus en plus hostile à l'Angleterre. Les commerçants de Boston, New-York et Baltimore se montraient furieux du nombre toujours croissant des prises qui menaçaient de ruiner les maisons les plus solides. Ainsi, la sympathie que perdait l'Angleterre revenait à l'Espagne, ou plutôt, la haine qui allait croissant à l'adresse de celle-là, diminuait à l'adresse de celle-ci.

Au milieu de ces revirements, le Président Jefferson prépara son message à l'occasion de la réunion du neuvième congrès. Il en profita pour dire que la direction donnée aux Affaires Étrangères devait être modifiée. Il fit un tableau des relations internationales qui semblait mettre à une rude épreuve son amour de la paix. En réalité, que s'était-il passé, ces dernières années? Le littoral du pays avait été infesté, les ports avaient été surveillés par des vaisseaux étrangers et, sous prétexte de poursuivre des ennemis, ces vaisseaux, armés ou non, occasionnaient au commerce américain les plus graves préjudices. Des incursions avaient été faites sur les territoires de la Nouvelle-Orléans et du Mississipi, exposant les citoyens à voir leurs propriétés pillées et saisies par des officiers et soldats de l'armée espagnole. Il fallait faire défendre la frontière par des troupes régulières pour empêcher, à l'avenir, de semblables agressions.

L'homme qui avait toujours défendu la nécessité de la paix tenait un langage où perçait la nécessité de la guerre. Cependant, la seconde partie de son message faisait ressortir une contradiction: elle avouait une diminution des ressources qui impliquait la faillite d'une action militaire sérieusement menée. Alors, comment concilier l'attitude guerrière avec l'impossibilité de faire la guerre? Toutes ces questions ne contribuaient pas à désarmer la rivalité des partis en présence: les démocrates, les fédéralistes, les républicains du Sud ignoraient ce qui se passait dans les coulisses gouvernementales, tandis que Turreau, Mery et Yrugo se demandaient, avec une désinvolture un peu méprisante, quels moyens le gouvernement des États-Unis pourrait mettre en œuvre pour venir à bout des prétentions de la France, de l'Angleterre et de l'Espagne. Jefferson se trouvait donc dans une situation délicate: il avait à faire face aux exigences d'une minorité hostile et d'une majorité divisée, à l'intérieur, et, à l'extérieur, aux velléités guerrières de trois grandes puissances de l'Europe.

Ce ne fut qu'en mars 1806, après bien des discussions où Fédéralistes et Républicains se dressèrent de nouveau, les uns contre les autres, où Randolph, dans son animosité contre Madison, dont il voulait faire échouer la candidature à la Présidence, allant jusqu'à déclarer qu'il ne voterait pas un shilling pour l'achat de la Floride, que c'était livrer la bourse publique au premier brigand venu qui vous la demanderait au coin d'un bois... ce ne fut, dis-je, que six mois après la réception de la dépêche d'Armstrong faisant connaître les intentions — ou les ordres — de Napoléon, que le diplomate américain fut officiellement autorisé à offrir cinq millions à la France pour l'achat de la Floride ou du Texas. Jefferson l'avait emporté sur Randolph, mais cette victoire lui coûta cher: lui, qui était l'incarnation du plus pur républicanisme, lui, dont les idées et les principes avaient toujours été opposés au caractère, au tempérament, à la politique de Bonaparte, fut accusé, par ses compatriotes ennemis, d'être devenu une créature de Napoléon.

Aux yeux du public, le gouvernement des États-Unis obéissait aveuglément aux ordres de l'Empereur, lorsqu'en réalité, inspiré par Jefferson, il jugeait seulement politique de ne pas irriter Napoléon; non pas la sympathie le faisait agir de la sorte, mais bien la crainte que, seul, le potentat qui soumettait les vieilles monarchies et les trônes vermoulus à sa volonté, par son génie guerrier, pouvait donner la Floride aux États-Unis, sans les dépenses et les risques d'une guerre en Amérique.

Mais, contrairement aux apparences et aux protocoles diplomatiques, l'affaire de la Floride n'était pas encore terminée. Par un soudain revirement, Napoléon fit comprendre qu'il n'avait aucun intérêt à se poser en arbitre entre les États-Unis et l'Espagne. Armstrong et même Talleyrand, à la veille d'une disgrâce, purent se demander quel plan secret modifiait ainsi les dispositions de l'Empereur et quels projets il nourrissait à l'égard des États-Unis.

Ainsi se faisait sentir, jusque dans ces lointains parages, l'ascendant de l'homme qui était en train de refaire, à sa fantaisie, la carte de l'Europe: la politique de Jefferson, Président d'une jeune république, était à la merci de batailles qui allaient se livrer dans un coin perdu de l'Allemagne.

Chapitre VIII

LES ÉTATS-UNIS ET LE BLOCUS CONTINENTAL.

Lors de la discussion du traité de cession de la Louisiane, l'Empereur avait, à dessein, laissé planer une vague incertitude sur les frontières de ce pays. Cette incertitude était devenue un atout considérable dans le jeu de sa politique. La Floride constituait, de la sorte, comme on l'a vu, un appât qu'il faisait miroiter devant les yeux de Jefferson, le rendant plus accessible ou plus lointain aux convoitises américaines, suivant les besoins de la cause et suivant la nécessité dans laquelle il se trouvait de sauver ou de sacrifier l'Espagne.

À la date où nous sommes parvenus, il était nécessaire que l'Espagne fût sacrifiée à ses vues profondes et ne devînt plus qu'un instrument entre ses mains,—instrument dirigé contre l'Angleterre.

Le faible et malheureux Charles IV lui avait donné son argent, sa flotte et son armée. La flotte espagnole avait été détruite à Trafalgar et l'armée espagnole était fondue dans les contingents qui opéraient en Allemagne. Le fruit était mûr; on pouvait le cueillir. Mais il fallait encore dissimuler, endormir l'ignorance de la famille royale sous des dehors de prévenance et d'intérêt.

Et l'intérêt des États-Unis se trouvait de nouveau ballotté entre celui de l'Angleterre et celui de la France. Par les ordres en conseil, l'Angleterre prétendit affirmer sa maîtrise des mers. Napoléon riposta par les décrets de Berlin et de Milan qui, au moyen du Blocus continental, devaient lui assurer la maîtrise des continents.

De quel côté allait pencher le gouvernement de l'Union?

À Londres, Monroe eut un instant l'espérance de voir sa mission diplomatique réussir. Pitt était mort en janvier 1806 et Georges III appela Fox aux Affaires Étrangères. Fox était libéral d'idées et de caractère, de manières charmantes et l'accueil qu'il fit à Monroe ne ressemblait en rien aux relations froides et guindées en usage dans l'entourage de Pitt, relations qui répondaient, en somme, à sa politique agressive à l'égard des États-Unis, dans ce qu'elle avait de plus intraitable, quand il s'agissait d'arrêter, sous le prétexte le plus fallacieux, des vaisseaux américains. Fox semblait plus favorablement disposé pour ce qu'il appelait le commerce des colonies, mais il était peut-être le seul dans le cabinet à montrer, à cet égard, des vues plus conciliantes, d'autant plus qu'à Washington, le Congrès, dans un esprit de représailles, discutait l'opportunité de l'acte de non-importation. Ces velléités de résistance aux exigences anglaises ressemblaient trop à un ultimatum que les Anglais traduisaient en ces termes: «Abandonnez votre commerce et vos navires à l'Amérique ou livrez vos libertés à la France.»

Une telle formule était évidemment exagérée, mais, dans leur susceptibilité chatouilleuse et vindicative, les Anglais ne pouvaient en supporter l'inadmissible prétention. Devant de telles dispositions d'esprit, il était difficile à Fox de faire des concessions. L'ambition de Napoléon avait troublé toute l'Europe. Pourtant, dans les bouleversements qui en furent les conséquences, l'Angleterre était parvenue à maintenir sa suprématie sur mer et, sur toute l'étendue de l'Océan, sa flotte prétendait imposer sa loi. Deux puissances semblaient vouloir s'affranchir de ces deux jougs: la Russie et les États-Unis.

Napoléon, voulait réduire la première, par la séduction,—l'Angleterre comptait réduire la seconde par la menace. C'était du moins la conséquence logique, quoique un peu simpliste, qui ressortait de la position prise par les deux principaux belligérants.

Dans ces conditions, ne pouvant rendre au commerce américain les privilèges qu'il possédait autrefois, Fox prit une demi-mesure, par laquelle il crut pouvoir contenter les exigences américaines, mais qui, en réalité, était aussi restrictive que le traité de 1756. En mai 1806, les puissances neutres furent avisées que, sur l'ordre du Roi, avaient été bloquées toutes les côtes de France et d'Allemagne, allant de Brest à l'Elbe; — blocus, d'ailleurs, qui ne pouvait être effectif qu'entre Ostende et la Seine. Un navire américain, par exemple, chargé à New-York de sucre provenant des colonies françaises ou espagnoles, pouvait donc se diriger en toute sécurité vers Amsterdam ou Hambourg. On discuta longtemps sur la légalité et l'équité d'une telle mesure qui, tout en poussant Napoléon à des représailles, fut appelée, même par les intéressés, un blocus sur le papier. Elle contenait en germe la deuxième guerre d'indépendance qui libéra définitivement les États-Unis d'une ingérence quelconque exercée par le gouvernement britannique.

En attendant, Monroe était la proie de son destin: se trouver dans la nécessité de conclure un traité dont l'issue semblait de plus en plus aléatoire. L'acte de non importation avait été voté par le Congrès et, à sa grande confusion, Pinckney qu'on lui avait adjoint, sinon pour le contrôler, du moins pour l'arrêter dans son ardeur, lui avait fait pressentir que le Président Jefferson ne verrait pas le succès de ces négociations d'un œil favorable. Monroe comprit; il était le concurrent de Madison à la Présidence et un grand succès diplomatique à son actif serait mal vu à Washington. Livingston pouvait se considérer comme étant vengé. Il semblait donc préférable que le traité à négocier présentât des conditions impossibles à réaliser. Si ce traité devait échouer, tout le blâme en retomberait sur Monroe; s'il réussissait, la gloire en serait partagée avec Pinckney. D'une façon comme de l'autre, la tâche de Monroe était délicate et ingrate.

Les concessions, d'ailleurs, que demandait l'Amérique à l'Angleterre, étaient de celles qu'on ne peut obtenir que les armes à la main. Le gouvernement anglais accorderait difficilement, après Trafalgar, ce qu'il avait toujours refusé depuis la règle imposée en 1756. Cependant, Jefferson proclamait hautement qu'il était temps de supprimer les inconvénients imposés aux États-Unis par l'application de cette règle et de renoncer aux vexations de la presse des matelots. Il n'hésitait pas à affirmer que tout le Golf Stream devait être considéré comme faisant partie des eaux américaines, sur lesquelles un acte d'hostilité ne pouvait être toléré, sous peine de voir atteintes la sécurité du pays et la liberté du commerce. Un pareil langage était fier, presque dictatorial: comment le faire accepter par un peuple en délire qui venait de faire à Nelson de patriotiques funérailles sous les voûtes de Saint-Paul? Mais comment surtout en attendre la réponse quand on était à la veille d'une action décisive en Allemagne?

Le 14 octobre 1806, Napoléon anéantit la Prusse, à Iéna.

Peu de temps après, il fit son entrée triomphale à Berlin. Avant de quitter cette capitale pour la Pologne et la Russie, il y signa le fameux Décret de Berlin, à la date du 21 novembre 1806.

Ce décret, à titre de justification, débutait par une accusation contre l'Angleterre qui n'hésitait pas à se mettre au-dessus des lois de toutes les nations. Elle arrêtait les non-combattants comme prisonniers de guerre; confisquait les propriétés privées; elle allait jusqu'à bloquer des ports non fortifiés, des estuaires, d'immenses étendues de côtes appartenant à des pays neutres. Des procédés aussi odieux qu'injustifiés n'avaient d'autre but que de développer l'industrie et le commerce anglais sur les ruines du commerce et de l'industrie du reste de l'Europe. De tels agissements justifiaient contre elle l'usage des mêmes armes. Par conséquent, aussi longtemps que l'Angleterre ne renonçait pas à son attitude hostile, les Îles Britanniques étaient mises en état de blocus et il était décrété ce qui suit:

- 1° Tout commerce et toute correspondance avec les Îles Britanniques sont interdits.
- 2° En conséquence, les lettres ou paquets adressés ou en Angleterre ou à un Anglais, ou écrites en langue anglaise, n'auront pas cours aux postes et seront saisis.
- 3° Tout individu sujet de l'Angleterre, de quelque état et condition qu'il soit, qui sera trouvé dans les pays occupés par nos troupes ou par celles de nos alliés, sera fait prisonnier de guerre.
- 4° Tout magasin, toute marchandise, toute propriété de quelque nature qu'elle puisse être, appartenant à un sujet d'Angleterre, sera déclaré de bonne prise.
- 5° Le commerce des marchandises anglaises est défendu, et toute marchandise appartenant à l'Angleterre, ou provenant de ses fabriques ou de ses colonies, est déclarée de bonne prise.
- 6° La moitié du prix de la confiscation des marchandises et propriétés déclarées de

bonne prise par les articles précédents, sera employée à indemniser les négociants des pertes qu'ils ont éprouvées par la prise des bâtiments de commerce qui ont été enlevés par des croisières anglaises.

- 7° Aucun bâtiment venant directement de l'Angleterre ou des colonies anglaises, ou y ayant été depuis la publication du présent décret, ne sera reçu dans aucun port.
- 8° Tout bâtiment qui, au moyen d'une fausse déclaration, contreviendra à la disposition ci-dessus, sera saisi, et le navire et la cargaison seront confisqués comme s'ils étaient propriété anglaise.
- 9° Notre tribunal des prises de Paris est chargé du jugement définitif de toutes les contestations qui pourront survenir dans notre empire ou dans les pays occupés par l'armée française, relativement à l'exécution du présent décret. Notre tribunal des prises de Milan sera chargé du jugement définitif des dites contestations qui pourront survenir dans l'étendue de notre royaume d'Italie.
- 10° Communication du présent décret sera donnée par notre Ministre des relations extérieures, aux Rois d'Espagne, de Naples, de Hollande, d'Étrurie et à nos autres alliés, dont les sujets sont victimes, comme les

nôtres, de l'injustice et de la barbarie de la législation maritime anglaise.

Ces dispositions draconiennes visant l'Angleterre, atteignaient tous les pays neutres: les États-Unis furent touchés en première ligne. Ils faisaient à cette époque un commerce considérable avec l'Europe. Ils étaient les meilleurs clients de la Grande-Bretagne, à laquelle ils fournissaient des matières premières, coton, bois, sucre, tabac, etc., pour une centaine de millions. Tout ce trafic fut arrêté. Le cabinet de Washington en était réduit à se demander, encore une fois, de quel côté il avait le plus d'intérêt à se ranger, en vue d'un traitement moins rigoureux: les ordres en conseils émis par Georges III lésaient-ils davantage les intérêts américains que les mesures éditées par le Décret de Berlin? Question complexe, difficile à résoudre, qui allait exercer une influence considérable sur l'avenir de l'Union, mettre de nouveau en présence les deux partis qui se disputaient la direction des affaires et déterminer, enfin, la position à prendre dans les grandes alternatives de la politique mondiale.

En attendant, Monroe, mis en présence de Lord Holland, pendant la maladie de Fox, se vit dans l'obligation, d'ailleurs assez douce, de ne pas tenir compte, d'une façon absolue, des instructions de Jefferson. La question de la presse des matelots fut traitée à moitié; on en reconnut le mal fondé sans en restreindre l'exercice; plus d'indemnité demandée pour les pertes éprouvées par le commerce américain en 1805; et, en ce qui concernait les affaires qu'on appelait le commerce des colonies, l'obligation d'une taxe qu'un gouvernement indépendant ne pouvait vraiment pas accepter. Monroe se montra donc plus conciliant que le Secrétaire d'État et le Président dont il dépendait. Il accepta les conditions anglaises et, ce qui pourrait paraître inadmissible, il s'inclina devant une exigence vraiment exorbitante et qui concernait le décret de Berlin. La nouvelle venait d'en arriver en Angleterre où l'on en saisit immédiatement toute la portée. Les négociateurs anglais firent comprendre aux négociateurs américains que ceux-ci devaient s'engager à ne pas reconnaître le terrible décret, — sans quoi, Sa Majesté Georges III ne se considérait pas comme lié par les signatures apposées au bas du traité.

Il est évident que jamais traité ne fut signé dans des conditions aussi contradictoires; il n'aurait pu être plus sévère, s'il avait mis fin à une guerre malheureuse, — d'autant plus, qu'immédiatement après la signature de ce traité, avant même que le gouvernement des États-Unis ait pu en prendre connaissance, un ordre en conseil déclara que les Ministres anglais n'attendraient pas que l'Amérique se fût prononcée à l'égard du Décret de Berlin, pour empêcher ses vaisseaux de naviguer d'un port européen à un autre. C'était un coup désastreux pour le commerce des neutres,—c'était, avant tout, une injustice, car, avant de prendre des représailles, il aurait fallu connaître l'attitude du gouvernement qu'on allait punir. La moindre critique qu'on pouvait faire d'une pareille façon d'agir, permettait d'affirmer que le cabinet anglais prenait le Décret de Berlin non pas pour la cause effective lui inspirant un ordre en conseil si arbitraire, mais pour un simple prétexte lui permettant d'aller plus loin que Pitt lui-même, dans sa politique intransigeante à l'égard des États-Unis. Comparée à ce tour de passe-passe, la mesure coercitive prise par Napoléon, pouvait paraître pleine de loyauté et de grandeur.

Cependant, les nouvelles ne parvenaient pas vite alors d'un continent à un autre. Les Américains attendaient encore, de la part des Anglais, un traité acceptable, accordant certaines concessions, quand leur arriva l'annonce du Décret de Berlin. La surprise fut désagréable. C'est donc du côté de la France que leur commerce se trouvait paralysé! Ainsi, après avoir lésé les États-Unis par son attitude soudain hostile à l'égard de l'achat de la Floride, l'Empereur n'hésitait pas à porter ce coup décisif aux affaires commerciales. N'y avait-il pas un rapport mystérieux qu'on devinait sans pouvoir le préciser, entre ce brusque revirement qui se présentait favorable à l'Espagne et agressif pour l'Amérique? À distance et sans connaître le détail des négociations qui se poursuivaient avec le cabinet Saint-James, il paraissait opportun d'améliorer les relations avec l'Angleterre et il était urgent d'être en possession du traité signé à Londres par Monroe et Pinckney.

Mais en mars 1807, quand Madison fut mis, par Erskine, au courant des termes de ce traité, sa désillusion fut grande. La clause restrictive, surtout, relative au Décret de Berlin, provoqua son mécontentement et il fit remarquer à Erskine que, dussent même tous les articles être satisfaisants, la note complémentaire en empêcherait la ratification. En tous cas, aucune des conditions stipulées par Jefferson n'avait reçu satisfaction. Et Jefferson furieux refusa même de soumettre le traité au Sénat. Ce refus fut interprété, de façons diverses, par ses amis et ses adversaires; il contenait le germe de dissentiments intérieurs qui risquaient de mettre de nouveau en présence républicains et fédéralistes, au gré de leur haine ou de leur sympathie pour l'Angleterre.

Sur ces entrefaites et, sans doute, inspiré par les événements qui se passaient en Angleterre et entre l'Angleterre et l'Amérique, Napoléon avait modifié ses dispositions à l'égard de la Floride et des possibilités qui auraient pu faciliter un arrangement entre les cabinets de Madrid et de Washington. Dès 1806, il avait fait comprendre à Turreau qu'il ne verrait pas d'un bon œil les États-Unis, auxquels la France témoignait toujours beaucoup d'intérêt, ni l'Espagne qui lui tenait à cœur,—faire revivre en Amérique des querelles qui commençaient à s'assoupir en Europe[50] . Il prêcha la paix, recommandant à son ministre à Washington d'entretenir les tendances conciliatrices que les incidents de la dernière campagne avaient fait naître. L'Empereur, en un mot, absorbé par les affaires importantes concernant son empire, ne pouvait plus jouer le rôle de médiateur, mais considérerait comme une preuve d'amitié à son égard tout ce que les États-Unis et l'Espagne tenteraient en vue d'une réconciliation. De ce fait, toutes les espérances que nourrissait Jefferson et dont on lui avait pour ainsi dire promis la réalisation, en ce qui concernait la cession de la Floride tant convoitée, s'évanouissaient. L'horizon politique s'assombrissait en Europe.

En janvier 1807, Lord Howick avait signé l'ordre en conseil qui, sous prétexte de répondre au Décret de Berlin, défendait aux neutres de naviguer d'une côte à une autre. Ainsi, un navire marchand américain pouvait parfaitement aller à Bordeaux; mais si, dans ce port, le marché ne lui semblait pas favorable et qu'il voulût repartir pour Amsterdam ou un port de la Méditerranée, par exemple, il devenait de bonne prise. Les Tories, représentés par Spencer Perceval, estimaient que cette mesure restrictive était insuffisante et que, pour protéger le commerce anglais menacé par les dispositions prises par l'ennemi héréditaire, il fallait empêcher tout produit des colonies d'entrer en France et en Espagne avant d'avoir passé par l'Angleterre pour y acquitter un droit de douane. Il fallait, enfin, faire comprendre qu'on considérait les États-Unis comme ennemis puisque le Président Jefferson s'était soumis sans protestation au blocus décrété par Napoléon. La neutralité qu'il semblait vouloir accepter, était-elle hostile ou bienveillante? En tout cas, la Grande-Bretagne était en droit d'attendre de tout gouvernement neutre une attitude aussi nettement impartiale que celle que ce gouvernement aurait prise à l'égard de son ennemi. De là, il n'y avait qu'un pas à franchir pour justifier les mesures les plus agressives à l'adresse du commerce américain, parce que le gouvernement de Washington n'avait pas protesté assez énergiquement contre le blocus institué par Napoléon, ce qui lui valait, de la part de ce dernier, un traitement de faveur.

Ceci ressemblait étrangement à une politique de représailles. Mais dans le texte définitif de l'ordre qui finit par être approuvé en Conseil, Spencer Perceval passa intentionnellement sous silence toute allusion qui pourrait faire croire à une doctrine de représailles fortement critiqué par Lord Bathurst. Aucun pays neutre ne fut plus accusé de s'être incliné devant le Décret de Berlin; mais on fit ressortir le peu d'effet produit par l'ordre en conseil émis par Lord Howick et la nécessité dans laquelle se trouvait Sa Majesté «en de telles circonstances, de prendre des mesures plus efficaces pour revendiquer et faire respecter ses droits». Et sans autre explication, Perceval ordonna que tout le commerce américain, excepté celui avec la Suède et les Indes occidentales, devait passer par un port anglais pour y prendre une licence anglaise. Cette obligation tyrannique, arbitraire, formulée dans un style peu clair, était formellement imposée par l'ordre en conseil émis le 11 novembre 1807; il était, de plus, non seulement entendu que tout commerce de l'Amérique avec les ennemis de l'Angleterre payerait tribut à cette dernière, mais que les produits coloniaux, dans le but d'augmenter leur prix, payeraient une taxe au Trésor britannique, tandis que l'entrée du coton était prohibée pour la

France. En un mot, le commerce américain était devenu le commerce anglais.

Quelle nation, se prétendant libre, pouvait s'incliner devant des prétentions aussi exorbitantes? L'Angleterre cherchait simplement à annuler une conséquence de la guerre de l'indépendance. Malgré les tendances pacifiques de Jefferson, les Américains et même les Anglais libéraux comprenaient qu'une guerre était en perspective.

Le message annuel fut débité sur un ton impartial, en ce qui concernait les relations internationales, de sorte que personne ne put dire s'il penchait vers la guerre ou vers la paix. Cependant, des mesures furent prises en vue d'une éventualité de guerre. On demanda des crédits pour mettre la flotte en état. En décembre 1807, le Congrès vota une somme de un million huit cent cinquante mille dollars, dans la crainte d'une rupture avec l'Angleterre. C'était un geste un peu vague. Mais Gallatin lui-même, Secrétaire du Trésor, renonça un moment à la possibilité d'une théorie à la fois énergique et paisible et affirma qu'il n'y avait aucun inconvénient à augmenter la dette publique qui, en temps de paix, serait vite éteinte. Il défendit donc l'opinion de Jefferson qui préconisait la formation d'une flottille de canonnières et de frégates pour la défense des côtes menacées. L'opportunité de telles constructions fut discutée au Sénat et à la Chambre. On vota un million de dollars pour les fortifications.

Pendant que ces discussions parlementaires avaient lieu, les nouvelles officielles arrivèrent d'Europe, apprenant que, chacune de son côté, la France et l'Angleterre, avait encore augmenté la portée des mesures restrictives et vexatoires à l'égard du commerce des neutres. Le monde entier était ainsi mis en interdit par ces deux nations[51] et les vaisseaux américains, leurs cargaisons, leurs équipages, étaient à la merci de l'une ou de l'autre, dès qu'ils s'aventuraient hors des limites de leurs eaux respectives. Dans ces conditions, il était nécessaire de mettre à l'abri ces cargaisons et ces équipages — les marchandises et les hommes — en empêchant les vaisseaux de sortir des ports des États-Unis. Cette nécessité, plus ou moins impérieuse, devait aboutir à l'*Embargo* . Gallatin était d'avis de ne s'arrêter qu'à un embargo temporaire; il préférait une guerre à un embargo permanent, estimant qu'une pareille extrémité finirait par devenir préjudiciable aux intérêts privés des citoyens. Lorsque cet acte fut discuté à la Chambre et finalement voté, comme nous allons le voir, Randolph s'en fit l'ardent défenseur, quoique, en réalité, c'était s'incliner devant l'ultimatum de Napoléon, sans écarter la possibilité d'une guerre avec l'Angleterre. L'orateur le fit remarquer avec passion. Il jetait ainsi, de nouveau dans les débats, le cri d'alarme contre l'influence française, les Fédéralistes en prolongèrent les échos et, dans une discussion où il était ouvertement question des moyens de se défendre contre les prétentions de la Grande-Bretagne, passa, comme une menace, l'ombre redoutable de l'Empereur.

En tous cas, Jefferson fidèle à ses principes pacifiques, tout en évitant la guerre, était parvenu, sans trop de difficultés, à faire accepter par le pays une mesure hostile de défense qui ne rompait pas la paix.

Si cette mesure était surtout dirigée contre l'Angleterre, elle était aussi de nature à intéresser la politique française. Napoléon continuait, en effet, à exécuter son plan de domination et d'assujétissement en étant décidé à en finir avec l'Espagne. En dehors même de la question des Florides, le destin de l'empire espagnol ne pouvait être indifférent aux États-Unis.

Après la paix de Tilsitt, Napoléon pouvait se considérer comme le maître de l'Europe. Excepté le Danemark et le Portugal, tous les pays dont les côtes s'étendent de Saint-Pétersbourg à Trieste, étaient contraints d'obéir à sa loi. S'il n'avait pu débarquer en Angleterre pour la réduire par les armes, sur son propre sol, il était bien près maintenant de lui interdire le marché du monde entier. Dès le mois de juillet 1807, il fit savoir au Portugal que ses ports devaient être fermés au commerce anglais à partir du 1er septembre, sous peine, pour le royaume, d'être occupé par une armée franco-espagnole. Le Prince royal de Danemark fut averti qu'il avait à choisir entre une guerre avec l'Angleterre ou une guerre avec la France. Le tour des États-Unis, qui restaient sur le qui-vive, allait sans doute bientôt venir aussi. La question n'avait pas encore été tranchée définitivement de savoir si les navires américains et leurs cargaisons devaient tomber sous le coup du Décret de Berlin ou, conformément au traité de 1800, en demeurer exempts. L'Empereur se décida pour la négative, n'admettant pas qu'il pût y avoir une exception en faveur de l'Amérique, ce dont Armstrong fut avisé par Champagny, le 7 octobre 1807, en même temps que le navire américain *Horizon* , échoué près de Morlaix, fut déféré au Conseil des prises. L'attitude de l'Empereur, à l'égard de l'Union, semblait incohérente. Elle était voulue. À la protestation formulée par le représentant américain, Napoléon fit répondre que, puisque les États-Unis reconnaissaient l'absurde blocus inauguré par l'Angleterre, il était de toute équité de se soumettre aussi au blocus imposé par la France.

Évidemment, la France n'était pas plus bloquée par l'Angleterre que l'Angleterre par la France. À quel titre les Américains voulaient-ils se soustraire au contrôle des navires français? La France reconnaissait, certes, que ces mesures étaient injustes, illégales et contraires à toute souveraineté nationale; mais il était du devoir des nations de recourir à la force pour s'opposer à un état de choses qui les déshonorait en atteignant leur indépendance[52] .

Il est évident que de tels arguments, même pour la défense d'un mauvais cas, étaient plus honorables que ceux mis en avant par Spencer Perceval et Georges Canning. L'Empereur pouvait, en effet, dire que le tort fait à l'Amérique n'était que la conséquence de l'injure qu'il voulait infliger à l'Angleterre. Le Décret de Berlin ne s'opposait nullement à l'introduction directe de produits américains en France: il s'opposait simplement à l'introduction des produits anglais ou à la réception de navires venant d'Angleterre. Mais l'expression de ce désir devait être considérée comme une loi à laquelle Napoléon prétendait soumettre toutes les nations. Il le fit comprendre dans une audience donnée au corps diplomatique, à Fontainebleau, en octobre 1807, et de laquelle Armstrong rendit compte à son gouvernement.

Napoléon comptait-il sur la coopération de l'Amérique pour anéantir l'Angleterre? Peut-être. En cherchant à dégager le lien mystérieux qui existait entre le Décret de Berlin et les négociations compliquées au sujet de la Floride, on pouvait comprendre pourquoi l'Empereur faisait tour à tour miroiter, devant les yeux de Jefferson, la proie tant désirée, pour la faire disparaître aussitôt. Dès que le cabinet de Washington semblait vouloir lui glisser entre les doigts, vite, la Floride était remise sur le tapis avec la possibilité d'en hâter l'acquisition. En faisant ressortir la régularité de ce jeu diplomatique, Armstrong ne se trompait pas. Cependant, l'heure n'avait pas encore sonné d'avoir recours aux États-Unis: il fallait, avant tout, en finir avec l'Espagne.

Charles IV avait eu une velléité de révolte contre la volonté de l'Empereur, au moment où la Prusse vint se joindre à la quatrième coalition. En octobre 1806, le Prince de la Paix avait fait approuver par le roi, une proclamation qui appelait les Espagnols aux armes. La bataille d'Iéna remit les choses au point et la monarchie espagnole à deux doigts de sa perte.

Pour se rendre maître de l'Espagne, Napoléon chargea Junot de s'emparer du Portugal, mais il fallait encore leurrer le Roi et le Prince de la Paix.

Un projet de traité fut proposé à Izquierdo, d'après lequel le Portugal serait divisé en trois parties. La partie septentrionale, avec Oporto pour capitale, devait être donnée à la Reine d'Étrurie, à la place de la Toscane, désormais incorporée dans le royaume d'Italie. La partie méridionale pouvait être offerte au Prince de la Paix, en souveraineté indépendante. La partie centrale serait réservée par la France pour des arrangements ultérieurs. Un tel partage, quelque fantaisiste qu'il puisse paraître, pouvait encore se comprendre et se justifier; mais le dernier article du traité défie toutes les notions de la vraisemblance: Napoléon y promettait à Charles IV de le reconnaître comme Empereur de toutes les Amériques!

La mission de Junot en Portugal fut étrangement facilitée par un événement qui eut de grandes conséquences dans l'Amérique du Sud. Le Prince Régent de Portugal, ne pouvant résister à Napoléon, s'était embarqué sur ses vaisseaux, avec la famille royale et toute la cour, pour fonder un nouvel empire au Brésil. Cette résolution énergique permit à Junot d'entrer, sans coup férir, à Lisbonne. Vers la fin de décembre 1807, 25.000 hommes de troupes françaises étaient sur la route de Vittoria à Burgos, en marche sur Madrid. Le plan élaboré à distance et depuis si longtemps préparé, s'exécutait de point en point.

Napoléon lui-même avait regagné l'Italie et voyait son rêve s'accomplir avec une précision et une exactitude qui légitimaient ses ambitions les plus extravagantes. Son génie l'avait fait maître de l'Europe: rien ne pouvait plus lui résister. C'est ce qu'il se disait, sans doute, ce soir de 1807, dans cette vaste salle du palais de Mantoue, assis devant une grande table ronde, recouverte d'une carte d'Europe, où des épingles de couleurs variées marquaient des points stratégiques. À minuit, son frère Lucien, le récalcitrant, qu'il avait convoqué se présenta. L'Empereur voulait le faire divorcer et lui cherchait une compensation, s'il se soumettait à ses ordres. Lucien résistait.

—Choisis! me dit Napoléon, tandis que ses yeux resplendissaient d'un éclat orgueilleux qui me parut satanique, raconte Lucien dans ses mémoires. D'un geste large, il étendit sa main sur l'immense carte d'Europe étalée devant lui, sur laquelle nous étions penchés, et répéta:

—Choisis!... Tu vois que je ne parle pas en l'air. Tout ceci est à moi ou le sera bientôt... je puis en disposer dès à présent... Veux-tu Naples? Je peux la prendre à Joseph qui, entre parenthèse, n'y tient pas et préfère Mortefontaine... L'Italie!... Le plus beau joyau de ma couronne impériale! Eugène n'est que Vice-Roi, il espère, sans doute, que je la lui donnerai, ou que je la lui laisserai s'il me survit: il sera désappointé d'attendre, car je vivrai 90 ans!... Il faut que je vive pour la consolidation de mon empire... L'Espagne?... Ne vois-tu pas qu'elle va tomber dans le creux de ma main, grâce aux gaffes de ses chers Bourbons et aux folies de ton ami, le Prince de la Paix!... Ne serais-tu pas charmé de régner là où tu n'as été qu'un ambassadeur?... En un mot, que désires-tu? Parle! Quel que doive être l'objet de ton désir, je te l'accorde, à une condition cependant: que ton divorce précède le mien...»

Lucien refusa un royaume à de telles conditions. Le récit qu'il a fait de cette entrevue[53] peut sembler un peu dramatisé; il est du moins symptomatique, il nous montre le grand Empereur, sûr de lui-même, sûr de sa destinée, se croyant sûr aussi des siens, parfaitement libre de prendre et de distribuer des royaumes, à la veille d'humilier à jamais l'Angleterre.

L'Espagne, les colonies espagnoles si intimement liées au commerce américain, devaient contribuer à cette fin. Napoléon connut en Italie les ordres en conseil émis par Spencer Perceval, qui eurent pour première conséquence une attitude hostile de la Russie envers l'Angleterre. Il n'y avait plus de neutres, excepté la Suède qui se vit exposée aux ressentiments de la Russie et des États-Unis. En réponse à ces ordres en conseil et sans même prévenir le Président Jefferson, l'Empereur aggrava l'édit de Berlin par celui de Milan (17 novembre 1808).

Cet édit, considérant que les actes du gouvernement anglais dénationalisaient simplement les navires de toutes les nations européennes, que tous les souverains de ces nations avaient au contraire le droit de défendre l'indépendance de leur pavillon, stipulait:

- 1° «Que tout bâtiment, de quelque nation qu'il soit, qui aura souffert la visite d'un vaisseau anglais, ou se sera soumis à un voyage en Angleterre, ou aura payé une imposition au gouvernement anglais, est, par cela seul, déclaré dénationalisé; il a perdu la garantie de son pavillon et est devenu propriété anglaise; il sera déclaré de bonne et valable prise.
- 2° Que tout bâtiment, de quelque nation qu'il soit, quel que soit son chargement, expédié des ports d'Angleterre ou des colonies anglaises, ou des pays occupés par les troupes anglaises, ou allant en Angleterre ou dans les colonies anglaises, ou dans les pays occupés par des troupes anglaises, est de bonne prise.

- 3° Que ces mesures cesseront d'avoir leur effet pour toutes les nations qui sauraient obliger le gouvernement anglais à respecter leur pavillon; elles continueront à être en vigueur pendant tout le temps que ce gouvernement ne reviendra pas au principe du droit des gens qui règle les relations des états civilisés dans l'état de guerre. Ces dispositions seront abrogées et nulles par le fait, dès que le gouvernement anglais sera revenu aux principes du droit des gens, qui sont aussi ceux de la justice et de l'honneur.»

Ces actes d'hostilité entre la France et l'Angleterre tendaient naturellement à anéantir tout commerce régulier. Les nations qui s'étaient soumises ou qui avaient dû se soumettre au blocus continental, ne tardaient pas à en sentir tous les inconvénients et cherchèrent à s'en affranchir. Le système poussé jusqu'à ses dernières limites aboutissait à l'absurde. La Suède et la Hollande furent les premières à s'en détacher. L'Empereur Alexandre lui-même, malgré les assurances données à Tilsitt, comprit bientôt qu'il était impossible de vaincre la mer par la terre et encore moins «d'empêcher ses sujets de vendre les produits de leur sol et de s'approvisionner au mieux de leurs intérêts[54] »; il se vit donc obligé de modifier la direction de sa politique et de s'opposer aux vues de Napoléon, —ce qui aboutit à la campagne de Russie,— campagne néfaste qui, comme nous allons le voir, sera indirectement provoquée aussi par l'intervention commerciale des États-Unis d'Amérique.

Chapitre IX

L'EMBARGO ET LES CONSÉQUENCES DE LA GUERRE D'ESPAGNE.

La situation grave, tendue à l'excès, créée par Napoléon en Europe, remuait, en Amérique, les fibres les plus sensibles et les plus profondes, touchant aux questions les plus délicates de constitution et de tendances raciques. L'éternelle alternative, faisant pencher les États-Unis, tantôt du côté de la France et tantôt du côté de l'Angleterre, ne pouvait que trouver un aliment nouveau dans ces conditions troublées. Mais troublées aussi devaient être les idées directrices des partis. Les Fédéralistes, naturellement, ne pouvaient oublier leurs classiques sympathies pour le régime anglais. Les Républicains, amis de la France, ne pouvaient accorder une admiration soutenue au général de la Révolution française, devenu Empereur des Français et ayant transformé dans un sens monarchique les institutions libérales dont il était issu. Tous, enfin, ne pouvaient faire abstraction de leur origine anglo-saxonne.

L'embargo décrété contre les navires anglais, qui lésait d'ailleurs aussi les intérêts français, n'avait pas été approuvé par tout le monde. Dès le mois de décembre 1807, des critiques et des opposants crièrent, bien inconsidérément, à l'influence française et Jefferson fut taxé de Bonapartiste. On l'accusait de servilité à l'égard de Napoléon,—ce qui était faux car, à cette époque même, il ne se trouvait nullement en bons termes avec le gouvernement français. Et Turreau, loin d'exercer une action sur les décisions du Président, se plaignait plutôt de son attitude anti-française. Il accusait le cabinet de Washington de fausseté[55] . Il accusait les représentants de tous les partis, dont l'opinion était comme le résumé de l'opinion publique, de s'opposer à tout projet qui pourrait déplaire à la Grande-Bretagne et de rendre ainsi toute guerre impossible entre les États-Unis et leur ancienne métropole, dont l'influence occulte ne pourrait jamais être détruite. À chaque instant on reprochait au ministre de France les décrets de Napoléon, qui avaient complètement modifié les dispositions favorables des membres du Congrès. C'était sans doute un prétexte pour expliquer leur indifférence ou leur inaction, quoique, aux yeux de Turreau, les mesures prises par le gouvernement français ne pouvaient pas être comparées aux excès et aux outrages infligés par l'Angleterre aux États-Unis.

En janvier 1808, Champagny avait adressé à Armstrong une lettre dans laquelle il défendait les décrets de Berlin et de Milan[56] . Cette lettre, qui, en termes énergiques, exprimait la pensée de Napoléon, résumait, en somme, la situation faite aux États-Unis par la rivalité de la France et de l'Angleterre. Elle contenait des vérités qui froissèrent les Américains. En faisant l'énumération des griefs, elle faisait ressortir que l'union américaine avait à souffrir, plus qu'aucune autre puissance, des agressions de l'Angleterre. La guerre entre les deux nations devait en être la conséquence inévitable, car il n'était pas admissible, pour l'intérêt et la dignité des États-Unis, d'accepter le principe monstrueux et l'anarchie que le gouvernement anglais voulait faire prévaloir sur mer. Et l'empereur considérait cette guerre comme étant déclarée en fait depuis le jour où l'Angleterre avait publié l'exécution de ses ordres en conseil. En d'autres termes, c'était inviter les États-Unis à prendre parti entre la France et l'Angleterre et préjuger, sinon même imposer une action en faveur de la France contre l'Angleterre.

Armstrong envoya cette lettre à Jefferson: elle constituait un ultimatum d'un nouveau genre. Aucune nation indépendante ne pouvait s'y soumettre.

Devant l'agitation que produisit la lecture de ce factum au Congrès, le Président demanda inutilement d'en garder le secret. Mais les Fédéralistes trouvèrent, au contraire, dans sa publication, un prétexte, trop longtemps cherché, pour tourner contre la France l'antipathie que le peuple nourrissait contre l'Angleterre. C'était tout profit pour eux et l'Empereur leur fournissait lui-même les moyens de constituer un parti anglais, parti que Rose, l'envoyé de Canning, n'avait pu réussir à former. Pickering n'hésita pas à se faire l'instrument de ce parti, en cherchant à l'organiser et à le développer, du moins dans le territoire de ce qui fut la Nouvelle Angleterre. Il demandait, en échange, au gouvernement anglais, de soutenir une propagande énergique contre les Républicains. Ce faisant, Pickering agissait en conspirateur rebelle, tombant sous le coup de la loi qu'il avait lui-même contribué à faire voter quand il était Secrétaire d'État et, aux termes de laquelle, tout citoyen des États-Unis qui, sans autorisation officielle, se mettait en relation avec un gouvernement étranger, était passible de peines sévères. Il s'imaginait pouvoir se mettre au-dessus de cette loi, étant persuadé que Jefferson était lié, par engagement secret, avec Napoléon, dans le but de collaborer à la ruine de l'Angleterre.

Il affirmait que, dans son message en faveur de l'embargo, le Président n'avait pas invoqué des raisons suffisantes pour justifier cette grave mesure, qu'il devait y avoir des motifs cachés au public. Lesquels? L'Empereur avait-il exigé qu'il n'y eut plus de neutres? Avait-il exigé aussi que les ports américains, ainsi que ceux des États d'Europe, ses vassaux, fussent fermés au commerce anglais? L'embargo, insinuait-il, n'était peut-être qu'une forme adoucie et complaisante par laquelle on répondait, d'une façon déguisée, à des ordres impératifs. De tels procédés mèneraient graduellement à une guerre avec l'Angleterre, ou à une soumission honteuse à la France. En les dévoilant, Pickering attirait sous sa bannière les Fédéralistes, avec d'autant plus de facilité que les mesquineries de la politique intérieure disparaissaient de la sorte sous un semblant de patriotisme.

Cependant, il ne fallait pas se payer de mots. L'embargo, tel qu'il existait et fonctionnait, avait été une réponse nécessaire aux ordres en conseil, à toutes les vexations du gouvernement anglais et ceux qui voulaient le supprimer, Pickering en tête, malgré leurs sentiments anti-français, se voyaient, quand même, acculés à une guerre avec la Grande-Bretagne. Ils arrivaient donc au résultat désiré par Napoléon. Il n'y avait pas d'autres expédients[57] , à moins de soumettre le commerce américain aux licences et aux taxes anglaises, ce qui équivalait à abdiquer toute souveraineté nationale et, en réalité, on pouvait accuser les Fédéralistes qui, en 1801, avaient la prétention de représenter le parti national d'Amérique, de n'être plus qu'une faction anglaise aux ordres du cabinet de Saint-James. Cette faction remuante pouvait devenir d'autant plus dangereuse qu'elle entretenait des relations secrètes avec Sir James Craig, gouverneur du Bas-Canada, à Québec, lequel avait grand intérêt à être renseigné sur ce qui se passait aux États-Unis. Un nommé John Henry, Anglais de naissance, Américain d'habitudes, qui était reçu dans les cercles officiels et mondains de Boston, joua, en cette occurrence, un rôle équivoque d'ambassadeur aventurier, qu'en des termes moins pompeux, on peut appeler espion. Il s'entremit habilement, et, grâce aux renseignements qu'il sut fournir, il contribua à faciliter une alliance entre les Fédéralistes de la Nouvelle Angleterre et les Tories anglais. Cette alliance, qui devait aboutir au parti anglais préconisé par Pickering, s'appuyait sur la nécessité, soi-disant urgente, d'inaugurer une politique extérieure conforme au principe anglo-saxon: avec beaucoup plus de force, elle tendait vers une politique intérieure anti-républicaine et ses coups les plus perfides étaient dirigés contre Jefferson.

Jefferson, cependant, ne se laissa pas intimider. Il demeura fermement attaché à la théorie de l'embargo, avec toutes les conséquences qu'elle comportait. Ces conséquences allaient dépasser les intentions même de l'auteur. Des Républicains avisés, même des partisans de l'embargo limité à une certaine durée, commençaient à s'apercevoir des inconvénients d'un embargo d'une durée illimitée. Le démocrate Even Sullivan, gouverneur du Massachusetts fédéraliste, fit ressortir combien cet État était atteint par les restrictions commerciales qui troublaient de fond en comble le jeu des importations et exportations. Les fonctionnaires des douanes avaient peine à faire respecter les prescriptions légales et partageaient en beaucoup d'endroits le mécontentement du public. Le long des côtes du Maine et de la frontière du Canada, la contrebande menaçait de prendre des proportions inquiétantes, et, dans toute la région, l'insurrection fut sur le point d'éclater. Sur plusieurs points, il y eut des rencontres sanglantes.

Si la rue était agitée, au sein du gouvernement lui-même, les dissensions se firent jour. À l'inébranlable fermeté de Jefferson, Madison opposait l'hésitation du doute. Robert Smith semblait craindre les excès et les complications de toutes sortes, fruits de l'embargo et, si Gallatin prenait froidement toutes les mesures pour faire respecter la loi, c'était par devoir et non sans exprimer parfois la peur des plus graves bouleversements. Tous les opposants, fédéralistes comme républicains, se rencontraient pour émettre cette affirmation: — «La constitution avait donné le pouvoir au Congrès pour régler le commerce avec des nations étrangères, entre les divers États et avec les tribus indiennes, — mais elle ne lui avait pas donné le pouvoir d'empêcher le commerce avec les nations étrangères».

Ainsi, l'embargo qui avait été voté par le Congrès, sur l'insistance de Jefferson, était une mesure imposée par la situation intolérable rejaillissant sur le commerce des neutres, à la suite des ordres en conseil et des décrets de Napoléon. En Amérique, cette mesure risquait de mettre de nouveau aux prises les partis d'une politique opposée et intransigeante, de répandre dans la jeune union la désunion et l'insurrection; mais, considérée en soi, elle était une des formes atténuées peut-être mais inévitables que prenait, dans le temps, l'évolution d'un pays qui était né et qui s'était développé entre la rivalité de la France et de l'Angleterre.

À un point de vue plus élevé, l'embargo, aux yeux du président Jefferson, répondait à un idéal politique qui ne manquait pas de grandeur. Pour lui, c'était le seul moyen d'échapper aux horreurs de la guerre qui, dans sa préparation comme dans son exécution, entraînait des brutalités coutumières au vieux monde, qu'il voulait épargner au nouveau monde. En cela, il demeurait fidèle au principe des ancêtres puritains qui, ayant rompu avec la mère-patrie, prétendaient fonder un État sur des bases de pureté sociale et religieuse. Ils n'y parvinrent pas toujours[58] . Et, à mesure que la politique américaine tendait à devenir plus mondiale, la réalisation de cette possibilité devenait plus aléatoire. Le moyen que préconisait Jefferson pour éloigner des États-Unis, ce qu'il appelait les vices, les crimes et les corruptions de l'Europe, si louable fut-il, le prouvait abondamment. Sous prétexte de résister aux ingérences étrangères, on marchait simplement à la ruine intérieure. Nous avons vu les résistances soulevées dans tous les partis par l'embargo. Ce fut bientôt un *tolle* général. Car, enfin, s'il s'agissait d'éviter la guerre avec ses conséquences qui peuvent non seulement détruire toutes les ressources vitales, mais modifier la forme d'un gouvernement, avec le système de l'embargo, on risquait d'aboutir aux mêmes résultats. Son application stricte entraînait une telle diminution des libertés individuelles et des droits de propriété, qu'à ce point de vue, de longues guerres étrangères n'auraient pas occasionné plus de maux. Si les libertés américaines, au nom desquelles on avait combattu, devaient périr, mieux valait les voir tomber sous les coups d'une guerre, dans la mêlée sanglante mais glorieuse des champs de bataille, que de les exposer à être étouffées par un système de restrictions appelé de *non-intercourse* , qui se composait de petites aspirations et de petits moyens.

Économiquement parlant, les pertes étaient immenses, elles augmentaient tous les jours. Le commerce était complètement annihilé, puisque, aux entraves provenant des Ordres en conseil et des Décrets de Napoléon, venaient s'ajouter les vexations de cet embargo qui paralysait toute initiative des citoyens, de sorte que les mesures hostiles prises par l'Angleterre et la France étaient, pour ainsi dire, aggravées par des mesures édictées par le gouvernement américain contre les Américains eux-mêmes. Si, à première vue, l'embargo semblait préférable aux excès d'une guerre, puisqu'il n'exposait pas le pays aux massacres, aux exécutions brutales, aux méthodes immorales que la guerre impose, à y regarder de près, il ouvrait une ère de corruption en invitant chaque citoyen à se soustraire frauduleusement aux prescriptions de la loi. Au point de vue social, le résultat était déplorable. Certes, la patrie n'était pas en danger. Mais ce danger eût été préférable; il eût peut-être fait surgir un héros, tandis que, dans l'état actuel des choses, on ne pouvait rencontrer que des contrebandiers et des traîtres. L'idéal que Jefferson voulait réaliser tournait donc contre lui et le résultat final aboutissait à un fléchissement considérable de la moralité nationale.

On pouvait cependant expliquer et excuser.

À un moment donné, sans qu'on sût trop pourquoi, tout commerce avec l'étranger avait été supprimé. Et alors, subitement, sur un ordre donné qui souffla sur toutes les côtes comme un vent de mort, l'ouvrier laissa tomber son outil, le marchand ferma ses portes, chaque navire fut désarmé. Tout ce que produisait l'Amérique: le froment, le bois, le coton, le tabac, le riz, autant de richesses qui s'accumulaient en pure perte, ne pouvant être achetées ni vendues. La faillite et le chômage augmentaient chaque jour l'armée des mécontents et des criminels. On eût dit les atteintes d'un mal mortel empoisonnant, soudain, les sources vives de la nation. Lambert[59] , qui vit New-York en 1808, la décrit comme une ville frappée d'inanition. Mais ce fut surtout au Nord, à Boston, dans toute la Nouvelle Angleterre, que les conséquences de l'embargo furent ressenties avec le plus d'horreur. Et les habitants n'eurent scrupule d'exhaler leur mécontentement. Tous se rencontrèrent en un cri de réprobation à l'adresse de Jefferson. Ce fut l'époque où William Cullen Bryant, encore adolescent, inaugura les chants de sa lyre démocratique en attaquant le démocratique Président, dans la fameuse satire intitulée: *The Embargo* [60] où il n'hésita pas à mettre en vers les invectives que ses adversaires politiques avaient souvent adressées à Jefferson en prose:

«And thou, the scorn of every patriot name,
Thy Country's ruin, and her councel's shame.
....
Go wretch! Resign the Presidential chair,
Disclose thy secret measures, foul or fair;
Go search with curious eye for horned frogs
'mid the wild waste of Louisiana bogs;
Or where Ohio rolls his turbid stream
Dig for huge bones, thy glory and thy theme.»
....

Jefferson vendu à la France: c'était le refrain qui alimentait le fond de la haine populaire.

En réalité, tout le poids de l'embargo tombait sur les États du Sud. La Virginie était atteinte en première ligne, mais malgré toutes les menaces de ruine qui devenaient flagrantes, elle s'obstinait à demeurer fidèle au système de son président qui fut touché lui-même dans sa propre fortune. On en arrivait donc à connaître, d'un côté, tous les inconvénients d'une guerre, et de l'autre, toutes les perturbations d'une révolution politique. Partout, les Fédéralistes prirent le dessus. Le parti républicain fut sauvé par New-York et par la démocratique Pennsylvanie aux élections de 1808. En tous cas, la grande popularité de Jefferson était bien morte et il devint nécessaire que l'embargo fût supprimé.

Pendant que les États-Unis se débattaient dans cette crise, Napoléon s'apprêtait à porter le coup de grâce à l'Espagne. L'Amérique ne pouvait demeurer indifférente à cette tentative qui, en cas d'échec comme en cas de succès, allait avoir une grande répercussion sur l'avenir de l'Union. L'Espagne vaincue verrait ses vice-royautés américaines secouées d'un frisson d'indépendance et de révolte, l'Espagne résistante arrêterait la marche dominatrice de Napoléon: d'un côté comme de l'autre, le cabinet de Washington avait à prendre des décisions importantes et efficaces.

Dès février 1808, Murat devait occuper Madrid et l'amiral Rosily, commandant une flottille française à Cadix, avait ordre de barrer la route à la cour d'Espagne, dans le cas où elle aurait l'intention d'imiter celle de Lisbonne. Godoy eut, en effet, un instant, l'idée de fuir avec le roi jusqu'au Mexique. Un soulèvement populaire empêcha l'exécution de ce projet. L'empereur eut, de la sorte, un prétexte tout trouvé pour prendre possession de Madrid par son armée qui protégeait le roi contre tout acte de violence. Puis, ce fut le départ de Napoléon pour Bayonne où devaient être rassemblées ces épaves de l'antique monarchie espagnole: Charles IV, la Reine, Ferdinand, le Prince de la Paix, Pedro Cevallos,—autant de débris fossiles d'un régime suranné, présentés à la curiosité du grand parvenu. Il les vit et les jugea[61] . Le roi lui sembla un bon patriarche. La reine portait sur sa face son cœur et son histoire: il n'y avait qu'à la voir pour comprendre sa vie. Le Prince de la Paix avait l'aspect d'un taureau. Quant au prince des Asturies: le dernier des crétins. À côté de lui, le roi de Prusse eut passé pour un héros, en comparaison. Ce falot Bourbon d'Espagne semblait indifférent à tout, n'ouvrait pas la bouche, excepté pour manger,—ce qui lui arrivait quatre fois par jour et l'empêchait de penser.

Napoléon offrit le trône d'Espagne à son frère Joseph.

Les Espagnols se rendirent compte que leur patrie n'était plus qu'une province française. Le 2 mai 1808, une insurrection à Madrid fut réprimée dans le sang, par Murat. Ce mouvement populaire prouvait que l'antique patriotisme des

Hidalgos n'était pas mort. Cependant, il était à double portée. S'il constituait la pierre d'achoppement contre laquelle la fortune de Napoléon trouva son premier arrêt, il donnait aussi le coup mortel qui agrandit les fissures par lesquelles allait s'émietter et se dissoudre l'empire de toutes les Espagnes.

Et d'abord, la politique de l'Empereur avait si étrangement embrouillé les idées directrices des nationalités, que les événements d'Espagne soulevèrent les sympathies les plus hétérogènes. Les Espagnols, au loyalisme si ardent, devinrent un instant des démocrates, les monarchies les plus despotiques de l'Europe trouvèrent leur intérêt à soutenir des tendances républicaines et révolutionnaires, tandis que la République des États-Unis, ce refuge de toutes les libertés, se rangea du côté de l'oppresseur, parce qu'elle comprenait, ce qui était clair comme le jour, que la dislocation des vastes possessions espagnoles devait lui profiter en première ligne et fatalement. Dans ces conditions, la révolution espagnole provoquée par l'Empereur des Français, dans un intérêt dynastique et au profit d'une ambition monarchique, ouvrait à l'Amérique du Nord un horizon immense où promettaient de s'épanouir toutes les fleurs de la démocratie.

Napoléon, en frappant de mort la monarchie espagnole qui, depuis des siècles, avait elle-même absorbé toutes les forces du pays, brisa, du même coup, le lien déjà relâché qui rattachait encore les colonies espagnoles à la métropole. En imposant sa domination à l'Europe, il avait semé, par contre, un vent d'indépendance qui souffla de l'Amérique du Nord à l'Amérique du Sud.

Cependant, il était parvenu à l'apogée de sa puissance. Il crut que son rêve pourrait se réaliser enfin: consommer la ruine de l'Angleterre en chassant sa flotte, son commerce, de la mer Méditerranée, de l'Océan Indien, des eaux américaines, projet gigantesque qui demandait la reconstitution et la collaboration des forces navales de France, d'Espagne et de Portugal, en vue d'expéditions projetées qui devaient occuper Ceuta, l'Égypte, la Syrie, Buenos-Aires et l'Inde...

Après avoir essayé de vaincre la mer par la terre, Napoléon voulait vaincre la mer par la mer. Mais quelle puissance humaine le peut? On trouve la trace de ces préoccupations un peu chimériques, dans sa correspondance. À Decrès[62] il écrivait — sentant sans doute la réalisation de ces projets trop lointaine — que la simple menace de ces opérations suffirait à jeter la panique à Londres. Surtout une expédition dirigée contre l'Inde devait être très préjudiciable à l'Angleterre qui serait ainsi paralysée dans l'exécution des mesures hostiles prises contre la France et contre l'Amérique.

Pour entreprendre une telle expédition, Napoléon avait évidemment besoin de soumettre l'Espagne à sa loi; il lui fallait aussi l'appui de l'Amérique latine et des États-Unis du Nord. Trop délibérément il traita ces derniers comme dépendant déjà de son gouvernement, en signant le 27 avril 1808 le Décret de Bayonne qui ne fut qu'une aggravation des Décrets de Berlin et de Milan. Aux termes de ce nouveau Décret, tous les navires américains qui entreraient dans un port de France, d'Italie ou des villes hanséatiques, devaient être saisis, sous prétexte que, depuis le fonctionnement de l'embargo, tout navire appartenant aux États-Unis ne pouvait naviguer sans violer la loi, à moins de se munir de faux papiers délivrés par l'Angleterre. Cette interprétation trop catégorique allait encore donner lieu à des revirements subtils de politique et de diplomatie.

Entre les allures autoritaires et dominatrices de Napoléon et l'attitude intransigeante de l'Angleterre, quelle pouvait, en effet, être la politique des États-Unis? Devenir l'instrument de la France contre l'ennemi héréditaire ou être exposé à voir confisquer toutes les cargaisons des navires qui entreraient dans les eaux françaises, constituait une alternative d'autant plus pénible qu'elle était imposée sur un ton comminatoire, inacceptable par une nation indépendante. Encore une fois, comme l'occurrence s'était déjà présentée aux dates importantes de l'histoire de l'Amérique du Nord, la distance qui séparait la grande république américaine des deux monarchies belligérantes la sauva des interventions et des décisions immédiates. Les diplomates qui représentaient le cabinet de Washington à Paris et à Londres furent chargés, chacun en ce qui le concernait, et tout en sauvegardant la dignité de leur patrie, d'ouvrir la voie à des explications amicales et respectueuses[63] .

Mais quelles pouvaient être les explications amicales de Napoléon?

Évidemment, s'il invitait avec tant d'énergie les États-Unis à se joindre à lui contre l'Angleterre, il devait, en retour, s'entremettre auprès de l'Espagne pour la cession des Florides aux Américains. Mais ceux-ci prétendaient, avant tout, maintenir leur neutralité parmi les puissances intéressées, sans vouloir se mêler directement aux vicissitudes d'une guerre qui agitait une si lointaine partie du monde, même au prix d'un grand avantage les concernant particulièrement.

Dans cette situation troublée, Armstrong, le Ministre des États-Unis en France, redevint soudain le soldat qu'il avait toujours été: il conseilla tout simplement de s'emparer des Florides sans délai. Jefferson trouva l'avis impraticable, d'autant plus que Champagny faisait savoir à Turreau que, jusqu'à présent, l'Empereur n'avait pas encore appliqué strictement le décret de Bayonne: sa conduite à l'égard des États-Unis s'inspirerait de la conduite des États-Unis à l'égard de l'Angleterre. Champagny ajoutait que, si l'Angleterre esquissait le moindre mouvement hostile contre les Florides, l'Empereur ne verrait aucun inconvénient à ce que les Américains fissent avancer leurs troupes pour se défendre.

C'était autant de sollicitations à ouvrir les hostilités et à conclure, par conséquent, une alliance avec la France.

Mais Jefferson et Madison éludaient la réponse catégorique attendue par Turreau. Quand celui-ci objectait que le cabinet de Washington était sorti d'une neutralité impartiale en traitant les deux puissances belligérantes et rivales sur le même pied d'égalité, tandis que l'attitude de ces deux puissances n'était nullement la même à l'égard de l'Union, le Président affirmait qu'il n'y avait aucune comparaison à établir entre la France et l'Angleterre au point de vue des vexations dont les États-Unis avaient à souffrir. Aussi l'embargo, qui semblait s'attaquer également à la France et à l'Angleterre, était, en réalité, beaucoup plus préjudiciable à celle-ci qu'à celle-là, par la bonne raison que l'Angleterre possédait un plus grand nombre de colonies et que les ressources locales de ces colonies laissaient à désirer.

Devant de telles hésitations du cabinet de Washington, qui étaient autant de fins de non recevoir, Napoléon reprit son jeu de bascule coutumier. Quand Armstrong exprima à Champagny la satisfaction du gouvernement américain pour l'approbation impériale permettant une occupation anticipée des Florides, Napoléon joua l'étonnement et l'indignation. Il fit répondre par Champagny à Armstrong que cette allusion à l'occupation des Florides était incompréhensible, qu'en tous cas les Américains, étant en paix avec les Espagnols, ne pouvaient occuper les Florides sans l'autorisation du Roi d'Espagne[64] . Et Champagny ajouta avec une certaine effronterie que jamais il n'avait été question de soutenir une occupation des Florides par les Américains sans cette formelle autorisation, que «l'Empereur n'avait ni le droit, ni le désir d'autoriser une infraction de la loi internationale, contraire aux intérêts d'une puissance indépendante, son alliée et son amie».

Ce revirement, pratiqué avec une dextérité toute latine qui désempara un peu la mentalité anglo-saxonne d'Armstrong, eut pour conséquence de faire appliquer plus strictement le Décret de Bayonne, c'est-à-dire, de faire saisir tous les biens et tous les navires américains. Le cabinet de Washington refusait de s'incliner, sans condition, devant la volonté de Napoléon: Napoléon se vengeait.

L'Espagne, dont il croyait avoir fait l'instrument de sa politique, allait se venger à son tour et tirer, en même temps, les États-Unis d'embarras.

Les difficultés que rencontra Joseph Bonaparte à maintenir sa royauté éphémère, contenaient en germe l'échec du plan si passionnément élaboré par l'Empereur.

En juillet 1808, Dupont capitula à Baylen, laissant une vingtaine de mille hommes entre les mains d'une poignée de patriotes espagnols. La flotte française dût se rendre à Cadix et Joseph quitter Madrid pour mettre sa vie en sûreté, en fuyant avec l'armée intacte, au-delà de l'Ebre. Ce ne fut pas tout, on le sait. Le 1er août, Wellesley avait débarqué à quelques lieues au nord de Lisbonne et marchait sur cette capitale. Junot, après la bataille de Vimeiro, se replia sur Cintra où il consentit à évacuer le Portugal, à la condition que les 22.000 hommes qui composaient son armée fussent ramenés en France par mer.

Pour la première fois, le génie de Napoléon se voyait entravé dans son élan magnifique. Par un effort désespéré, l'Espagne et le Portugal s'étaient libérés, du même coup, de Napoléon et des Bourbons. Évidemment, l'Empereur avait encore ses armées intactes et sa présence, à la tête de ses forces militaires, pouvait réparer ces premiers désastres. Mais irréparable était la perte des ports de Cadix et de Lisbonne, irréparable l'anéantissement des flottes et des magasins, seules bases sur lesquelles pouvait s'appuyer et se développer la puissance maritime de la France, seuls moyens aussi, pour Napoléon, de mettre à exécution, dans les conditions indiquées, son rêve de domination universelle. Ce rêve venait de s'évanouir dans les brouillards de l'Océan.

Le grand Empereur avait un instant vaincu la mer par la terre; sa tentative de vaincre la mer par la mer venait d'échouer. L'Angleterre pouvait reprendre la maîtrise de l'Océan, les colonies espagnoles étaient hors d'atteinte: l'Amérique, qu'elle fût, au nord, dirigée par l'esprit d'indépendance plus ou moins puritaine des Anglo-Saxons, ou, au sud, imprégnée d'autocratie latine, pouvait poursuivre désormais les libres voies de sa destinée.

Chapitre X

LES ÉTATS-UNIS ET LA RUSSIE.

Après avoir réuni, à Erfurt, tous les rois de toutes les Allemagnes, dans le but de resserrer son alliance avec l'empereur Alexandre et, rassuré sur les intentions de l'autocrate de toutes les Russies qui ne s'était pourtant pas livré entièrement, Napoléon comme on l'a vu, avait pu consacrer tous ses efforts à la campagne d'Espagne qu'il conçut avec sa maëstria ordinaire, —mais il est des concours de circonstances naturelles et morales contre lesquelles les plus géniales méthodes s'exercent en vain.

Lorsqu'au mois d'août 1808, Napoléon apprit à Bordeaux la capitulation de Dupont à Baylen et celle de Rosily à Cadix, sa perplexité fut grande. Peut-être eût-il l'intuition que le but qu'il cherchait à atteindre dans la péninsule lui échappait avec toutes les conséquences sur lesquelles il avait espéré pouvoir compter. Que lui importait maintenant d'occuper militairement une grande partie de l'Espagne, s'il n'occupait plus Cadix ni Lisbonne et si le Mexique, Cuba, le

Brésil et le Pérou menaçaient de se jeter dans les bras de l'Angleterre?

Pour la première fois, le grand capitaine, le grand politique hésita. S'il renonçait à son plan espagnol, c'était avouer l'échec final auquel était destiné tout le système qu'il prétendait instaurer. Il remit le sort de l'Espagne entre les mains de ses lieutenants et se prépara à faire face à l'orage qui s'amoncelait dans l'Europe centrale.

Essayons de comprendre les contre-coups que ces événements ont exercés sur la politique des États-Unis.

Sur ces entrefaites, Madison avait succédé à Jefferson, à la Présidence. On avait reproché à Jefferson sa soi-disant complaisance à l'égard de Napoléon. La nouvelle administration chercha à se laver de ce soupçon en insistant auprès du gouvernement français pour obtenir les réparations aux dommages causés depuis 1803 et qui, malgré les promesses de l'Empereur, demeuraient lettres mortes. Quant aux restrictions commerciales, dont elle demandait la suppression, Champagny répondit à Turreau que, souscrire à cette demande, serait introduire des exceptions qu'il faudrait étendre à tous les peuples, ce qui permettrait à l'Angleterre de trouver de nouvelles ressources pour continuer la guerre. Napoléon ne se montrait donc pas enclin à la conciliation. À partir de ce moment, se dessina en Amérique un mouvement foncièrement anti-français, non seulement parmi les Fédéralistes, ce qui était constant, mais aussi parmi les Républicains, ce qui était plus significatif. De sorte que la suppression de l'embargo, en donnant une certaine satisfaction à l'Angleterre, pouvait aussi être considérée comme un affranchissement de tout contact impérial.

Tous les représentants du grand commerce américain qui avaient eu tant à se plaindre des effets de l'embargo, aspiraient à la reprise des affaires et, comme ces affaires étaient surtout brillantes avec l'Angleterre, la France risquait de se voir rejetée, pour maintenir son influence en Amérique, dans les menées d'une diplomatie occulte, allant jusqu'à spéculer sur la possibilité d'une scission qui pourrait se produire entre les États du Nord formés par la Nouvelle-Angleterre où la vieille Angleterre avait toujours des partisans, et les États du Sud, où la France aurait quelque chance de poser les bases d'un parti puissant[65] .

Le cabinet de Washington fut encore obligé de louvoyer entre la mauvaise humeur des ministres britanniques et la hauteur dominatrice du conquérant français. L'embargo, ostensiblement dirigé contre les ordres en conseil, avait été aussi une réponse aux décrets de Napoléon et le commerce de la France et celui de l'Angleterre étaient également atteints parce que, en réalité, si ces deux pays s'en prenaient à l'attitude de l'Amérique, ils savaient bien, au fond, qu'ils l'avaient, pour ainsi dire, provoquée par les exigences de leur rivalité.

Depuis la suppression de l'embargo par les États-Unis, l'opinion publique admettait parfaitement en Angleterre la suppression aussi des ordres en conseil. C'est sans doute pour hâter la fin de l'embargo et pour donner satisfaction à ce courant d'idées qu'en avril 1809 les ordres en conseil de novembre 1807 furent remplacés par un nouvel ordre qui devait ouvrir au commerce des neutres tous les ports ne dépendant pas de la France,—ce qui permettait de faire retomber sur la France les conséquences vindicatives de décrets ayant pour but d'atteindre l'Angleterre.

L'Amérique pouvait s'imaginer avoir gain de cause. À y regarder de près, ce nouvel ordre n'était qu'un bon billet,—nous ne disons pas: un chiffon de papier,—c'était une simple concession. En effet, si la marine anglaise devait bloquer la Hollande, la France et l'Italie du nord, dans le but unique de mettre le commerce anglais à la place du commerce des neutres, le nouveau système ainsi préconisé ne valait guère mieux que l'ancien. Cependant les ordres en conseil avaient été révoqués, en apparence du moins, justifiant, de la sorte, la chute de l'embargo, — œuvre de Jefferson. Quel coup pour le Président! C'était le coup de grâce donné à sa politique et on a vu qu'il en fut atteint d'une façon irréparable. Ce coup fut adouci par la subtilité adroite des républicains qui, ne voulant pas laisser aux Fédéralistes tout le profit de ce grand changement, firent imprimer, dans le «National Intelligencer» du 28 avril 1809, cette phrase à la fois jésuitique et consolatrice:

«Grâces soient rendues au sage qui se repose maintenant si glorieusement sous les ombrages de Monticello!.. On peut hautement affirmer que la révocation des ordres en conseil est due à l'embargo!»

Cet hommage indirect et mérité, dans une certaine mesure, rendu à Jefferson, retombait sur tout le parti républicain. Mais la situation générale n'en demeura pas moins troublée et soumise à tous les revirements de la politique européenne.

Le cabinet de Saint-James continuait ses intrigues. Les difficultés diplomatiques soulevées par Erskine qui, trop conciliant, fut désavoué par Canning, aggravées par Jackson son successeur qui, trop insolent, fut renvoyé, prouvaient bien qu'au fond l'Angleterre et les États-Unis ne pouvaient s'entendre. Malgré tout, devant l'attitude ondoyante de la diplomatie française, la suppression de l'embargo, en mettant le commerce américain entre les mains de la Grande Bretagne, constituait, par cela même, une mesure de protection solidaire venant s'ajouter à toutes les velléités de résistance désespérée qui se dessinait partout contre les affirmations de domination universelle, de plus en plus impérieusement proclamées par Napoléon.

Ce fut le moment où, pour la quatrième fois, l'Autriche essaya de secouer le joug. Ce suprême effort demandait aussi, de la part de l'Empereur, une suprême attention. La lutte devait être chaude et les graves affaires qui absorbaient Napoléon en Europe le détachaient nécessairement des affaires américaines. Néanmoins, Armstrong lui avait fait connaître, jusque sur les bords du Danube, la signification de l'acte du 1ᵉʳ mars 1809 de non-intercourse qui, supprimant, en apparence, tout commerce avec l'Angleterre et la France, revendiquait, quand même, pour l'industrie américaine le droit de communiquer directement avec les marchés anglais[66] . Dans le cas, ajoutait le ministre, où l'interprétation des Décrets du 21 novembre 1806 et du 17 décembre 1807 ne porterait aucune atteinte aux droits maritimes de l'Union, l'acte en question serait immédiatement révoqué en ce qui concernait la France et les relations commerciales immédiatement rétablies entre les deux pays. Sous une forme obscure mais comminatoire, Armstrong demandait simplement des concessions équivalant à la suppression des Décrets de 1806 et 1807, ce qui, aux yeux des Américains, serait une réponse toute naturelle au retrait de l'embargo et des ordres en Conseil du mois de novembre 1807.

Napoléon qui, avec tant d'autres nouvelles importantes, reçut cette note à Schœnbrunn où il s'était installé après avoir battu les Autrichiens, ne fut pas de cet avis. Il défendit, plus que jamais, les principes sur lesquels ses Décrets étaient fondés; ces principes répondaient à la notion stricte du droit des gens et se défendaient par des idées qu'il avait souvent exprimées. Les mers, affirmait-il, appartiennent à toutes les nations. Tout navire naviguant sous le pavillon de n'importe quelle nation, reconnu et avoué par cette nation, doit être sur l'océan aussi bien en sûreté que dans ses ports nationaux. Le pavillon qui flotte au mât d'un vaisseau-marchand doit être respecté comme s'il se trouvait sur le clocher d'un village. Insulter un navire marchand portant le pavillon de quelque puissance que ce soit équivaut à faire une incursion dans un village ou une colonie appartenant à cette puissance. Napoléon, en un mot, considérait les navires de toutes les nations comme des colonies flottantes appartenant à ces nations. Ce qui n'empêchait leur souveraineté et leur indépendance d'être à la merci d'un voisin plus audacieux ou plus fort[67]

.

Ainsi, d'après cette théorie, ce que Napoléon appelait une colonie flottante pouvait être dénationalisé par la visite d'un de ses agents et devenir sa propriété. Champagny, qui se rendait compte, de près, des résultats néfastes auxquels avait abouti l'interruption du commerce des neutres, lui fit comprendre que, dans cette stagnation des affaires, l'Amérique était encore le seul pays qui pouvait servir de débouché aux produits des manufactures françaises. Il engagea l'Empereur à se montrer, à l'égard des États-Unis, aussi conciliant que l'Angleterre qui avait annulé ses ordres en conseil de novembre 1807. Napoléon se rendit un moment à ces raisons et se montra disposé à révoquer le décret de Milan et remettre, de la sorte, le commerce neutre dans les mêmes conditions où il se trouvait sous le décret de Berlin. La victoire de Wagram vint de nouveau modifier ces bonnes intentions. En réalité, avec une désinvolture un peu déconcertante, Napoléon passa de la bienveillance à la malveillance. Aussi longtemps qu'il pouvait croire que l'arrangement préconisé par Erskine serait ratifié par le cabinet de Londres, il fit preuve à l'égard des États-Unis des sentiments les plus généreux; dès qu'il apprit que Canning désavouait son ministre à Washington, il mit une sourdine à ses velléités de conciliation: la défaite de l'Autriche ne lui permettait-elle pas d'imposer partout sa volonté? Sa nouvelle victoire en Europe le rendait aussi victorieux en Amérique.

Du moins, il ne voulait pas admettre que les États-Unis, par leurs prétentions de conserver les droits d'une puissance neutre, en fait de commerce, d'user de réciprocité, par exemple, quand il s'agissait de répondre à un blocus par un blocus, pussent se solidariser avec des pays plus voisins qui commençaient à vouloir secouer le joug qui pesait si lourdement sur leurs transactions commerciales. En effet, la Russie, la Prusse, la Suède, le Danemark, les villes hanséatiques et même la Hollande, soutenue par le roi Louis, semblaient vouloir se détacher d'un système si contraire à leurs intérêts vitaux. Si le roi Louis ne s'était pas solennellement engagé à renoncer à ses désirs d'indépendance et à se soumettre à la volonté de son frère, la Hollande aurait été immédiatement annexée à la France. Elle le fut d'ailleurs un peu plus tard par le traité de Rambouillet.

En attendant, les navires américains qui, jusqu'en mai 1810, entraient librement dans les ports hollandais, purent être de bonne prise. Ce fut un gain énorme, à peu près quatre millions de dollars, sans compter les sommes importantes que représentait le commerce américain sur le continent. C'est alors que le Congrès, par l'acte du 1er mai 1810, atteignit Napoléon indirectement, en ouvrant au commerce anglais un marché aux États-Unis, ce qui constituait une ample compensation au commerce paralysé en France et en Hollande. Le cabinet de Washington annulait, pour ainsi dire, les effets du décret de Milan.

Devant tant de difficultés, Napoléon se montra soudain moins intransigeant en ce qui concernait la stricte exécution de ses fameux décrets. Le 31 juillet 1810, il fit savoir au duc de Cadore, qu'après avoir beaucoup réfléchi sur les affaires d'Amérique, il était maintenant d'avis qu'on pouvait notifier à M. Armstrong, qu'à partir du 1er novembre, ces décrets n'auraient plus d'effet,—à la condition toutefois que, si le conseil britannique ne retirait pas ses ordres de 1087, le Congrès remplirait l'engagement qu'il avait pris de rétablir les obstacles destinés à entraver le commerce anglais. À ce propos, sous la dictée de l'Empereur, Cadore adressa au général Armstrong, à la date du 5 août 1810, une lettre d'un grand intérêt historique qui donne comme la psychologie de Napoléon dans cette affaire.

Cadore fait d'abord remarquer que son maître, absorbé par les graves complications européennes, n'a connu que très tard l'acte du Congrès du 1er mai. Ce retard occasionnait certains inconvénients qui auraient pu être évités par une communication prompte et officielle. Passant en revue les différentes phases par lesquelles avaient évolué les relations de la France avec les États-Unis, le Ministre des Affaires Étrangères rappelle que l'Empereur avait applaudi à l'embargo, parce que cette mesure, tout en étant préjudiciable aux intérêts commerciaux de la France, ne contenait rien d'attentatoire à son honneur. Il est vrai qu'elle avait provoqué la perte de la Martinique, de la Guadeloupe et de Cayenne. L'Empereur, s'inclinant devant le principe qui faisait agir les Américains, n'avait formulé aucune réclamation... Mais l'acte du 1er mars 1809, supprimant l'embargo, lui substituait un état de choses plus défavorable encore aux intérêts français. Cet acte, auquel peu de publicité avait été donné, défendait aux navires américains le commerce avec la France tout en l'autorisant avec l'Espagne, Naples et la Hollande — pays sous l'influence française — et prononçait la confiscation de tout navire français qui voudrait s'arrêter dans des ports américains. Dans ces conditions, des représailles avaient été légitimes et exigées par la dignité de la France avec laquelle il était impossible de transiger. La réponse à la mesure prise par le Congrès fut que tous les navires américains qui se trouvaient en France furent mis sous séquestre. Mais maintenant que l'acte du 1er mars 1809 était avantageusement remplacé par l'acte du 1er mai 1810, la France pouvait profiter des avantages promis à la nation qui, la première, «cesserait de violer le commerce neutre des États-Unis». Cadore était donc autorisé à déclarer que les décrets de Berlin et de Milan seraient révoqués, qu'à dater du 1er novembre ils cesseraient d'avoir leur effet, — mais il était bien entendu que, comme conséquence de cette déclaration, les Anglais eussent à révoquer aussi leurs ordres en conseil et à renoncer aux nouveaux principes de blocus qu'ils désiraient établir; sinon, conformément à l'acte auquel il était fait allusion, les États-Unis devaient faire respecter leurs droits par l'Angleterre.

Cette lettre se terminait par des protestations d'intérêt et de dévouement que les Américains avertis considérèrent comme l'expression d'une fine ironie latine, d'autant plus sensible que, par un Décret du 22 juillet 1810, demeuré secret, Napoléon avait ordonné le versement, dans le trésor public, de toutes les cargaisons saisies à

Anvers et dans les ports hollandais et espagnols. D'ailleurs, le Décret du 5 août 1810 fut tenu secret aussi, de sorte que l'on peut se demander si Napoléon était bien sincère en promettant la suppression des Décrets de Berlin et de Milan, une telle intention officiellement publiée ayant immédiatement dû provoquer, de la part des États-Unis, une attitude devant aussitôt amener la guerre avec l'Angleterre[68] .

Le doute conçu par les Américains était d'autant plus justifié que seul un Décret officiellement promulgué pouvait rétablir des droits qu'un autre Décret avait abolis. Les nouvelles venant de Paris n'en faisaient pas mention et, à la date du 14 décembre 1810, des lettres de Bordeaux apprirent que deux navires américains y avaient encore été séquestrés.

On ne savait donc pas au juste si les Décrets étaient révoqués ou s'ils demeuraient encore en vigueur. Un jour, Napoléon affirmait que leurs effets allaient être suspendus; le lendemain, il agissait comme si l'on était encore dans la période la plus aiguë du blocus continental. C'était toujours le même jeu de bascule: les plateaux de la balance retombaient, sans cesse, de tout leur poids, sur les États-Unis; qu'ils penchassent d'un côté ou de l'autre, ils faisaient sentir leur insupportable pression. Par cette manœuvre, l'Empereur aurait voulu entraîner l'Union dans ce vaste système contre l'Angleterre, comme il avait fait du Portugal et de l'Espagne. La distance ne le permettait pas, sans cela, un corps d'armée aurait avantageusement remplacé les notes diplomatiques. Mais il était évident, malgré toutes les assurances, qu'aussi longtemps l'Angleterre persistait dans ses ordres en conseil, Napoléon persistait dans ses Décrets. Et l'Angleterre voyait bien que l'interprétation plus bienveillante dans l'application de ces Décrets ne concernait que les États-Unis et nullement le commerce britannique. Mais comment le cabinet de Washington pouvait-il voir clair dans ces subtilités diplomatiques? Le successeur d'Armstrong à la légation à Paris cherchait en vain lui-même à percer le mystère qui entourait la pensée du Maître.

En dictant à Cadore la lettre contenant l'énoncé d'une promesse conciliatrice, peut-être Napoléon voulait-il éviter une guerre entre la France et les États-Unis, et provoquer, au contraire, une guerre entre l'Angleterre et ces mêmes États-Unis. Il fut donc satisfait d'apprendre que, par sa proclamation du 2 novembre 1811, le Président Madison avait remis en vigueur l'acte de non-intercourse dirigé contre l'Angleterre. Il se félicita des termes de cette proclamation au point de ne pas relever la prétention formulée dans une proclamation presque simultanée de s'emparer de la Floride occidentale. Voyant les États-Unis prêts à défendre l'indépendance de leur pavillon contre les exigences anglaises, il se disait prêt aussi à toutes les concessions. Il faisait encore entendre qu'il ne voyait aucun inconvénient à ce que les Florides devinssent une possession américaine et qu'il était plus que jamais favorable à toutes les mesures pouvant faciliter l'indépendance de l'Amérique espagnole, à la condition, toutefois, que cette indépendance ne constituât pas un facteur utile et dangereux entre les mains de l'Angleterre[69] .

L'expression d'un tel désir et d'une telle crainte parfaitement compréhensible dans la bouche de Napoléon, était pourtant contraire à la réalité des faits. À y regarder de près, l'indépendance de l'Amérique espagnole devait profiter au premier chef à l'Angleterre: elle constituait le but final vers lequel avait toujours tendu la politique du cabinet de Saint-James. Et vraiment, l'heure semblait mal choisie de prêter la main au démembrement de l'empire espagnol. En effet, comment le même souverain, fût-il plus puissant que le puissant Napoléon, pouvait-il concilier ces deux opérations contradictoires: pousser, par exemple, le Mexique et le Pérou à s'affranchir du joug de la mère-patrie et sacrifier, en même temps, des armées pour faire couronner son frère roi d'Espagne? C'était délibérément dépouiller la proie à la conquête de laquelle on s'évertuait en vain. Cette inconséquence était inhérente à la grandeur et à la vanité de l'entreprise: ses vastes proportions impliquaient des impossibilités d'exécution et, ce qui était arrivé pour la Louisiane, devait arriver pour les Florides. En 1803, Napoléon ne pouvant aboutir à Saint-Domingue et craignant la supériorité navale des Anglais, avait cédé la Louisiane à Jefferson; en 1811, ne pouvant réussir à Madrid, il donnait à Madison libre carrière dans l'Amérique espagnole. Mais en 1803, la perte de Saint-Domingue et de la Nouvelle-Orléans avait trouvé sa compensation de l'autre côté du Rhin, jusque dans le cœur de l'Allemagne. En 1811, quelle serait la compensation pour Napoléon de la perte du Mexique et du Pérou? Après les échecs de Lisbonne et de Cadix, il tourna ses regards encore plus au Nord, vers Moscou et Saint-Pétersbourg. En lisant entre les lignes, on peut trouver toutes ces indications dans les instructions de Napoléon à Cadore et à Sérurier qui avait remplacé Turreau à Washington. Mais comme nous allons le voir, les États-Unis vont trouver le moyen d'éluder la tyrannie du blocus continental en aidant l'empire moscovite à s'en affranchir à son tour.

En attendant, on comprend donc que, tout en cherchant à reconnaître le bon vouloir des États-

Unis, Napoléon n'ait pas voulu renoncer au principe qui lui avait inspiré les décrets. À la date du 4 mai 1811, il ordonna à Bassano d'écrire à Russell une lettre[70] dans laquelle il autorisait l'admission des cargaisons américaines qui avaient été provisoirement mises en dépôt à leur arrivée en France. C'était se relâcher un peu de sa sévérité. Madison s'attendait à plus; la sécheresse de la forme ne voilait même pas en l'occurrence l'insuffisance du fond.

Il paraissait désormais évident, pour le représentant américain à Paris, que le but caché mais avéré de la politique française était d'acculer l'Union à une guerre avec l'Angleterre. Il jugeait assez bien la situation et, de ce qu'on ne lui disait pas ouvertement, il tirait une conclusion assez logique. Il devinait, sous les paroles amicales, les intentions plutôt hostiles[71] . Selon lui, Napoléon ne voulait pas révoquer les Décrets d'une façon officielle et définitive, dans la crainte que cette révocation ne provoquât une mesure analogue pour les ordres en conseil, et par conséquent vînt mettre une sourdine à l'irritation américaine à l'adresse de l'Angleterre, tandis qu'il était, au contraire, de son intérêt d'entretenir cette irritation. Cette manière de juger les tendances du cabinet des Tuileries semblait d'autant plus justifiée que, de tous les navires capturés depuis le 1ᵉʳ novembre, seuls ceux qui n'avaient pas violé les décrets furent mis en liberté.

On ne saurait affirmer que Napoléon nourrissait l'intention arrêtée de jeter les États-Unis contre l'Angleterre. Peut-être, cherchait-il seulement à faire respecter, par tous les moyens à sa portée, le principe du blocus continental, dont les décrets étaient l'expression légale, principe qu'il considérait comme la base fondamentale de son empire mais qui contenait aussi en germe les éléments de sa désagrégation. Au point de vue américain, il y avait cependant quelque raison de croire à cette machiavélique combinaison, car, qu'il le voulût ou non, Napoléon, par ses alternatives tour à tour conciliantes et agressives, créait et entretenait entre les États-Unis et la Grande-Bretagne un état permanent d'animosité qui devait indirectement mais fatalement aboutir à une rupture.

Mais hâtons-nous de le dire, l'obstination avec laquelle l'Empereur voulait imposer partout et à tous son système de blocus dirigé contre l'ambition britannique va se tourner contre lui: dans cette guerre dont l'enjeu est le commerce mondial, il a beau ne viser que l'Angleterre, il atteint en même temps, et presque malgré lui, les États-Unis. Il a beau leur vouloir du bien, esquisser des velléités de conciliation, les mesures sévères qu'il prend contre les Anglais, ont des répercussions déplorables et inévitables aux États-Unis. Et, comme conséquence inattendue mais que le génie, s'il n'était pas aveuglé, aurait pu prévoir, les intérêts américains avaient des liens si profonds avec les affaires européennes, que ces mêmes États-Unis, quoique en réalité si lointains, firent sentir leur influence très proche, à deux pas du théâtre septentrional de la guerre napoléonienne, dans la mer Baltique.

Là, ils allaient jouer un rôle, d'abord mal défini, mais qui devint bientôt très important.

Là, en effet, une multitude de leurs navires faisaient la contrebande, sous l'œil bienveillant et même protecteur de la Russie et de la Suède. On ne pouvait plus effrontément ignorer l'existence des Décrets. Une pareille infraction fut la cause des dissentiments qui, dans l'été de 1811, mirent aux prises la France et les deux puissances du Nord. Il est donc permis d'affirmer que les Américains provoquèrent indirectement la guerre avec la Russie et qu'ils furent, de la sorte, les artisans d'une campagne désastreuse dans laquelle la fortune de Napoléon devait trouver son déclin.

Pour bien se rendre compte de l'importance de cette intervention, voulue ou fortuite, que l'histoire a, jusqu'à présent, un peu laissée dans l'ombre, il convient de retourner quelques années en arrière, en précisant la nature des relations qui existaient alors entre les États-Unis et la Russie. Une des idées les plus heureuses de l'administration de Madison fut d'envoyer un représentant à la cour de Saint-Pétersbourg. À une époque si troublée de l'évolution mondiale, les ministres de Washington à Paris et à Londres n'exerçaient pas une action efficace: ils étaient les jouets de la volonté supérieure qui, dans les deux pays rivaux, prétendait mener les autres pays à la remorque de leur fantaisie. À Saint-Pétersbourg, le Président eut la finesse de prévoir qu'un diplomate habile trouverait peut-être la possibilité de faire entendre des considérations osant s'élever contre les ordres de Napoléon.

Dès le mois d'août 1809, il avait envoyé J. Q. Adams en mission à Saint-Pétersbourg. Ce citoyen américain, qui joua un rôle distingué dans sa patrie, dut d'abord faire un certain apprentissage en diplomatie; il connut certains étonnements qui le menèrent, par étapes successives, de l'hésitation à l'assurance. Débarquant en Norvège, vers le milieu de septembre, il rencontra à Christiansand une trentaine de propriétaires de navires américains qui avaient été saisis par les Danois. La valeur de ces prises atteignait presque cinq millions de dollars. Adams s'adressa en vain au gouvernement danois qui ne faisait qu'obéir aux injonctions de Davout, commandant général à Hambourg. En arrivant en Russie, la situation lui parut peu favorable au succès de sa mission, car, officiellement jamais l'alliance entre Napoléon et Alexandre n'avait paru si solide. La Russie, en effet, venait d'aider Napoléon à vaincre l'Autriche et Napoléon avait aidé la Russie à s'emparer de la Finlande. Aussi, lorsque Adams attira l'attention du comte Romanzoff, ministre des Affaires Étrangères, sur les agissements des Danois, il n'obtint qu'une réponse évasive. Romanzoff, d'ailleurs, représentait à la cour, en conformité d'idées avec son maître, l'alliance française dans ce qu'elle avait de plus exclusif pour faire triompher le système du blocus. Comme Napoléon en personne et imitateur passionné du grand homme, Romanzoff se proclamait l'ami de l'Amérique aussi longtemps que l'Amérique se manifestait hostile à l'Angleterre; il lui retirait sa sympathie dès que les intérêts de l'Amérique se dressaient contre ceux de la France.

Cependant, Adams s'aperçut bientôt qu'une influence secrète travaillait en sa faveur. En dehors de l'atmosphère froide des entretiens officiels, une atmosphère plus chaude l'entourait. Il sentait qu'une action conciliatrice venait parfois atténuer la rigueur avec laquelle, Romanzoff et

Caulaincourt repoussaient ses avances. Mais comment, dans ces conditions, ses réclamations au nom des marchands américains lésés par les Danois auraient-elles chance d'être écoutées? Romanzoff, en effet, ne l'écouta que d'une oreille distraite. La France seule, affirma-t-il, était responsable de la conduite du Danemark; elle considérait tous les navires américains comme étant anglais, conformément aux instructions formelles de Napoléon, lesquelles instructions répondaient à l'intransigeance de sa politique imposée à tous ses alliés avec une fermeté irréductible[72] . Il n'y avait donc rien à faire en faveur des compatriotes de M. Adams, qui attendaient en vain, en Norvège, les réparations dues aux traitements iniques qu'on leur avait infligés. Telle fut la réponse du ministre russe. Mais apparemment, telle ne fut pas l'opinion du Tzar de toutes les Russies, car quelques jours après cet entretien Romanzoff fit savoir à Adams que son maître lui avait ordonné de faire des démarches immédiates auprès du gouvernement danois pour que satisfaction fût donnée, le plus tôt possible, aux réclamations américaines.

Ce revirement était significatif.

Si Adams s'était évertué par ses agissements à provoquer une rupture entre la France et la Russie, il n'aurait pu trouver un moyen plus efficace que cette intervention du Tzar dans le contrôle que Napoléon exerçait sur le Danemark. La question était délicate; elle contenait des éléments contradictoires, inconciliables: les éléments qui constituaient la base même de la politique de Napoléon, les éléments qui répondaient aux intérêts primordiaux de la Russie. Les opposer les uns autres, c'était faire ressortir combien l'alliance franco-russe était précaire. Les protestations de sympathie et d'amitié prodiguées à Tilsitt et à Erfurt allaient se heurter à des nécessités inéluctables; là où deux hommes, souverains de deux grands empires, avaient cru pouvoir concilier à jamais les aspirations de leur ambition, les tendances fatales et contraires de deux peuples devaient les séparer pour toujours. Il était évident que tout l'édifice du blocus continental, élevé avec tant de difficultés, à l'aide de combinaisons militaires et diplomatiques, allait s'effriter par des fissures successives, si la Russie permettait aux navires neutres de transporter à leur guise des cargaisons dont le produit revenait, d'une façon ou d'une autre, à l'Angleterre. Il était évident aussi que la Russie était acculée à la faillite si toute son exportation était supprimée et son importation réduite aux seuls articles de luxe, de provenance française. Pour l'empire moscovite, c'était une question de vie ou de mort. Mais comment sortir de cette impasse?

Par contre, en l'état des choses et toujours emporté par le courant qu'il était désormais impossible de remonter, Napoléon ne pouvait plus s'écarter du système auquel il avait consacré toutes ses forces et qu'il considérait comme le palladium de sa politique: il ne le pouvait, même au profit de la grandeur militaire de la Russie,—peut-être précisément à cause de cette grandeur toujours croissante. Dès lors, les difficultés soulevées par les exigences de commerce devinrent de jour en jour plus nombreuses dans les parages septentrionaux. Pendant l'été de 1810, Napoléon avait déjà redoublé de vigilance dans la mer Baltique, qui était encombrée de navires prétendus neutres, en réalité protégés par la flotte britannique. Sur les remontrances de l'Empereur, le Danemark interdit l'entrée de ses ports à tout vaisseau américain. Le duché de Holstein, la Prusse, le Mecklembourg durent imiter cet exemple. Caulaincourt, à diverses reprises et avec énergie, insista auprès du Tzar pour qu'il prît les mêmes mesures que ces cours, faisant miroiter devant ses yeux le danger que courrait la paix européenne, s'il refusait de suivre la même conduite.

Alexandre chercha un moyen terme lui permettant de ne pas se compromettre. Que voulait-il pour le moment? Ne pas courir de risques[73] . Se rapprocher de l'Angleterre, c'était se séparer de la France et déchaîner la plus dangereuse des guerres. Il estimait une folie de sa part d'agir de la sorte. Il voulait donc rester fidèle à la politique qu'il avait reconnue comme avantageuse et ne rien changer à son attitude hostile à l'égard de l'Angleterre. Il était décidé à lui fermer ses ports,—mais les fermer dans certaines conditions seulement, ne pouvant pas frustrer ses sujets de toute possibilité de commerce et leur défendre tout trafic avec les Américains.

Le commerce américain devint donc ainsi le point de départ d'une irritation qui allait jeter le trouble dans l'esprit de Napoléon et d'Alexandre, —la cause lointaine encore, mais de plus en plus inévitable, qui allait mettre fin à l'amitié des deux Empereurs, mener la Grande Armée dans les steppes glacés de la Russie et assigner un terme à la marche ascendante de la magnifique épopée.

En attendant et devant l'attitude intransigeante de Napoléon qui, en l'occurrence, s'en prenait au commerce des Américains, les Russes ne purent s'empêcher de sourire des termes affectueux de la lettre du 5 août, citée plus haut et adressée à ces mêmes Américains par ce même Napoléon qui protestait auprès du Tzar qu'il n'existait pas de véritable commerce américain et qu'aucun navire américain ne se trouvait dans la possibilité de prouver sa neutralité, fût-il pourvu de licences.

Malgré cette prétention, le Tzar donna des ordres pour que les navires américains, faisant escale à Arkhangel, ne fussent pas inquiétés. Ce geste protecteur et intentionnel faisait ressortir une sympathie pour les États-Unis qu'il se plaisait à rendre publique. Par contre, la sympathie dont Napoléon avait fait étalage dans sa fameuse lettre du 5 août ne paraissait plus répondre à la réalité des faits, puisque, dès le mois d'octobre suivant, il écrivit à Alexandre[74] sur un ton presque comminatoire, pour le prévenir que six cents vaisseaux marchands américains erraient dans la Baltique. Après avoir été repoussés des ports de Prusse et du Mecklembourg, ils se dirigeaient vers les ports de Sa Majesté moscovite. Napoléon affirmait que toutes les marchandises transportées par ces navires étaient de provenance britannique. Il ajoutait qu'il dépendait maintenant d'Alexandre de faire la paix avec l'Angleterre ou de continuer la guerre. La paix étant certainement désirable, elle pourrait être plus solidement établie par la confiscation de ces six cents navires et de leurs cargaisons, — car, quelle que fût la nationalité de laquelle ils se recommandaient, ces navires devaient tous être anglais. Napoléon alla plus loin: il accusa tous les navires américains, munis de papiers soi-disant américains, de venir, en réalité, d'Angleterre[75] .

Ces prétentions étaient excessives et les choses menaçaient de se gâter. C'était, sans doute, ce que l'on désirait de part et d'autre, — et, de part et d'autre aussi, les conversations et les relations vont s'envenimer.

Le Tzar refusa de saisir, de confisquer les navires dont il était question, il refusa de fermer ses ports aux produits coloniaux. Cette mesure lui était, pour ainsi dire, imposée par l'attitude des principaux négociants de Saint-Pétersbourg, qui exercèrent assez d'influence sur Alexandre pour lui faire signer un ukase, par lequel, les produits américains devaient être admis, sans restriction, dans l'empire russe, tandis que des réserves étaient formulées pour les articles de luxe provenant de France.

Un pareil ukase était l'indice d'une rupture prochaine. Napoléon le comprit ainsi. Il rappela Caulaincourt et envoya à sa place Lauriston, muni d'une lettre autographe[76] à l'adresse d'Alexandre, dans laquelle, il se plaignait d'un procédé hostile qui visait directement le commerce français. En d'autre temps, les choses ne se seraient sans doute pas passées de la sorte et l'Empereur qui régnait en Orient aurait prévenu l'Empereur qui régnait en Occident, de la nécessité dans laquelle il se trouvait de tenir compte des exigences des commerçants russes, et on aurait probablement trouvé le moyen de satisfaire les deux partis, sans donner l'impression d'un changement de politique. Maintenant, toute l'Europe pouvait se dire que l'alliance franco-russe avait vécu et Napoléon pouvait se persuader qu'à la première occasion la Russie serait prête à provoquer un arrangement avec l'Angleterre.

La mission d'Adams,—directement ou indirectement—avait donc réussi au-delà de tout ce qu'il était permis d'espérer: pour défendre les droits de l'Amérique, l'Empereur Alexandre n'hésitait pas à s'exposer au courroux de l'Empereur Napoléon, pour protéger le commerce des neutres, la Russie s'apprêtait à combattre la France.

Les hostilités pouvaient éclater d'un moment à l'autre. Elles n'éclatèrent qu'au printemps de 1812. Mais quelles que fussent les causes directes, impérieuses et plus générales, qui, après la terrible campagne d'Espagne, mirent Napoléon aux prises avec la Russie, il convient de relever cette cause indirecte et pas assez connue: la persistante opiniâtreté des États-Unis à continuer, malgré les injonctions impériales, leur commerce avec les Russes.

Tout concourait donc à briser l'alliance conclue à Tilsitt, entre Napoléon et Alexandre. Non pas que ces deux hommes, — dont l'un incarnait le génie d'une époque et l'autre, la sagesse d'une race, — n'eurent pas toujours éprouvé un véritable entraînement l'un pour l'autre. L'Empereur de Russie avait vraiment été séduit par l'ascendant de l'Empereur des Français et ce dernier rendait pleinement justice aux qualités de cœur, de caractère et d'esprit, dont le souverain russe était si hautement doué. Cependant, ces deux orgueils devaient fatalement se heurter. Leur ambition était légitime de vouloir se partager la domination de l'Europe. Elle aurait pu se réaliser. Elle échoua parce que la politique de Napoléon ne pouvait se plier à des concessions trop nombreuses et parce qu'elle était composée d'éléments trop disparates et trop inconciliables. Napoléon voulait façonner le monde à son idée.

Alexandre voulait simplement façonner son pays si jeune encore, presque barbare dans ses couches profondes; et le façonner d'après les idées de la grande Catherine, en faire un monde aussi, mais un monde qui, quoique immense dans son étendue matérielle, répondît bien, en un tout homogène, aux aspirations et aux tendances de la race slave, depuis la mer Baltique jusqu'au Danube, jusqu'au Bosphore.

Alexandre était, avant tout, Russe. Sa sympathie pour Napoléon n'avait jamais été partagée par son entourage. La cour et l'aristocratie, imbues des préjugés d'ancien régime, n'avaient jamais reconnu la légitimité du régime nouveau; fidèles à la dynastie des Bourbons, elles admiraient parfois les grandes victoires de Napoléon mais ne pouvaient se résigner à considérer sa dynastie comme définitivement établie et consacrée en France. Toute la gloire qui s'accumulait au cours de cette épopée gigantesque était, pour elles, œuvre de parvenu travaillant pour les authentiques héritiers du trône de saint Louis. Et certes, un sourire inextinguible avait dû contracter les lèvres de l'Impératrice-mère, le jour où son fils vint lui parler d'un projet d'union entre une grande Duchesse et Bonaparte. Petitesses, évidemment, et qui s'évanouissaient bientôt devant le canon d'Austerlitz, d'Iéna ou de Wagram,—mais petitesses avec lesquelles il faut compter dans les hiérarchies sociales et qui, dans leurs expressions plus ou moins avouées, durent mortellement froisser la vanité de l'Empereur. Pour ces contingences, il ne se brouilla certainement pas avec Alexandre,—pourtant, elles étaient significatives. Alexandre aurait transigé avec les préjugés dynastiques. La haute opinion qu'il avait de sa mission ne lui permit pas de transiger avec les intérêts de son peuple. Conformément aux stipulations, aux engagements pris à Tilsitt et à Erfurt, il était décidé à combattre l'Angleterre, — mais il était décidé aussi à défendre les justes réclamations de ses sujets et, quand ceux-ci vinrent lui demander sa protection en faveur du commerce des neutres, dont l'arrêt équivaudrait à la ruine du pays, il n'hésita pas à abandonner le blocus continental et à ouvrir ses ports aux navires américains, même s'ils transportaient des marchandises anglaises.

C'était la condamnation du système sur lequel s'appuyait toute la politique de Napoléon. Napoléon ne pouvait l'admettre. Il se brouilla avec Alexandre surtout pour cette raison. Dès que sa décision fut arrêtée, le plan de sa campagne de Russie se précisa dans son cerveau. Son génie militaire l'inspira magnifiquement au détriment de sa politique. Mais dans l'étude des causes qui précipitèrent ce conflit inévitable où allait se mesurer les deux grands empires, où devait sombrer la fortune de l'Empereur, il convient de ne pas oublier la cause initiale qui jeta la méfiance entre les deux alliés, qui souligna, soudain, l'incompatibilité de leurs aspirations et qui ne fut autre que l'attitude des États-Unis, dans leur fermeté à se libérer, du côté de la Russie, des restrictions commerciales imposées par Napoléon.

Chapitre XI

LES PRÉLIMINAIRES DE LA GUERRE ENTRE LES ÉTATS-UNIS ET L'ANGLETERRE.

Tandis que, d'une part, les États-Unis, par leurs exigences commerciales répondant aux exigences russes, préparaient indirectement la rupture entre Napoléon et Alexandre, les nécessités impérieuses et vexatoires du blocus continental aboutirent, d'autre part, à une guerre entre l'Amérique et l'Angleterre.

Cette guerre était depuis longtemps désirée par Napoléon, au profit de son système qui devait exclusivement profiter à la France. Mais éclatant à un moment où toutes nos forces devaient être dirigées contre l'empire du Nord, elle profita surtout aux États-Unis: elle libéra définitivement l'Union de toute ingérence anglaise et lui permit, pour la première fois, de se mouvoir librement entre la rivalité franco-britannique dont elle avait tant souffert et qui allait prendre fin.

Cependant, dans les premiers mois de 1812, à l'heure où la Russie semblait bien décidée, malgré les remontrances de Napoléon, à recevoir dans ses ports tous les vaisseaux américains, quelle qu'en fût la provenance, on ne savait pas encore au juste à Washington qui, de l'Angleterre ou de la France, devait être considéré comme le plus dangereux adversaire des États-Unis. La situation de l'Amérique entre les deux belligérants était toujours indécise, et Madison, malgré d'amères critiques de ses ennemis, était parvenu, jusqu'à présent, à imposer à la majorité son opinion plutôt impartiale mais qui paraissait attendre davantage de la France que de l'Angleterre. La promesse de Napoléon de retirer ses Décrets n'était pas oubliée et les Américains s'imaginaient volontiers que cette promesse équivalait à un fait accompli. Aussi, lorsque le comte Sérurier arriva à Washington, au printemps de 1811, pour prendre la succession de Turreau en qualité de chargé d'affaires de France, on s'attendait à des déclarations nettes et précises de sa part. Son attitude réservée et ses réponses dilatoires firent craindre que les choses ne fussent pas aussi avancées qu'on se le figurait. D'ailleurs, Napoléon pouvait parfaitement expliquer ses hésitations par l'hésitation du cabinet américain à prendre parti contre l'Angleterre. C'était donnant donnant et il tombait sous le sens que l'Empereur ne pouvait révoquer ses Décrets, simplement pour plaire aux États-Unis, si ceux-ci avaient tendance à se réconcilier avec les Anglais. De là ces tergiversations qui, continuant la méthode traditionnelle, s'exprimaient tantôt par des concessions, tantôt par la reprise de mesures hostiles.

Sérurier avait d'abord trouvé dans Robert Smith, secrétaire d'État, un ami avéré, un admirateur de Napoléon, qui affirmait avec éloquence que, si les Anglais ne révoquaient leurs ordres en conseil, la guerre serait inévitable avec eux, ce qui revenait à dire que le système qu'il préconisait était plutôt favorable à la France qu'à l'Angleterre. Sans doute, le trouvait-on trop «continental», affichant trop haut ses sympathies pour Napoléon et, pour cette raison, on l'éloigna des affaires en lui donnant une mission en Europe.

Monroe, qui le remplaça, ne pouvait admirer Napoléon.

Sérurier s'aperçut immédiatement d'un changement regrettable dans les relations diplomatiques, changement évidemment occasionné par une nouvelle ingérence indiscrète de l'Empereur, qui venait d'ordonner aux consuls français aux États-Unis de délivrer des licences ou certificats aux navires américains partant pour la France. Ce n'était pas là ce que la France avait promis et Monroe parut outré de ce qu'il qualifiait un manquement à ses engagements. Dans ces conditions, il convenait de différer l'envoi de Joel Barlow qui avait été désigné pour représenter l'Union à Paris. Comment envoyer un ambassadeur à un pays qui le prenait de si haut? Il y allait de l'honneur de la République, — Monroe le déclarait avec emphase à Sérurier; il lui dit qu'on se trompait en Europe sur le compte des Américains si on les considérait simplement comme des marchands toujours occupés à vendre du coton ou du tabac et n'ayant pas d'idéal plus élevé! Un tel jugement était erroné et les hommes qui, comme lui et le Président Madison, avaient à répondre de la grandeur de leur patrie auprès des puissances étrangères, mettaient les intérêts du commerce bien au-dessous des principes d'honneur et de dignité.

Un tel langage devait faire sourire les hommes d'affaires, les spéculateurs, les lutteurs pour la vie, ceux qui demandaient au trafic, aux échanges, aux exportations et importations, le moyen de s'enrichir, ceux, enfin, et ils étaient nombreux, qui cotaient la valeur d'un homme d'après le nombre des écus qu'il possédait et qui faisaient naturellement pivoter toute la politique de leurs pays sur la base mouvante du commerce, si profondément atteint par les événements d'Europe. Mais le langage de Monroe n'était pas une déclaration vide de sens: il prouvait qu'en dehors de la masse des citoyens américains, évidemment voués à la recherche et à la réalisation d'un bonheur matériel et immédiat, s'était développée une catégorie de penseurs qui se rendaient compte de la nécessité d'un idéal moins terre à terre et des difficultés d'une essence supérieure, inhérentes aux complications d'une politique en passe de devenir mondiale.

L'attitude de Monroe qui était un républicain moins avancé que Jefferson, ayant quelques tendances fédéralistes, semblait celle d'un sceptique à l'égard des promesses de Napoléon. Madison, au contraire, même sans être convaincu, affectait de croire à la révocation des Décrets. Quand on apprit que l'Empereur avait levé le séquestre des navires américains arrêtés depuis le 1er novembre 1811, il fallut bien reconnaître la bienveillance de cette mesure, mais, comme rien ne prouvait officiellement qu'elle était une conséquence de la suppression des Décrets, Monroe demanda à Sérurier de lui écrire une lettre contenant des assurances plus affirmatives du bon vouloir de Sa Majesté, ce qui faciliterait l'envoi immédiat de Joel Barlow comme représentant à Paris.

Comment Sérurier pouvait-il écrire une pareille lettre? Les instructions qu'on lui avait données recommandaient plutôt de se montrer discret et, dans sa réponse, il ne put que rester dans le vague: rien, selon lui, ne pouvait justifier les craintes du gouvernement américain au sujet d'engagements qu'on n'aurait pas tenus en France; à l'appui de telles craintes, il aurait fallu citer des faits, comme, par exemple, la capture de navires américains allant d'Angleterre en Amérique ou d'Amérique en Angleterre, ce qui n'était pas le cas, puisque, si les Décrets n'avaient pas été supprimés pour toutes les puissances, les effets ne se faisaient plus sentir contre le commerce américain en France même et sur l'Océan.

En réalité, c'était vrai un jour, c'était faux le lendemain.

Sérurier interprétait la pensée de Napoléon, d'une façon qui ne pouvait satisfaire Madison. On faisait des concessions, certes, mais ces concessions n'étaient pas définitives. L'instrument qui, entre les mains de l'Empereur se montrait si redoutable pour le commerce américain, n'était sans doute plus dirigé contre lui, mais n'était pas entièrement mis de côté, il pouvait servir de nouveau à la première occasion. Cependant, le cabinet de Washington ne manifesta pas la désillusion qu'il éprouvait; ce ne fut qu'un mouvement de dépit et de découragement de la part du Président et non un mouvement

d'inclination vers l'Angleterre qu'il détestait[77] .
Il ne voulait pas la guerre, certes, et croire ou faire
semblant de croire aux assurances pacifiques de
l'Empereur lui permettait de prendre des mesures
en faveur de la paix, quoique, en fin de compte, il
dût se voir abandonné par ses amis, compromis
par ses ennemis, aboutir à l'échec de sa politique
de paix et s'avouer incapable de représenter une
politique de guerre. Toute sa politique, en un
mot, étant basée sur la suppression des Décrets, si
cette suppression n'existait pas, il devenait
imprudent et vraiment sans objet de préconiser
des attaques dangereuses contre l'Angleterre.
Comment était-il, en effet, logique de faire la
guerre à l'Angleterre parce qu'elle maintenait ses
ordres en conseil, quand la destruction en pleine
mer de navires américains par des Français,—
destruction qui venait de se produire
contrairement à toutes les suppositions—donnait
la preuve que les Décrets de Napoléon étaient
maintenus aussi? En vérité, Macon avait raison
d'écrire à Nicholson[78] : «Le diable lui-même ne
saurait dire quel gouvernement, celui de la France
ou celui de l'Angleterre, est le plus mauvais.» Et
pour être logique soi-même, il aurait fallu
déclarer la guerre à la fois à la France et à
l'Angleterre.

Mais la logique absolue n'est pas de ce monde.

Ce qui, dans cette phase troublée de la politique américaine, faisait pencher Madison et son parti du côté de la France, c'était un vieux compte à régler avec l'Angleterre, vieux compte dont l'arriéré venait s'ajouter aux vexations récentes. Napoléon, issu de la Révolution et soldat de la République, avait beau maintenant incarner des tendances monarchiques, vouloir prendre à la dynastie des Bourbons des trônes qu'il destinait à la sienne, représenter, enfin, des principes diamétralement opposés à ceux de l'indépendance anglo-saxonne incarnée par la jeune république américaine, ceux qui connaissaient leur histoire en Amérique, l'ayant en partie vécue, ne pouvaient oublier l'aide française apportée sous Louis XVI, ne pouvaient pas oublier que, si la France avait été évincée de l'Amérique depuis 1763, c'était précisément l'Angleterre qui était encore à craindre, — d'autant plus que le grand parti républicain luttant contre elle, luttait en même temps contre le parti fédéraliste, anglophile et réactionnaire.

Un incident, auquel il ne faut d'ailleurs pas attacher trop d'importance, se produisit à propos, tendant à prouver que les fédéralistes s'étaient compromis en facilitant les menées anglaises dans le but de créer une scission parmi les États de la Nouvelle-Angleterre, au moment de la crise aiguë de l'embargo. On se rappelle qu'un nommé

Henry, irlandais de naissance, occupant une position dans la société et le monde politique de Boston, s'était mis en relation avec Sir James Craig, gouverneur de Québec, pour servir d'intermédiaire entre les mécontents — les fédéralistes et le gouvernement anglais. Il s'agissait tout simplement de poser les premières bases d'une conspiration qui pourrait aboutir à une séparation des États du Nord d'avec ceux du Sud, sous la protection de l'Angleterre. C'était une initiative audacieuse et grave. Il fallait réussir. Le retrait de l'embargo apaisa les esprits surexcités et la tentative de Henry avorta. Il crut cependant qu'une récompense lui était due comme prix de tout le mal qu'il s'était donné et il vint réclamer, à Londres, une somme considérable qu'il estimait sans doute inférieure à l'importance des services qu'il s'imaginait avoir rendus. Mais les ministres dirigeant la politique d'un grand pays ne tiennent compte que des réalisations. Éconduit et décidé à se venger, Henry retourna en Amérique avec des papiers compromettants pour tout un parti qu'il pouvait, qu'il voulait perdre.

Jusqu'à présent, rien que de fort naturel. Mais voici que cette affaire de corruption louche et de sombre rébellion va se corser d'un brin de fantaisie romanesque. Sur le navire qui le ramenait aux États-Unis, Henry fit la connaissance d'un gentilhomme de haute allure qui se présenta sous ce nom: le comte Édouard de Crillon. Le nom sonnait bien,—l'homme parlait encore mieux. Le nom évoquait une illustration de bravoure classique parmi nos ancêtres,— l'homme se prétendit fils du duc de Crillon, apparenté par mariage au maréchal Bessière, duc d'Istrie, mais brouillé avec l'Empereur pour quelques péchés de jeunesse qu'il expiait en s'exilant de France. Henry avait d'ailleurs rencontré, dans la meilleure société de Londres, ce personnage distingué qui portait ostensiblement les insignes de la Légion d'Honneur et faisait grand état de ses propriétés de Saint-Martial, vers la frontière espagnole, où se trouvait le château de Crillon. Il lui confia sa détresse, sa déconvenue et, l'un consolant l'autre, ils finirent par se lier d'amitié. Le comte lui persuada que, puisque le gouvernement anglais se montrait à ce point ingrat, il fallait s'adresser aux États-Unis pour en tirer l'argent convoité, en échange des papiers révélateurs. Il se proposa comme négociateur auprès de Sérurier, ministre de France, lequel faciliterait les relations avec le secrétaire d'État.

Sérurier se souciait peu de s'occuper de cette affaire. Il renvoya Crillon à Monroe. Le gentilhomme français fut, pendant quelque temps, le point de mire de la société américaine; il sut éblouir, intéresser, attirer les sympathies de tous ceux, y compris enfin l'ambassadeur de France, auxquels imposaient son repentir d'avoir déplu à l'Empereur, l'expression de son enthousiasme pour Napoléon, le nom qu'il portait, les lettres qu'il montrait de sa sœur et du maréchal, duc d'Istrie[79] . À la Maison Blanche, il était parvenu à jouir d'une influence dont les effets se faisaient sentir jusqu'à la Légation de France. Dans ces conditions, il fut facile d'attirer l'attention sur le cas de Henry. Ce dernier, convoqué à Washington, consentit à livrer les papiers concernant les intrigues anglaises avec les fédéralistes, pour une somme relativement minime. Mieux vaut peu que rien. Madison voulut tirer parti des révélations et renseignements émanant de ces documents et le gouvernement en décida la publication. Henry fut embarqué au plus vite pour l'Europe; mais M. le comte de Crillon resta encore aux États-Unis où, entouré de tous ceux qui sympathisaient avec la France, il se vit exposé aux ressentiments du ministre et du parti anglais[80] , — autant de titres qu'il pouvait invoquer pour rentrer en grâce auprès de l'Empereur, comme le faisait ressortir le comte Sérurier. Ce dernier laissa au gouvernement américain toute liberté dans la question de savoir s'il fallait taire ou divulguer l'origine des documents dont la publication devait produire un effet foudroyant: c'était une accusation de trahison, avec preuves à l'appui, portée contre le parti fédéraliste. Lorsque, dans la séance du Congrès du 9 mars 1812, lecture fut donnée des fameuses lettres de Henry, les fédéralistes sentirent passer sur eux la menace d'une exécution qui allait à jamais les ruiner aux yeux de tous les patriotes. Cependant, en ce qui les concernait, les lettres ne contenaient aucune preuve d'une intervention active dirigée contre la sûreté de l'État et, seule, l'Angleterre sortait de cette épreuve publique, convaincue d'avoir voulu entraîner quelques États de l'Union dans une tentative criminelle, ayant pour but le démembrement des États-Unis. Si les fédéralistes purent sortir indemnes de cette intrigue qui n'était pas entièrement élucidée, le Président Madison et le parti républicain avaient trouvé un nouveau prétexte légitimant une guerre avec la Grande-Bretagne,—éventualité qui rentrait dans leurs vues et dans celles de Napoléon.

On apprit, à peu près au même moment, que la guerre allait éclater entre la France et la Russie, et, soudain, l'ardeur belliqueuse de M. le comte de Crillon ne connut plus de bornes. Il résolut, comme il en fit part à Sérurier, de retourner immédiatement en France, de se jeter aux pieds de l'Empereur, lui raconter ce qu'il avait fait, implorer son pardon pour ses erreurs passées et aller les expier à l'avant-garde de ses armées[81] .

Maintenant, après avoir fait ressortir les graves conséquences résultant de telles complications diplomatiques, il convient d'en montrer le côté amusant. Depuis lors, on n'entendit plus jamais parler de John Henry et du Comte Édouard de Crillon. À la grande confusion de Madison, à la grande satisfaction des fédéralistes, on apprit bientôt, aux États-Unis, que ce parfait gentilhomme n'était qu'un imposteur, en réalité, un agent secret de la police de Napoléon[82] .

On se demande comment il a pu être pris au sérieux par des hommes pourtant habitués à traiter les affaires publiques. Madison se sentit mortifié, et cette désinvolture cavalière, au moment même où des vaisseaux américains étaient encore exposés à des vexations de la part des marins français, risquait de mettre le comble aux sentiments anti-français, allant de pair avec les sentiments anti-anglais. C'était l'occasion ou jamais de proposer une double guerre à entreprendre simultanément contre la France et l'Angleterre.

À ce moment critique, il fut question d'envoyer une mission en Angleterre pour essayer une dernière chance de paix. Cette proposition fut combattue par Clay et Grundy. De son côté, malgré le mécontentement qu'il éprouvait de la conduite de la France et quels que fussent ses sentiments personnels, Madison demeura fidèle à la majorité du parti républicain. Il estima parfaitement inutile d'entrer en pourparlers avec le représentant anglais; il ne voulut pas soulever la question de savoir si les Décrets français avaient été révoqués ou non, ayant la ferme conviction qu'ils devaient l'être en effet. De plus en plus, il émit l'opinion que le cas des deux navires américains qui avaient été brûlés ne tombait pas sous le coup des Décrets de Berlin et de Milan et que, apparemment, les deux capitaines en présence ne s'étaient pas compris d'une façon très claire quand ils avaient conclu que le capitaine français avait déclaré avoir des ordres lui enjoignant de brûler tous les navires allant à, ou venant d'un port ennemi; déclaration verbale, sans doute erronée, tandis que la déclaration écrite ne concernait que les navires allant à, ou venant de Lisbonne à Cadix.

C'était une explication un peu embrouillée. Mais Madison allait droit au but. Une trop grande irritation manifestée contre la France aurait profité à l'Angleterre. Par une dépêche en date du 10 avril 1812, Lord Castlereagh, le nouveau ministre des Affaires Étrangères, fit savoir au cabinet de Washington qu'il était impossible de retirer les ordres en conseil, sous peine de se mettre à la merci de Napoléon. Il n'y avait donc aucune perspective de pouvoir s'entendre. Le comité des Affaires Étrangères, comme mesure défensive et répressive, fut d'avis de mettre l'embargo sur tous les navires qui se trouvaient dans les ports ou devant y jeter l'ancre par la suite. Il était naturellement question d'un embargo limité, ne devant pas dépasser une période de soixante jours et le congrès fut invité à faire passer immédiatement une loi à cet effet.

L'embargo n'était pas la guerre, mais il menait à la guerre.

C'était à la fois une menace et une hésitation, une mesure préliminaire qui proclamait hautement l'intention de faire la guerre mais faisait comprendre en même temps qu'on n'était pas prêt à la faire.

Les États-Unis se trouvaient évidemment à la veille de graves complications.

Ceux qui étaient entraînés par le courant et dont les protestations se perdaient dans les criailleries des partis, se demandaient avec anxiété dans quels dangers inextricables on allait se précipiter. Où étaient les armées? Où étaient les forces navales? Et, surtout, avait-on les ressources financières exigées pour faire face aux impérieuses nécessités? Et encore, cette nouvelle perspective de l'embargo, n'allait-elle pas réveiller les vieilles dissensions et ajouter la menace d'une guerre civile aux charges de la guerre étrangère?

John Randolph se fit l'interprète de ces craintes en s'écriant, en plein Congrès! «...Faire la guerre sans argent, sans soldats, sans flotte! Faire la guerre quand vous n'avez pas le courage, tandis que vos lèvres profèrent le cri de guerre, de lever des taxes de guerre!... Quand tout votre courage se consume à prendre des résolutions! Le peuple ne vous suivra pas!»...

Les partisans de la guerre immédiate assuraient, au contraire, que, dans un délai de soixante jours, tout serait prêt. Pour Johnson, l'opposition faite au gouvernement était une opposition torie qui ne répondait qu'aux intérêts commerciaux des États de l'Est, le long des côtes, où tous les ports allaient être réduits à une inactivité déplorable. Les États de l'Ouest, par contre, se laissaient aller à des entraînements d'une nature plus élevée. Là, les vieux ressentiments contre la domination anglaise se réveillèrent avec vivacité. Calhoum alla jusqu'à prétendre que, quatre semaines après la déclaration de guerre, tout le Haut-Canada et une partie du Bas-Canada redeviendraient la possession des États-Unis. Grundy affirma qu'à partir de ce moment il n'y aurait plus aucune distinction entre fédéralistes et républicains, mais que tous les citoyens américains seraient unis dans ce soulèvement contre l'Angleterre, soulèvement légitime et nécessaire qui serait le couronnement de la guerre de l'indépendance, en donnant aux États-Unis l'indépendance définitive.

Comme toujours, deux partis étaient en présence: le parti de la paix sacrifiait volontiers la dignité du pays aux intérêts du commerce; le parti de la guerre, qui représentait, en somme, la politique nationale, dont l'application et le triomphe pouvaient seuls préparer au pays un avenir de grandeur et de puissance. Les hostilités avec l'Angleterre étaient, en effet, la conséquence logique, quasi inéluctable, des luttes antérieures; de même que la bataille livrée dans les plaines d'Abraham avait abouti à la déclaration de l'indépendance, de même cette déclaration de l'indépendance qui, dans une certaine mesure et en présence de vieilles habitudes, d'intérêts enchevêtrés et de mélanges raciques, donnant toujours le premier pas à l'influence anglaise, n'était souvent qu'une déclaration de principe,— cette déclaration, dis-je, devait devenir une réalité intangible, proclamant définitivement la séparation des deux branches de la race anglo-saxonne dont celle qui avait son centre politique à Londres s'obstinait à considérer celle qui avait le sien à Washington, comme une émanation dévoyée du génie anglais, qu'il convenait de ramener à ses proportions d'origine.

À considérer les choses de cette façon, quels que fussent les torts de Napoléon à l'égard des États-Unis, ces torts ne pouvaient entrer en balance avec les dangers que présentait l'ingérence anglaise, précisément parce qu'elle possédait des points d'appui permanents dans la place, permettant de reprendre un jour subrepticement une domination pas encore assez lointaine pour être oubliée et dont les ordres en conscil et la presse des matelots n'étaient que les prétextes. L'ambition de Napoléon, arrivée à son apogée, ne pouvait apparemment que décroître et la guerre contre lui serait une guerre universelle devant briser son orgueil de domination universelle,—la guerre contre l'Angleterre serait plutôt une guerre localisée, destinée à clore, d'une façon absolue, la querelle toujours pendante entre la mère-patrie et les colonies émancipées.

La note du gouvernement britannique du 10 avril 1812, rappelant que la Grande-Bretagne avait toujours été prête à retirer ses Ordres dès que la France aurait retiré ses Décrets, ne pouvant admettre l'exception spécialement stipulée par Napoléon en faveur des États-Unis, termina la conversation diplomatique entre les deux pays.

Madison n'avait plus qu'à préparer un message invitant à une immédiate déclaration de guerre.

Cependant, Joel Barlow, qui avait habité Paris pendant la période la plus tragique de notre histoire, qui, ayant un tempérament presque français, avait réussi auprès de nous jusqu'à mériter le titre de citoyen, y était revenu en qualité de ministre plénipotentiaire. Dans la capitale, il reprit d'anciennes habitudes qui lui étaient chères. Il aimait la société parisienne et le cadre raffiné dans lequel elle évolue. Il retrouva tout cela: il n'eut qu'à renouer de vieilles relations et à se réinstaller dans la même maison qu'il avait habitée dix-sept ans auparavant.

Pourtant, l'ambiance n'était plus la même. Le vieux républicain comprit bien vite qu'une autorité dynastique pesait maintenant sur la marche des affaires. La mission qu'il était chargé de mener à bien s'affirmait délicate et difficile. Il s'agissait, en somme, de faire justifier la politique du Président Madison, en invitant Napoléon à ne pas demeurer dans l'équivoque, à prendre une attitude franche à l'égard des États-Unis en retirant franchement ses Décrets. C'était toujours la même alternative: les intérêts américains servant d'enjeu à la rivalité franco-anglaise. Maintenant que la guerre était sur le point d'éclater entre les États-Unis et l'Angleterre, il était urgent que la France fît acte de bienveillance sinon d'amitié, sans cela les hostilités contre l'Angleterre risqueraient de n'être pas populaires auprès de la majorité des États du Nord. À y regarder de près, en effet, les vexations exercées par Napoléon en exécution de ses Décrets, équivalaient à celles que la Grande-Bretagne avait infligées au nom de ses ordres en conseil. Joel Barlow devait donc insister pour qu'un pareil état de choses prît fin et pour que des indemnités fussent accordées en réparation des nombreuses saisies de navires et de cargaisons. C'était un gage à faire valoir auprès du Congrès, qui permettrait au gouvernement américain d'établir la grande différence existant entre les deux belligérants.

Barlow, dans sa réception d'audience où il s'aventura à exprimer l'objet de ses revendications commerciales, ne put obtenir de l'Empereur qu'une réponse hautaine et ambiguë. Napoléon consentait bien à favoriser le commerce entre les deux puissances, étant assez grand pour être juste[83] , mais il demandait, en échange, que le gouvernement de l'Union défendît sa dignité contre ses ennemis et ceux du continent.

Il était prudent de ne pas publier une telle réponse.

Barlow n'avait pu obtenir des précisions plus exactes. Les ministres de Napoléon se dérobaient. Bassano l'amusait et le flagornait. Il l'irritait aussi. Tandis qu'il s'évertuait à accumuler preuve sur preuve en faveur du retrait des Décrets, une escadrille française était déjà partie de Nantes—8 janvier 1812—chargée de détruire tous les navires neutres sortant d'un port ennemi ou y entrant. Ce qui était plus grave encore, la querelle avec Bernadotte, le nouveau roi de Suède, entraîna Napoléon à prescrire à Davout des mesures aussi hostiles à l'égard des États-Unis que de la Suède. Le Maréchal avait ordre de s'emparer de tous les produits coloniaux qui se trouvaient en Poméranie suédoise, sans en excepter les marchandises américaines. Toutes les demandes d'explications sollicitées par le ministre américain demeuraient sans réponse, à moins qu'il dût considérer comme réponse le rapport publié par Bassano dans le *Moniteur* du 16 mars 1812. Ce rapport, qui avait les allures d'un message impérial, définissait les droits des neutres. D'après le point de vue français, le pavillon couvrait la marchandise, excepté les armes et les munitions de guerre, et d'un autre côté, il n'y avait de réel que le blocus d'un port investi, assiégé, menacé d'être pris,—aussi, jusqu'à ce que ces principes fussent reconnus par l'Angleterre, les Décrets de Berlin et de Milan devaient être rigoureusement appliqués aux puissances qui laissaient dénationaliser leur pavillon, — les ports du continent européen devaient être fermés aux pavillons dénationalisés aussi bien qu'aux marchandises anglaises.

La perplexité de Joel Barlow devenait d'autant plus grande que le prince régent, par un acte du 21 avril 1812, avait déclaré que, si les Décrets étaient annulés par un acte officiel et public, les ordres en conseil seraient alors immédiatement révoqués. On devine quel trouble devaient jeter dans les résolutions du cabinet de Washington ainsi que dans l'esprit de son représentant à Paris telles déclarations tendancieuses. Barlow écrivit une lettre adressée au gouvernement impérial, dans laquelle il faisait ressortir la nécessité, pour les États-Unis, de posséder la preuve de la révocation des Décrets; entre la déclaration du régent et le rapport de Bassano, il fallait, en effet, chercher une certitude. À la veille d'une guerre avec l'Angleterre, celle-ci se montrait conciliante, tandis que le ministre des Affaires Étrangères de France affirmait hautement, dans un rapport officiel, que le blocus continental, tel que les différents Décrets l'avaient institué, devait être appliqué plus sévèrement que jamais. Madison pouvait évidemment se croire dupé. Il est vrai que, pour calmer l'inquiétude de Barlow, Bassano lui certifia que Napoléon avait signé un Décret, dès le 28 avril 1811, à Saint-Cloud, par lequel il déclarait que les Décrets antérieurs n'avaient plus force de loi, à l'égard des navires américains, depuis le 1er novembre 1810. Il exprima même son étonnement, qu'après une assurance donnée officiellement, on osât encore soulever une pareille question.

Barlow ignorait absolument ce Décret auquel Madison n'avait jamais fait allusion.

N'avait-on pas reçu à Washington une communication aussi importante? Sérurier avait-il négligé de la faire connaître et même d'en accuser réception? On ne sait. On se trouve devant un mystère diplomatique qu'il est impossible d'élucider mais dont les différents éléments répondent, sans doute, aux circonstances officielles que l'on traversait. Il est évident que Napoléon était maintenant entièrement absorbé par l'expédition de Russie. L'Amérique, en tant que facteur politique, ne pouvait sortir de ses préoccupations, mais l'Amérique, en tant que pays neutre, convoyant clandestinement et frauduleusement les produits anglais en Russie, ne pouvait plus être l'objet de sa sympathie. Bassano affirmait donc avec une grande apparence de raison qu'il lui avait été impossible de parler dans son rapport d'une exception faite en faveur d'un pays, quand on ne pouvait que faire deviner le pays contre lequel on s'attendait à combattre. Napoléon ayant de plus en plus à se plaindre des nombreuses infractions faites par la Russie au système continental, en dépit de ses engagements d'y coopérer, c'était évidemment contre la Russie qu'étaient dirigées les menaces formulées dans le rapport en question. La guerre était inévitable; mais il ne fallait pas le proclamer trop haut, tout en s'y préparant avec énergie.

Pourtant, en présence précisément de telles éventualités, Napoléon comprit qu'il devait se montrer plus conciliant à l'égard des États-Unis; il ne pouvait partir en guerre dans le lointain Nord sans donner satisfaction, dans une certaine mesure, aux desiderata si chaudement exprimés par le ministre américain. Il y parut disposé. Mais, dès le 9 mai 1812, il avait déjà quitté Paris pour prendre le commandement de la Grande Armée, à la frontière russe, et les négociations n'avaient plus beaucoup de chance d'aboutir. Bassano avait suivi son maître jusqu'à Wilna, laissant à Dalberg le soin de le suppléer à Paris. Comment traiter à de telles distances? Même la nouvelle que le Congrès venait de déclarer la guerre à l'Angleterre ne pouvait plus modifier les lignes essentielles de la politique impériale. En Allemand un peu simpliste, le brave Dalberg, en tête à tête avec Barlow, estimait qu'il faisait un triste métier[84] . L'Américain se plaignait avec amertume des inconséquences de la situation, si contraire aux assurances données. Mais, pour arriver à une solution, il fallait aller plus haut que Bassano, jusqu'à Napoléon. Et Napoléon était loin.

Le 7 septembre, L'Empereur avait livré la bataille de Borodino et, le 15, il était entré à Moscou. Barlow, ballotté d'une façon pénible, entre les insistances de son gouvernement qui voulait des indemnités ou la guerre, et les atermoiements de Dalberg, finit par se rendre à l'invitation de Bassano, lui conseillant de venir jusqu'à Wilna.

Le courageux diplomate se mit en route, malgré l'hiver de sa vie et l'hiver de l'année qui approchaient. Mais à mesure qu'il s'avançait vers le Nord, le pressentiment d'une catastrophe l'envahit. Le long des routes qu'il parcourut, la guerre avait tout dévasté. Quand il arriva à Wilna, le 18 novembre, la confusion était à son comble. La déroute et la défaite faisaient entendre leurs sinistres menaces. Et la tragique aventure où allait sombrer le génie de Napoléon était encore plus terrible que ce que l'on pouvait redouter. La Bérésina! On sait les prodiges d'héroïsme qui s'anéantirent dans ce passage fatal; ce n'est pas la place de les raconter ici. Napoléon dut abandonner son armée. Le 5 décembre, à minuit, il partit pour Paris après avoir prévenu, par courrier, Bassano qui donna congé à ses hôtes de Wilna, où ils risquaient de n'être plus en sûreté. Comme tous ceux qui étaient accourus, Barlow dut fuir. Il partit pour Paris un jour avant Napoléon; mais Napoléon le rattrapa et le dépassa en route. Course vertigineuse vers l'abîme. Barlow allait à la mort. Le froid était intense et voyageant jour et nuit, sans trêve, il traversa Varsovie et atteignit le village de Zarnovitch, près de Cracovie, où il fut obligé de s'arrêter. La fatigue et une bronchite aiguë eurent raison de l'opiniâtreté et de l'énergie de cet homme. Il mourut isolé, dans la hâte d'un retour précipité, loin de sa patrie, loin même de sa patrie d'adoption, dans un désert de Pologne, le 24 décembre 1812.

Avec lui, prirent fin les pourparlers diplomatiques,—expression de la politique de Madison. Cette politique recevait un rude coup, profitable sans doute à toute l'opposition. Tandis que la France se trouvait en mauvaise posture devant la Russie, l'Amérique se trouvait maintenant seule devant l'Angleterre.

Cependant, il ne faut pas condamner *à priori* l'administration de Madison qui, accusé souvent faussement de n'être qu'un instrument aux mains de Napoléon, risquait d'être emporté lui-même dans la ruine de ce dernier. Mais qui aurait pu prévoir cette ruine? Napoléon victorieux en Russie, comme tout le faisait supposer, l'Angleterre atteinte indirectement par cette victoire, aurait certainement répondu avec plus d'empressement aux réclamations des États-Unis. On peut donc dire que le moment avait été bien choisi de résister à l'Angleterre puisqu'il coïncidait avec celui où la France inaugurait son grand effort dirigé contre la Russie.

Mais l'homme propose et Dieu dispose, — si l'on peut définir de la sorte l'enchaînement des causes aux effets — et le calcul de Madison et du parti républicain était bouleversé par les événements. La France ne pouvait plus être d'aucun secours aux États-Unis et les États-Unis n'avaient plus qu'à compter sur leurs propres ressources à opposer au danger d'avoir provoqué l'Angleterre.

Mais, là aussi, les temps étaient troublés.

Au début de l'année 1812, les tories les plus belliqueux ne pouvaient se dissimuler que, si Napoléon réussissait dans son expédition contre la Russie, comme il avait, jusqu'à présent, réussi partout où s'était fait sentir le poids de son épée, il lui suffirait de l'alliance américaine pour ruiner de fond en comble le commerce et les finances de la Grande-Bretagne. C'était bien l'opinion de

Madison. Aussi y avait-il un parti dans les communes qui aurait voulu la réconciliation avec l'Amérique,—l'Amérique qui, malgré tout, était, pour la Grande-Bretagne, une source de telles richesses commerciales qu'il serait malhabile d'en provoquer la perte ou simplement l'appauvrissement. Castlereagh avait succédé à Wellesley et, au sein même du gouvernement, des voix se faisaient entendre en faveur de la suppression des ordres en conseil. Comme Napoléon, on avait tourné les inconvénients résultant de ces ordres, par des licences accordées dans certaines conditions, sans lesquelles, le commerce eut été complètement paralysé. C'était officieusement saper un système que l'on défendait officiellement. On trichait, en somme, ainsi que l'on trichait en France où, pour esquiver les obligations imposées par les Décrets, les commerçants étaient parfois forcés d'accepter des compromissions peu honorables. Canning lui-même, qui avait si longtemps défendu l'opportunité des ordres en conseil, s'y montra soudain opposé, ainsi qu'au système des licences, surtout en ce qui concernait l'Amérique. L'opinion générale n'était pas favorable. C'est alors que le 21 avril 1812, le prince régent fit connaître la déclaration à laquelle nous avons fait allusion plus haut, aux termes de laquelle, si le gouvernement français supprimait les Décrets de Berlin et de Milan, par un acte officiel, les ordres en conseil, y compris celui du 7 janvier 1807, seraient immédiatement révoqués. À ce moment, la guerre aurait encore pu être évitée. Mais, depuis le départ de Pinckney, les États-Unis n'avaient plus de ministre à Londres et Jonathan Russel, simple chargé d'affaires, était tenu à l'écart des discussions.

Dans le Parlement, la lutte était âpre. Brougham se faisant l'interprète de tous ceux qui se prétendaient lésés par les ordres en conseil, tendait à prouver que, si l'on persistait dans ce système, le marché anglais allait être réduit à rien. Une pareille prophétie était la condamnation de la politique de Perceval. Cette politique allait avoir à subir une attaque énergique dirigée contre la personne de son représentant, lorsque le 11 mai, au moment d'entrer dans la Chambre, le premier ministre reçut un coup de pistolet en pleine poitrine. Il tomba et tomba en même temps la politique qu'il défendait. Quoi qu'il fût, en réalité, la victime d'un fou prétendant venger une affaire personnelle, il put passer, un instant, pour la victime des circonstances tragiques que traversait l'Angleterre. Mais sa disparition, en ouvrant une crise ministérielle, ne pouvait arrêter la marche fatale des événements. Pour activer l'issue des négociations, Jonathan Russel fit connaître à Castlereagh le Décret de Napoléon révoquant les décrets de Berlin et de Milan; mais ce décret n'avait pas un caractère officiel, c'était comme un acte dont on ne voulait pas avouer la portée, dont la date même était indécise. Cependant la publicité donnée à ce document pouvait avoir une grande répercussion sur l'opinion publique, au moment où le Congrès américain proclamait de nouveau l'embargo comme préliminaire de la guerre, au moment, enfin, où la révélation des menées corruptrices de John Henry mettait le cabinet de Londres en mauvaise posture. Ces faits, habilement exploités, devinrent autant d'arguments à l'appui de la thèse de Brougham qui demanda le retrait des ordres. Ils furent révoqués dans la séance du 16 juin 1812, sans résistance de la part du gouvernement.

C'était un triomphe pour l'Amérique. La menace d'une guerre, qui planait, avait rendu l'Angleterre hésitante, se cherchant dans la pénurie des hommes et des ressources. En Amérique, au contraire, l'attitude belliqueuse du gouvernement trouvait des échos jusque dans les couches les plus profondes du peuple, tandis que l'Angleterre gardait un silence qui prouvait que la guerre en perspective n'était pas populaire. La presse partageait ce sentiment. Le *Times* du 18 juin jugeait comme suit une série de mesures qui, depuis sept ans, étaient le fond de la politique anglaise: «On est très surpris», disait ce journal interprète de la majorité de l'opinion publique, «que de tels actes aient jamais pu recevoir la sanction du ministère quand on fit si peu pour les défendre».

Mais il était trop tard et le sort était jeté!

Les ordres en conseil furent révoqués le 17 juin 1812 à Westminster: la guerre fut déclarée à Washington le 18 juin 1812.

Chapitre XII

LES PRINCIPALES PHASES DE LA SECONDE GUERRE DE L'INDÉPENDANCE AMÉRICAINE.

Tandis que Napoléon passait le Niémen, s'arrêtait à Wilna et, par Smolensk et Borodino, prenait la route de Moscou, Madison s'efforçait de mettre les moyens d'action, en vue de la guerre, à la hauteur des conceptions politiques dont il s'honorait d'être le représentant. Le sang coula donc encore aux frontières orientales de l'Europe comme dans les étendues septentrionales de l'Amérique. À tant de mille de distance, les hostilités devaient commencer presque à la même date: au printemps de 1812.

Ces deux actions si lointaines et si différentes, à première vue, ont cependant des points de contact et sont solidaires.

L'Amérique, en suivant l'évolution qui devait la mener à la constitution de sa nationalité, ne pouvait, au début du XIXe siècle, s'affranchir des influences qui, au cours des XVIIe et XVIIIe siècles, l'avaient mise aux prises avec la France et l'Angleterre. Entre les ambitions colonisatrices, les tentatives de domination tour à tour essayée et réalisée par ces deux nations, s'était glissée et avait grandi, petit à petit, la nation qui, avec les apports de tant d'autres nations, prit définitivement possession d'une partie de l'Amérique du Nord. Les étapes de cette marche en avant se réglèrent d'après les étapes suivies par cette longue succession de guerres qui, malgré les interruptions, peuvent être considérées comme une seconde guerre de Cent ans entre la France et l'Angleterre. À mesure que cette guerre s'approche de sa fin, les États-Unis s'approchent aussi de la réalisation de leur destin. La dernière étape fut celle pendant laquelle Napoléon chercha, par sa puissance continentale, à annihiler la puissance maritime de la Grande-Bretagne. Nous avons vu par quelles vicissitudes passèrent les États-Unis dans cette querelle faite à coups de Décrets et d'Ordres en conseil, mettant le commerce des neutres à une rude épreuve.

Malgré les critiques de l'opposition, le cabinet de Washington avait agi avec une certaine habileté et dans la conscience de son droit. À l'heure où nous sommes arrivés et en dépit des difficultés à surmonter, il allait récolter le prix de sa politique. Soit hasard, soit calcul, la France et l'Angleterre, sans s'être encore porté le coup décisif, virent leur situation modifiée de fond en comble. Napoléon perdu dans les vastes plaines de la Russie, l'Angleterre pouvait respirer et les États-Unis pouvaient agir. Les Décrets de Berlin et de Milan n'étaient plus strictement appliqués et les Ordres en conseil étaient supprimés. Les États-Unis considérèrent la guerre avec l'Angleterre comme l'acte nécessaire de la délivrance définitive, — Napoléon la considéra comme une diversion heureuse diminuant d'autant les ressources de son ennemie.

De plus, en s'enfonçant dans les steppes glacés de la Russie, Napoléon libérait l'Amérique de son contrôle direct et lui permettait, en même temps, de régler un dernier compte avec l'Angleterre, — toutes possibilités à la réalisation desquelles les États-Unis avaient contribué en solidarisant les intérêts de leur commerce avec ceux du peuple russe. Leur volonté bien arrêtée de sauvegarder leurs droits, en détachant, d'une part, Alexandre de Napoléon, les poussait, d'autre part, à marcher contre les Anglais. L'Amérique suscitait, de la sorte, à l'Empereur un nouvel adversaire et s'apprêtait, en même temps, à combattre le classique ennemi de l'Empereur.

Situation un peu déconcertante et embrouillée, mais qui était la conséquence des différentes phases que nous venons de résumer.

Cependant, les Américains, si forts de leurs droits, étaient moins forts dans la préparation d'une guerre qui les ferait respecter. Ils se retrouvaient en face de la Grande-Bretagne à peu près dans les mêmes conditions qu'au siècle précédent. La même stratégie et les mêmes difficultés allaient se présenter: le Canada était toujours l'objectif principal des premières opérations et il fallait, toujours, comme au siècle précédent, se prémunir contre les attaques et les menées des tribus indiennes.

En réalité, rien n'était prêt. On manquait de soldats et surtout d'officiers. L'activité déployée par Madison dans cette circonstance, si louable fut-elle, ne put faire l'impossible. Les généraux qu'on nomma aux divers commandements avaient presque tous joué un rôle dans la guerre d'indépendance, mais avaient, depuis, perdu tout contact avec l'armée: Dearborn, Thomas Pinckney, Wilkinson, Bloomfield, Winchester et William Hull, tous hommes qui, après avoir accompli leurs obligations militaires, s'étaient assoupis dans les compromissions politiques. On pouvait donc dire avec Scott[85] que, pour un esprit bien averti, l'armée ne présentait pas un aspect très rassurant.

Beaucoup d'officiers âgés avaient repris, en temps de paix, leurs habitudes de paresse et d'intempérance et il était impossible de savoir si une armée de volontaires n'aurait pas été supérieure à cette armée régulière de réguliers sortis de la régularité.

De plus, les côtes n'étaient pas en état de défense, les lacs n'étaient pas surveillés et les Indiens des territoires Nord-Ouest, déjà sous les armes, n'attendaient qu'un signal du gouverneur général du Canada pour se mettre en campagne.

Dans le Sud, la situation n'était pas meilleure; il y était facile à l'ennemi de repousser les garnisons américaines de la Nouvelle-Orléans ou de Mobile. La distance était grande entre la théorie et l'exécution. En paroles, l'enthousiasme guerrier se manifestait assez généralement. La difficulté commençait quand il fallait agir et le système des milices se montra défectueux, car les soldats qui les composaient refusaient souvent de servir au-delà des frontières de leurs États respectifs et prétendaient combattre d'après leurs vues personnelles, sans se soumettre aux ordres d'un commandement supérieur et unique.

Sur l'insistance du général Hull, il fut décidé qu'on se rassemblerait à Détroit, point fortifié d'où il serait possible de protéger la frontière et même d'occuper les territoires encore mal définis du Haut-Canada. Des ordres furent donnés pour envahir cette partie du pays et prendre immédiatement possession de Malden. On s'empara d'abord de Sandwich, en face de Détroit. Une proclamation promit aux habitants la liberté, en échange de l'oppression sous laquelle la domination anglaise les pliait. Cette proclamation provoqua des désertions dans le camp anglais, en faveur des Américains. Mais, pour empêcher la concentration de l'ennemi du côté de Détroit et de Malden, une diversion du côté de Niagara était nécessaire.

Dans ces guerres, si l'objectif était grand, les effectifs militaires étaient peu nombreux, surtout si on les compare aux armées nationales composées de tous les citoyens valides, que nous avons vues, depuis, manœuvrer sur les champs de bataille de l'Europe. Mais tout est relatif et le destin de l'Union allait se jouer avec des contingents qui, de part et d'autre, ne dépassaient pas quelques milliers d'hommes.

Les Anglais n'avaient pas une grande supériorité numérique à opposer aux Américains, dans cette partie du Haut-Canada où les hostilités commencèrent. Mais leur bonne fortune consistait à avoir à la tête de leurs troupes le général Isaak Brock, de Guernesey, encore dans la force de l'âge et, dans la force du terme, un soldat. Brock, cependant, se trouvait en présence de grandes difficultés. La proclamation de Hull, comme nous l'avons vu, avait produit un si grand effet sur les esprits, que la milice de Norfolk refusa de marcher. C'était un des nombreux indices faisant ressortir, en dépit de nombreux obstacles, la popularité de la cause américaine. Même les Indiens des fameuses six nations, se rappelant le rôle prudent et perfide qu'elles avaient toujours joué dans les démêlés qui mettaient aux prises les représentants des races blanches, leurs dominatrices détestées, se recueillaient, avant de prendre parti pour les uns ou pour les autres.

Pendant que le général Dearborn perdait un temps précieux à Albany où il avait porté son quartier général, Brock passa du lac Ontario au lac Érié et obligea le général Hull à évacuer Sandwich pour se retirer à Détroit. Quoique Hull eût pu supporter un siège en règle, il résolut de se rendre. La crainte des Indiens qui devenaient menaçants, l'audace des Anglais et, il faut le dire aussi, l'état d'esprit indiscipliné de ses officiers et de son petit corps d'armée, lui firent prendre un parti qui entacha son honneur militaire et entama la frontière Nord-Ouest des États-Unis d'une façon dangereuse. Il fut accusé de trahison et d'incapacité par le parti pacifiste lui-même, à la tête duquel Jefferson avait été si longtemps et qui était, plus que les généraux, responsable du mauvais état de la défense nationale.

Du côté du Niagara, la campagne ne semblait pas devoir être plus heureuse. Il est vrai que Brock fut tué dans une des premières rencontres, mais Van Ruesselaer dut se rendre ainsi que Hull, quoique sa reddition, tout en occasionnant des pertes sérieuses en morts et en prisonniers, n'entraîna pas une diminution de territoire. Smyth qui lui succéda échoua aussi dans sa tentative de passer le Niagara. Le Canada demeurait donc intact.

Sur mer, il y eut des rencontres sans résultat définitif, avec des hauts et des bas, d'où les marines anglaise et américaine purent réciproquement tirer des raisons en faveur de leur supériorité. Cette supériorité s'affirma, un instant, du côté des Américains, lorsque Hull, commandant le vaisseau *Constitution* , vint à bout du vaisseau anglais *Guerrière* commandé par Darces, lequel, en vue de Boston, fut défait et emmené prisonnier avec son équipage. Ce Hull était le neveu du général qui avait capitulé à Détroit. Cette victoire releva le renom de la famille et la renommée de la marine américaine, en passe de pouvoir se mesurer héroïquement avec la marine anglaise. Rien ne pouvait d'ailleurs exercer une influence plus satisfaisante sur les relations entre les différents partis et contribuer davantage à créer une commune solidarité de patriotisme. La victoire remportée par Hull avait, en effet, été facilitée par l'attitude de la Nouvelle-Angleterre où les fédéralistes formaient la majorité, elle avait été préparée grâce aux matériaux et aux hommes fournis par ces mêmes fédéralistes qui avaient si souvent défendu l'Angleterre contre les Démocrates et les Républicains. Pour la première fois, ils communièrent tous dans le plaisir d'une action d'éclat remportée sur l'ennemi commun. Et cette brillante performance fut pour la génération nouvelle un stimulant utile: les esprits, jusqu'à présent, uniquement adonnés aux profits du négoce, s'éprirent de gloire militaire, toutes proportions gardées d'ailleurs.

Sur une population d'un peu plus de sept millions, à peine dix mille hommes étaient soldats. C'était insuffisant. Dans son ensemble, la guerre ne causait pas un grand trouble au commerce habitué, et pour cause, aux embargos, confiscations et blocus. Jusqu'à présent, contrairement à ce qui s'était passé en Europe depuis tant d'années, aucune ville américaine n'avait encore connu les horreurs d'une invasion, les fermiers ne craignaient pas de voir leurs propriétés saccagées et le territoire de l'Union était assez vaste pour que, à l'exception des pays côtiers et du petit point exposé de Niagara, la vie pût y continuer, sans dommages, ses coutumières transactions. Dans ces conditions, la majorité des citoyens considérait la guerre plutôt comme un sport, tandis que ceux qui se rendaient réellement compte de la gravité de la situation, accusaient les généraux d'impéritie et d'incapacité après la bataille de Détroit. Il y eut des remaniements ministériels. Par un jeu de bascule qui se produit toujours dans des circonstances semblables, le Congrès avait perdu sa force d'opposition et le pouvoir exécutif avait gagné en autorité. Madison fut écouté, pour la première fois, par des représentants ayant mis une sourdine à la violence de leurs revendications. Avec lui, tout le parti républicain reconnut la nécessité de lever une armée régulière, largement rétribuée, ainsi qu'une flotte à la hauteur de celle qui se qualifiait maîtresse des mers. Il fallait, en même temps, se résoudre à augmenter la dette nationale dans de grandes proportions et ne pas reculer devant une guerre de conquête qui, toute proportion gardée, ressemblerait aux guerres que menait Napoléon en Europe, ainsi que pouvaient ironiquement le proclamer ceux qui accusaient Madison d'avoir toujours été un instrument entre les mains de l'Empereur.

La contradiction était, en effet piquante: le Président qui avait inauguré sa carrière présidentielle à un moment où, dans un entraînement pacifique, on avait, pour ainsi dire, aboli l'armée et la marine, à la fin de sa carrière, se voyait soutenu par une armée de près de soixante mille hommes et entouré par un nombreux état-major de généraux et d'officiers dont l'allure martiale contrastait avec sa simplicité bourgeoise.

D'ailleurs, même après les premières rencontres qui avaient diversement illustré les deux Hull, on espérait encore, en Angleterre, arrêter les progrès de la guerre, en facilitant la possibilité d'un armistice. Il y eut des remous d'opinion. La certitude, dans laquelle se trouvaient les hommes bien avertis de ne pouvoir enrayer la guerre avec les États-Unis, se précisait au moment même où l'espérance de vaincre devenait de jour en jour moins certaine. Tout contribuait à atteindre et à troubler la confiance publique.

En Espagne, Wellington qui, après la bataille de Salamanque, avait occupé Madrid, ne put s'y tenir et dut de nouveau évacuer cette capitale, en accentuant sa retraite vers le Portugal. Cet échec sans importance coïncidait avec la victoire sans lendemain de Napoléon qui, en septembre, était entré à Moscou. Tout faisait encore supposer que la Russie serait vaincue et que l'Angleterre, absorbée par l'Amérique, ne pourrait lui être d'un grand secours. Dans ces circonstances, la capture de la *Guerrière* fut cruellement ressentie et le *Times* , interprète du sentiment unanime, proclama que, jusqu'à présent, on ne pouvait trouver, dans l'histoire, l'exemple d'une frégate anglaise se rendant à une frégate américaine. De pareils jugements, exprimés officiellement et qui correspondaient à l'explosion de joie ressentie aux États-Unis, ne faisaient que creuser l'abîme qui désormais séparait les deux pays. Et que les Américains eussent précisément choisi, pour frapper l'Angleterre, le moment où son existence politique et économique était le plus exposée, constituait la preuve évidente que Madison agissait d'après les ordres de Napoléon. Ainsi s'écrivait l'histoire et il devenait nécessaire de mener la guerre jusqu'au bout.

Le patriotisme anglais surexcité voulait maintenant faire cette guerre implacable et sans merci. Ce sentiment se développa à mesure que se répandirent les nouvelles de Russie: la retraite de la Grande-Armée française, harcelée à travers d'immenses espaces par l'armée et l'hiver russes. La satisfaction de ce retour inespéré de la fortune rendit alors léger aux Anglais l'effort à opposer aux Américains. Le parti de la paix au Parlement ne souleva plus aucune protestation. L'opposition n'accusa pas les Ministres d'avoir déchaîné une guerre avec les États-Unis, — elle les accusa de ne l'avoir pas mieux préparée, d'avoir ignoré que le gouvernement américain était infecté par une haine mortelle contre l'Angleterre, à laquelle répondait une affection également mortelle à l'égard de la France.

Cependant les hostilités anglo-américaines devaient se traîner en longueur. L'intérêt primordial qu'elles avaient un instant présenté pour le cabinet de Saint-James tombait au second plan; plus importants, d'une actualité plus proche, étaient les événements qui se préparaient en Europe et auxquels l'Angleterre, sous peine de déchoir, devait prêter l'attention la plus passionnée. Avant d'entrer dans le détail des opérations militaires qui, pendant trois ans, se déroulèrent aux États-Unis, il convient de jeter un coup d'œil sur les brusques changements survenus en Europe et qui modifièrent la situation respective des belligérants, dans les deux mondes.

Résolu à rassembler une seconde armée de cinq cent mille hommes, en remplacement de celle qui s'était dispersée en Russie, Napoléon, après avoir laissé le commandement à Murat, était revenu à Paris, le 18 décembre 1812. La Prusse, frissonnante d'espoir, s'apprêtait à secouer le joug. Les Anglais comprirent que l'issue des complications américaines dépendait, dans une certaine mesure, de l'issue des complications allemandes.

Si nous remontons un peu le cours des événements, nous pouvons nous rendre compte qu'au début de l'expédition de Russie, alors que tout faisait encore présager la victoire de Napoléon, la situation du Ministre des États-Unis à Saint-Pétersbourg, était assez délicate. Son gouvernement, en déclarant la guerre à l'Angleterre, était devenu virtuellement l'allié de la France, au point de vue militaire, au moment même où la Russie avait tout intérêt à lier partie avec l'Angleterre contre la France.

Quelle conclusion tirer de ces faits?

Si Napoléon battait les Russes et marchait sur Saint-Pétersbourg, le ministre américain ne pouvait plus être *persona grata* auprès du Tzar; si Napoléon était battu, ce même ministre ne pouvait pas s'attendre non plus à beaucoup de considération de la part de la cour de Russie, désormais acquise à l'influence anglaise.

Dans les deux cas, il eût été politique d'éviter la continuation de la guerre entre l'Angleterre et l'Amérique, et le Tzar conçut l'idée d'offrir sa médiation. Quand cette offre fut connue à Washington par l'intermédiaire du Ministre russe Daschkoff, le gouvernement était en pleine lutte pour la désignation des titulaires de certains portefeuilles et la nomination des généraux commandants en chef. Armstrong, nommé ministre de la guerre, se trouva en compétition avec Monroe qui se croyait désigné pour un commandement militaire. À cette occasion, Sérurier le jugea avec une condescendance un peu sévère quand il lui accorde, de haut, un brevet de satisfaction en ces termes[86] .

«On parle beaucoup de M. Monroe pour le commandement de l'armée... ce n'est pas un homme brillant et personne ne s'attend à trouver en lui un grand capitaine; mais il a servi pendant la guerre d'indépendance avec beaucoup de bravoure sous les ordres et aux côtés de Washington. C'est un homme de beaucoup de bon sens, de l'humeur la plus austère, du plus pur patriotisme et d'une intégrité universellement reconnue. Il est aimé et respecté de tous les partis et l'on croit qu'il gagnera bientôt les cours de tous ses officiers et soldats.....»

Cependant, ce grand citoyen ne put s'entendre avec Armstrong. Gallatin lui-même, qui avait déjà rendu tant de services au pays, fut mis de côté. On lui trouva une compensation en le nommant membre de la mission envoyée auprès du Tzar pour discuter les conditions de sa médiation,—mission d'ailleurs bien délicate, non seulement à cause des concessions qu'il s'agissait de réclamer, mais surtout à cause du changement qui venait de s'opérer dans les affaires d'Europe et rendait, pour le moment, l'Angleterre assez indifférente aux manœuvres des États-Unis. Cette indifférence ne pouvait être que relative et temporaire.

Toutes les opérations militaires qui, au cours de l'année 1813, devaient se dérouler dans les étendues encore sauvages de l'Amérique du Nord, avec des armées relativement restreintes, des généraux peu expérimentés et des soldats mal entraînés, plus mal équipés encore, constituent un contraste pittoresque et instructif avec l'action gigantesque qui se jouait parallèlement en Europe, avec des masses d'hommes considérables, pour l'époque, et avec toutes les ressources d'une administration supérieurement organisée. Malgré les distances, malgré les divergences de vues, malgré la différence des moyens d'action employés, ces guerres, comme nous l'avons vu, ont entre elles des rapports profonds, des causes rapprochées, des intérêts mais aussi des dangers communs. C'est sous ces points de vue qu'il convient uniquement de les envisager ici.

Quand les envoyés américains arrivèrent à Saint-Pétersbourg, en juillet 1813, les événements s'étaient précipités et la situation se présentait sous des aspects nouveaux. Les graves préoccupations qui avaient absorbé Alexandre, la lourde responsabilité qui pesait maintenant sur lui, rejetaient bien loin dans ses pensées son projet de médiation avec les États-Unis.

On se rappelle qu'en décembre de l'année précédente Napoléon, repoussé en Russie après le passage de la Bérésina, avait quitté l'armée pour se rendre en secret à Paris, sans avoir pu recevoir le courageux ambassadeur Joel Barlow, lequel paya de sa vie son obstination consciencieuse à venir solliciter une audience diplomatique jusque dans les neiges de la Lithuanie. Le Tzar ne put empêcher son redoutable adversaire de reconstituer une nouvelle armée aussi puissante que celle qui s'était disloquée depuis la Moskowa jusqu'au Niémen, mais il essaya et il réussit à enflammer le souffle un peu patriotique, un peu révolutionnaire, mais surtout militaire qui, en Allemagne, n'attendait qu'une étincelle pour devenir incendie. Malgré la réunion des forces russes et prussiennes qui n'étaient plus une quantité négligeable comme nombre et comme bravoure, Napoléon fut encore vainqueur dans les sanglantes batailles de Lutzen et de Bautzen.

La politique habile de l'Autriche, dirigée par M. de Metternich, intervint à ce moment et facilita l'acceptation d'un armistice qui fut peut-être plus utile à Napoléon qu'aux souverains alliés. Précisément à la date où cet armistice allait expirer, Gallatin et Bayard étaient arrivés à Saint-Pétersbourg et le Tzar qui, à Gitschin, attendait avec anxiété le résultat de la médiation autrichienne, considérait la médiation proposée par lui à Madison comme très secondaire.

D'un autre côté, l'Angleterre montrait peu d'empressement à voir la Russie se mêler de ses conflits avec les États-Unis. C'était presque encore, pour elle, une affaire de famille qu'elle entendait régler sans l'intervention d'autrui. Castlereagh fit comprendre à Alexandre qu'il serait disposé à négocier directement et séparément avec le cabinet de Washington et il fit savoir à Gallatin, par l'intermédiaire d'Alexandre Baring que, si les instructions données aux commissaires américains les obligeaient à soulever la question de la presse des Matelots, toute négociation serait inutile. Dans ces conditions, le succès de la médiation dépendait des succès de Napoléon.

Avant de prendre un parti pour ou contre les Américains, l'Empereur Alexandre attendait aussi l'issue de la lutte gigantesque. Il remit l'affaire aux soins de Romanzoff, le représentant de la politique française qui cherchait à faire aboutir la médiation et, en même temps, à la sollicitude de Nesselrode qui penchait pour l'Angleterre. Telles influences contradictoires retardèrent toute solution expéditive. Il était écrit que les événements qui se passaient en Amérique seraient comme obscurcis par les événements qui se préparaient en Europe. Napoléon à la veille d'être vaincu! Qu'importait le reste aux nations coalisées contre lui,—qu'importait surtout cette guerre suscitée par les Américains? Les Anglais avaient à résoudre des problèmes plus proches et plus compliqués.

Pendant quelque temps, les batailles de Vittoria et de Leipzig noyèrent, dans l'éclat de leur retentissement, les rencontres sanglantes qui avaient eu lieu, avec des alternatives plus ou moins brillantes, dans le pays des grands lacs ou dans les contrées arrosées par les eaux du grand fleuve Mississipi. L'action diplomatique se ralentissant nécessairement, l'opinion anglaise à l'égard de l'Amérique ne se manifestait plus que par les journaux. On y trouvait, couramment exprimée, l'exaspération d'avoir subi des échecs sur mer; on ne pouvait oublier l'aventure de la *Guerrière* et d'autres navires anglais obligés de se rendre ou de reculer devant les navires américains. Le *Courrier* , feuille semi-officielle et qui passait pour soutenir la politique du cabinet, parla avec ostentation contre les velléités de paix et, rejetant toute la responsabilité des hostilités sur l'Amérique, proclama l'impossibilité de traiter avant que les canons anglais aient répandu la terreur sur les côtes américaines. Ce journal, dans son exaspération assez naïve, alla jusqu'à accuser les Américains de n'être plus des Anglais,—dans ce grief faisant revivre les causes profondes de désaffection, en imprimant ces lignes de mépris et de colère:

«Ils n'ont rien ajouté à la littérature, rien à aucune science!.. Ils n'ont produit aucun bon poète, aucun historien célèbre!.. Leurs hommes d'État sont d'une espèce hybride,—moitié métaphysiciens, moitié politiciens, ayant tout le sang-froid des uns et toute la roublardise des autres. Aussi ne voyons-nous rien de grand dans leurs conceptions[87]...»

Mais, en ce moment, il ne s'agissait ni de littérature, ni de conceptions métaphysiques: il s'agissait de savoir si les Américains étaient de taille à soutenir la lutte contre l'Angleterre, à coups de fusil et à coups de canons. Les Anglais auraient volontiers attribué les victoires navales remportées par les Américains, à l'habileté et au courage des marins anglais—ou de ceux qu'ils s'obstinaient à considérer comme tels—dont ils cherchaient précisément à supprimer la collaboration par leur ténacité à pratiquer la presse des matelots qui, dans les deux camps, parlaient la même langue. Sur ces entrefaites, la nouvelle de la victoire de Perry, sur le lac Érié, arriva à Londres en même temps que la nouvelle de la défaite de Napoléon à Leipzig. Dans ces deux événements, il y avait de quoi réjouir et de quoi vexer les Anglais. Le contentement l'emporta naturellement sur le dépit. La joie de savoir l'Empereur français en retraite sur le Rhin fit accepter sans trop de récrimination la défaite d'une flotte anglaise dans des eaux américaines. Et encore, cette flotte ne fut considérée que comme une flotille, ne faisant pas partie de la marine britannique, n'étant qu'une force locale, d'une espèce plutôt marchande que militaire, affirmait-on, pour diminuer l'importance de l'action.

Quand on apprit que les Américains s'étaient emparés de Malden, avaient réoccupé Détroit et dispersé l'armée de Proctor sur la Tamise, le ton hautain de la presse mit une sourdine à ses déclarations haineuses. Elle fit preuve, tout à coup, d'une certaine impartialité à l'égard de ce qui se passait aux États-Unis, affectant de croire que les événements d'Europe auraient une influence décisive sur le cabinet de Washington, en le détachant de Bonaparte. Dans ces conditions, Gallatin et Bayard pouvaient être reçus à Londres, avec l'espoir d'entamer les pourparlers en vue de la paix. Castlereagh y était enclin, quoique, en dehors du gouvernement et de la presse officielle, l'opinion publique fût toujours très hostile. Pour bien des gens, la fortune déclinante de Napoléon devait entraîner, dans sa chute, la fortune naissante de l'Union Américaine. Les plus passionnés comprenaient Madison dans leur haine contre Napoléon, — les considérant tous deux comme un couple détesté, dont la disparition de la scène du monde pouvait, seule, permettre de réaliser une paix durable et honorable.

Aux États-Unis, ces façons de voir avaient naturellement une répercussion profonde sur la situation des partis en présence. Les fédéralistes du Massachusetts revenaient à leurs anciennes sympathies. Les succès remportés par les Russes et, par conséquent, par les Anglais, mirent, un instant, en discussion l'idée de ne plus faire participer cet État à la guerre et de préconiser une paix séparée avec l'Angleterre. Cette idée semblait avoir été inspirée par la proposition faite au Congrès, par Madison, d'imposer un nouvel embargo. Les États de l'Est en auraient été le plus gravement atteints, comme ils l'avaient toujours été par une semblable décision, car c'était avec eux que les Anglais faisaient le plus de commerce et tout commerce devant cesser avec l'ennemi, la Nouvelle-Angleterre ne pouvait être autorisée à vendre ou à acheter, aussi longtemps que le reste du pays en était empêché.

Dans son message du 9 décembre 1813, Madison fit ressortir les inconvénients résultant de la non-exécution de cette mesure. Pour lui, c'était simplement prolonger la durée de la guerre. En effet, non-seulement des objets de première nécessité arrivaient, de la sorte, aux ports anglais, aux armées anglaises au loin, mais les armées qui menaçaient directement les États-Unis, qui se trouvaient en face des armées américaines, pouvaient tirer des ports américains des ravitaillements qu'il eut été impossible de faire venir d'ailleurs. Même les navires et les troupes qui venaient insulter les côtes et remontaient l'embouchure des fleuves se voyaient ainsi soutenus et entretenus. Partout, si l'on n'y mettait bon ordre, on arrivait à ce résultat déconcertant: l'armée anglaise du Canada secourue par ceux-là même qui devaient la combattre.

Quelque logiques et justes que fussent les raisons qui inspiraient Madison en faveur d'un embargo, le moment était mal choisi pour le faire accepter. Il était trop tard de recommencer un essai qui avait si mal réussi à Jefferson. On savait d'ailleurs que la Russie, la Prusse, le Danemark, la Suède et la Norvège, l'Espagne et l'Amérique du Sud, étaient déjà accessibles au commerce anglais et que la marche fatale des événements n'allait peut-être pas pour longtemps empêcher Napoléon de lui fermer le commerce avec la France. Le résultat serait donc minime si l'Angleterre se trouvait simplement exclue des ports de Boston et de Salem.

Cet embargo qui fut voté et révoqué peu après, qui, pour les uns, n'était qu'une imitation maladroite du système continental de Napoléon, pour les autres, un moyen de supprimer toute communication illicite avec le Canada, fut soumis aux vicissitudes qui se succédaient si rapidement en Europe et donna lieu à des discussions d'un intérêt plus spécial, concernant la crise économique.

En Europe, les alliés avaient traversé le Rhin et menaçaient la France au Nord et à l'Est, tandis que Wellington marchait sur Bordeaux. Dans ces conditions, quel effet pourrait produire l'embargo, quand l'Angleterre, débarrassée de son redoutable adversaire, avait renoncé à ses blocus comme la France avait renoncé à ses décrets? Prenant en considération ces changements importants, par un message au Congrès du 31 mars 1814, Madison, revenant sur sa décision primitive, recommanda de mettre un terme au système des restrictions commerciales. À cette occasion, deux orateurs exposèrent les raisons qui les avaient toujours fait manifester une opinion opposée à toute mesure restrictive.

Calhoum, qui avait toujours combattu la politique commerciale de Jefferson et de Madison, considéra la volte-face de ce dernier comme un triomphe personnel, mais, au lieu d'en faire grand état, il fit siennes les raisons invoquées par le Président et s'efforça d'adoucir les contestations qui pourraient s'élever, à cc sujet, entre les représentants des États du Sud et de l'Est. Il rappela que la logique absolue n'est pas de ce monde, qu'un changement d'opinion se justifie par la nécessité qu'implique toute évolution et qu'une politique ne peut être taxée d'inconsistance que s'il n'y a pas de changement dans les circonstances pour la justifier. Maintenant, des circonstances nouvelles réclamaient de nouveau la liberté du commerce, à la condition, toutefois, que cette liberté ne fût pas un obstacle au développement des manufactures américaines; pour lesquelles il demandait la continuité d'une politique franchement protectrice.

Ces deux affirmations semblaient contradictoires: la grande liberté accordée au commerce anglais ne comportait-elle pas un obstacle dangereux pour le développement et la protection de l'industrie américaine?

Daniel Webster fit ressortir cette contradiction. Les arguments qu'il émit sont typiques.

Il rappela, à son tour, que le système du blocus américain qui, pendant si longtemps, avait été accepté comme un *Credo* politique, n'était autre qu'une conséquence du blocus continental de Napoléon; ce système soutenait le gouvernement de Napoléon, aussi longtemps qu'il était tout-puissant; il l'abandonnait quand Napoléon s'approchait de son déclin. Webster était heureux de cette condamnation du «premier système américain» parce que cette suppression concordait avec ses idées sur le développement des manufactures. Et ici, cet homme d'État, d'un caractère si énergique, exprima, presque en poète, son aversion, non pas pour le nombre croissant des usines, mais pour la méthode avec laquelle elles prenaient déjà une si grande extension dans le vieux monde. Par anticipation, il semblait un Ruskin américain, quand il disait:

«Je ne suis pas pressé de voir des Sheffields et des Birminghams en Amérique... Je ne tiens nullement à accélérer l'approche de la période où la grande masse des travailleurs américains ne trouvera plus son emploi dans les champs; quand les jeunes hommes de la campagne seront obligés de fermer leurs yeux aux beautés de la nature, — au ciel, à la terre — et de se confiner dans des ateliers malsains; quand ils seront obligés de fermer leurs oreilles au bêlement de leurs troupeaux broutant sur les collines qui leur appartiennent, et de ne plus entendre la voix de l'alouette les fêtant au labour et qu'ils devront les ouvrir dans une atmosphère de fumée, de vapeur, au perpétuel tourbillon des courroies et des fuseaux, dans le grincement des scies....»

De telles paroles dépassaient l'actualité du moment, elles prédisaient le danger futur. Mais l'heure présente était toute entière aux complications militaires et les divergences qui divisaient Républicains et Fédéralistes devaient se réveiller devant la nécessité de fortifier les contingents de l'armée. Si Armstrong reconnaissait l'opportunité d'augmenter le nombre des recrues en vue d'une offensive, Webster fut d'avis de ne pas sortir d'une guerre défensive, excepté sur l'Océan. Les batailles de Leipzig et de Vittoria lui donnaient raison. L'Angleterre pouvant disposer de plus de ressources, l'offensive avait passé entre ses mains et une défense victorieuse était seule ce que pouvaient espérer les États-Unis.

Sérurier assistait à ces débats parlementaires, il observait ces revirements de l'opinion, en fidèle serviteur de Napoléon, en sincère patriote aussi. La considération qu'on lui témoignait augmentait ou diminuait, suivant la nature des événements. L'importance de son rôle se réglait d'après l'issue plus ou moins heureuse de la tactique de son maître. On peut trouver dans sa correspondance diplomatique comme un reflet des différentes phases par lesquelles passa l'influence française en Amérique, à cette époque. En juillet 1813, la gloire de l'Empereur est encore intacte.

«La semaine dernière, écrit-il[88] , nous avons reçu, l'une après l'autre, les nouvelles des derniers succès remportés au commencement de la campagne, — la bataille de Lutzen, l'offre d'un armistice et la bataille de Bautzen. Ces événements, si glorieux pour la France, ont été autant de coups de foudre pour l'ennemi en Amérique. Sa consternation égale sa confiance antérieure, qui n'avait pas de limites. Les Républicains du Congrès, par contre, ont reçu ces nouvelles avec des expressions de triomphe. Ils sont tous venus me féliciter et m'ont affirmé qu'ils n'étaient pas moins que nous victorieux à Lutzen...»

Quand arrivèrent les nouvelles moins bonnes, à la fin d'octobre 1813, l'enthousiasme de Sérurier baisse un peu de ton mais il ne peut pas encore dire que la confiance de Madison soit déjà ébranlée:

«En rentrant à Washington, il s'est exprimé en des termes convenables, quoique mesurés, sur la monstrueuse coalition qui a été renouvelée contre Sa Majesté. Il me fit remarquer que, au nombre de nos avantages, nous devions compter le fait que la coalition possédait dix têtes, tandis que la France n'en avait qu'une».

«Et quelle tête puissante!» conclut aussitôt le Président, avec moins de grâce que de conviction dans sa contenance.

Mais le Ministre de France ne devait pas toujours recueillir dans son entourage des propos si flatteurs.

Quand on apprit la bataille de Leipzig et les dispositions conciliantes de Castlereagh, Sérurier tomba de son piédestal,—de toute la hauteur qui convenait au représentant de Napoléon. Ce fut une consternation chez les uns,—une joie chez les autres,—une stupeur chez tous. En pouvait-il être autrement? Au commencement de février 1814, les nouvelles étaient arrivés de Bordeaux annonçant que les alliés étaient à Troyes, menaçant Paris, tandis que Napoléon avait accepté leurs conditions de négociations.

«Pour le moment, écrivait Sérurier[89] , le public croyait tout perdu. Je dois dire, en toute justice, que le Président et son cabinet montrèrent plus de sang-froid et ne partagèrent pas l'alarme universelle, ils continuèrent à me témoigner une grande confiance dans le génie de l'Empereur. Je ne les ai pas trouvés inquiets outre mesure par la marche des alliés, ni sceptiques en ce qui concerne notre pouvoir de les repousser; mais je sais que l'adhésion de Sa Majesté aux conditions préliminaires des alliés et, plus encore, le congrès de Châtillon, et l'influence irrésistible naturellement acquise par le Ministre britannique, ont vivement alarmé M. Madison. Il crut voir, dans l'annonce de votre acceptation de ces conditions, notre renonciation à toute espèce de pouvoir ou contrôle sur l'Espagne et sur l'Allemagne, où l'Angleterre serait désormais toute puissante. Il crut qu'une paix, dictée par lord Castlereagh, avait déjà dû être signée et que les États-Unis seraient laissés sur le champ de bataille...»

Les esprits se montraient tellement affectés par les revers de Napoléon que les capitalistes hésitaient à exposer leurs capitaux. Il est évident que le passage du Rhin et les progrès des alliés en

France, provoquèrent ce mouvement rétrograde du cabinet de Washington.

Du coup, Sérurier perdit tout son prestige.

Du coup, fut modifiée aussi la tendance qui constitue une des caractéristiques de la première période de l'histoire des États-Unis, période durant laquelle, les diplomates étrangers pouvaient jouer un rôle assez important pour contrebalancer l'influence des pouvoirs législatif et exécutif. Ce qui, jusque-là, avait été permis à l'initiative personnelle de Jefferson ou de Madison, ne fut plus toléré. L'ingérence indiscrète d'une grande puissance étrangère n'était donc plus possible. La parole était désormais aux représentants de la nation. Beau et grand principe qui, malheureusement, n'est pas toujours conforme à la réalité des choses. Et, en l'occurrence, quelle nation représentaient, le plus souvent, ces représentants? Des fractions de nationalités qui, dans l'émiettement du système fédératif, risquaient de méconnaître le véritable intérêt de l'Union. La politique séparatiste des différents états faisait encore grand tort à la notion de l'État. Cette politique, qui était parfaitement légitime quand il s'agissait d'intérêts locaux, devenait désastreuse quand il s'agissait de questions d'un ordre plus général, telles que la guerre, les relations extérieures, la défense, enfin, du territoire, non seulement d'un état pris isolément dans son entité organique, mais de tous les états pris dans leur ensemble. Les Républicains avaient toujours défendu ce principe,—qui est en même temps un *Credo* indispensable au salut d'une patrie. Des fédéralistes de la Nouvelle-Angleterre s'étaient toujours montrés hostiles à cette conception, et pour cause, car leur parti ne renonçait pas encore à l'espoir d'une scission. Ils manifestaient peu d'empressement pour la continuation de la guerre. Ceux du Massachusetts émirent même la prétention de ne pas prendre les armes avant que leur territoire ne fût envahi par l'ennemi. Jusque-là, d'ailleurs, les habitants des principales villes voulaient continuer leur commerce sans entraves, sans embargo, sans blocus. Il y eut des réunions où de véritables appels à la révolte se firent entendre,—ce qui était d'autant plus dangereux qu'il y avait en Angleterre des partisans réclamant la constitution d'une confédération du Nord uniquement composée des cinq états de cette ancienne province.

Les hommes politiques mieux avertis, même fédéralistes, reculèrent devant cet extrême. Ils ne voulaient, sous aucun prétexte, répandre la division pendant qu'on était en guerre avec une nation puissante qui, tout en ayant accepté l'envoi de commissaires en vue de la paix, ne semblait pas disposée à accepter de raisonnables conditions de paix.

Tandis que la guerre, impopulaire chez les uns, populaire chez les autres, donnait lieu à de telles manifestations de politique intérieure, elle continuait ses opérations militaires sur lesquelles il convient de jeter maintenant un coup d'œil d'ensemble.

Après les premiers échecs à la frontière du Canada, le général Harrison eut pour mission de reprendre Détroit et de s'avancer jusqu'à Malden; mais, selon lui, on ne pouvait garder Détroit qu'après avoir pris Malden. Il ne paraissait pas avoir grande confiance dans le succès de cette campagne et cherchait à en rejeter la responsabilité sur le cabinet[90] . Une rencontre sanglante eut lieu sur les bords de la rivière Raisin où le général Winchester aurait pu avoir l'avantage s'il avait eu toutes ses forces à proximité; mais le régiment de Wells était trop loin pour le secourir. Il fut débordé par la milice canadienne flanquée par un gros d'Indiens qui firent preuve de leur férocité habituelle. Il fallut se rendre. Les gens de Kentucky qui s'étaient battus avec bravoure excitèrent la curiosité des soldats anglais.

Le major Richardson[91] fit d'eux la description suivante:

«Leur apparence était misérable, affreusement. Ils avaient l'aspect d'hommes, pour lesquels, la propreté est une vertu inconnue et leurs corps sordides étaient recouverts de vêtements qui avaient été exposés à toutes les intempéries des saisons et étaient arrivés au dernier degré de l'usure, là où toute réparation devient inutile... On était au cœur de l'hiver, mais personne n'était pourvu d'un ample manteau; quelques-uns seulement possédaient des objets de laine défiant toute description. Ils avaient toujours leurs vêtements d'été, en étoffe de coton, de couleurs variées et taillés en forme de blouses descendant jusqu'aux genoux... Ils portaient des chapeaux rabattus, râpés à force de servir, sous lesquels leurs longs cheveux tombaient en désordre sur leurs joues. Si on ajoute à cela des couvertures sales roulées autour des reins pour les protéger contre le froid et retenues par de larges ceinturons de cuir dans lesquels étaient passés des couteaux et des haches, d'une longueur extraordinaire, ils avaient un air sauvage qui, en Italie, les eussent fait prendre pour des brigands des Apennins...»

Cette description donne une idée du délabrement dans lequel se trouvaient les troupes,—délabrement physique et matériel qui correspondait, dans une certaine mesure, au désarroi des autorités dirigeantes. Monroe se demanda plus d'une fois si ses compatriotes possédaient vraiment les qualités nécessaires pour faire la guerre. Mais toute qualité se développe avec le temps et avec l'expérience. Les hostilités se déroulèrent avec des vicissitudes diverses. Perry battit Proctor sur le lac Érié; Proctor ne put prendre sa revanche sur les bords de la rivière Tamise où une bataille qui dura vingt minutes, avec force d'auxiliaires indiens, dégagea le Haut-Canada. Dans cette rencontre, le fameux chef indien Tecuruthe fut tué. Quand le feu eut cessé, plusieurs officiers anglais, qui le connaissaient bien, vinrent sur les lieux et identifièrent son corps. Le coup fut décisif pour la domination anglaise dans le Nord-Ouest, et les Indiens, se rendant compte de la situation, reprirent leur liberté d'action à l'égard de l'Angleterre.

Quoique les hostilités, qui duraient depuis bientôt deux ans, fussent, en résumé, à l'avantage des États-Unis, les Anglais n'avaient pas pu être repoussés de la frontière du Canada. Voyant que le résultat obtenu était mince sur le lac Ontario, Armstrong chercha à menacer le Haut-Canada par le lac Érié où il possédait une flotte. C'était une diversion qui pouvait affaiblir l'ennemi du côté de Plattsbourg. Mais encore dans cette opération qui avait toutes les apparences d'une action locale, l'influence de ce qui se passait en Europe, l'influence, enfin, de la carrière de Napoléon sur la destinée de l'Union, devait se faire sentir. Pendant qu'on élaborait ce plan, les alliés étaient entrés à Paris le 31 mars, Bayonne s'était rendu à Wellington le 28 avril 1814, et quelque temps après, le gouvernement anglais décida d'envoyer au Canada un renfort de 10.000 hommes, composant quatorze régiments des meilleures troupes de Wellington. Napoléon, vaincu, contribuait ainsi à augmenter les forces que les Anglais voulaient opposer aux Américains.

En attendant l'arrivée de ces soldats d'élite, Scott remporta une victoire sur les Anglais de Riall, en rase campagne, près de la rivière Chippana. Cette bataille qui, en réalité, n'était importante ni par le nombre des effectifs engagés, ni par le résultat obtenu, peut, cependant, être comparée à la victoire navale remportée par Isaac Hull sur la *Guerrière* . L'armée de terre n'avait plus rien à envier à la marine. Un légitime orgueil, garant d'une confiance dont on avait grand besoin, fut le gain le plus clair de cette rencontre qui facilita celle de Lendy's Lane. Les Américains avaient fait leurs preuves de bravoure et d'habileté. Dans cette dernière bataille, ils eurent deux généraux et beaucoup d'officiers blessés. Brown et Scott furent obligés de prendre du repos, tandis que Ripley se retrancha derrière le fort Érié, à l'assaut duquel, le commandant des forces britanniques, le général Drummond, échoua. Quatre fois en six semaines, les troupes anglaises en nombre avaient reçu un coup sanglant et significatif, porté par des troupes américaines inférieures en nombre.

Pour les Anglais, le lac Champlain était la région la plus propice pour une invasion. Là, ils pouvaient concentrer des forces respectables. Pour cette raison, leur tactique consistait à reculer la frontière militaire jusqu'à Plattsbourg et Burlington. De ce côté, la chance parut leur revenir. Le 26 août 1814, le lieutenant général Sir J. C. Sherbrooke, gouverneur de la Nouvelle-Écosse, quitta Halifax avec une flotte importante et arriva, au commencement de septembre, à l'embouchure de Penobscot. Tout l'effectif du Massachusetts n'était pas capable de résister aux Anglais. Bientôt toute la province du Maine tomba entre les mains de Sherbrooke. La population parut disposée à se soumettre à la domination du roi Georges; mais cette domination ne pouvait devenir effective que si l'on était en possession du lac Champlain. Une flotille anglaise entra donc dans les eaux de ce lac pour y faire une démonstration hostile. Izard se fortifia à Plattsbourg. Autour de cette place et dans la baie du même nom, allait se livrer une autre bataille, — une double action, sur terre et sur le lac, où les contingents anglais qui s'étaient couverts de gloire sous Wellington, furent battus sous Prévost. N'ayant plus, pour les diriger, la main énergique du Duc de Fer qui les avait rendus invincibles en Portugal, ces soldats parurent inférieurs au Canada.

L'activité déployée avec bonheur à la frontière du Nord prouve quelle importance Armstrong attachait à arrêter les progrès des Anglais de ce côté, — quelle importance aussi ces derniers attachaient à la possibilité de reculer cette frontière vers le sud. Le Ministre de la Guerre semblait entièrement oublier que Washington était sans défense, à la merci d'une attaque qui aurait pu être tentée par une poignée d'hommes avant qu'on ait seulement donné l'alarme. Les pourparlers à Londres avec Gallatin et Bayard traînant en longueur, il fut enfin question de fortifier Washington, siège du gouvernement et cette mission fut confiée au général Winder. Ce général, qui ne connaissait pas bien le pays, consacra un mois à le parcourir en vue de l'étudier mais, vers la fin du mois d'août, il n'avait pas encore pris une initiative utile pour la défense de la ville. Cette inertie, ou cette négligence, était d'autant plus coupable, qu'une expédition anglaise, commandée par le major-général Robert Ross, était en route, à l'effet d'opérer une diversion sur les côtes des États-Unis d'Amérique, au profit de l'armée employée à la défense du Haut et du Bas-Canada. Mais dès le mois de mai 1814, un corps isolé de troupes américaines ayant fait un raid non autorisé par le gouvernement, jusqu'à Long Point, saccageant les propriétés privées sur leur passage, Prévost prévint immédiatement le vice-amiral Cochrane qu'il serait équitable de tirer vengeance d'un tel affront, et, dès que l'expédition de Ross arriva à Bermude, en juillet, elle fut dirigée vers la baie de Chesapeake, avec ordre de détruire et de dévaster les villes et districts échelonnés sur la côte[92] . Après avoir réalisé ces représailles, trois buts étaient à atteindre: délivrer la flotille du capitaine S. Barney, bloquée dans la rivière Patuxent,—s'emparer de Baltimore,—insulter Washington. On voit que les craintes inspirées à Madison par l'inertie de Winder étaient justifiées.

Les Américains ne purent arrêter l'envahisseur à Bladensburg. Malgré une défense énergique, au cours de laquelle, Barney prouva qu'il aurait été plus désigné que Winder pour commander l'armée américaine, le général Ross marcha sur Washington, à la tête de ses troupes. La nuit tombait quand il atteignit les premières maisons de la ville. Le général, entouré de quelques officiers, fut accueilli par une fusillade dirigée contre lui, de la maison occupée autrefois par Gallatin, sur la place du Capitole. Le cheval de Ross fut tué, mais la maison fut incendiée. Le gros de l'armée anglaise campait hors de la ville. Une partie reçut l'ordre de mettre le feu au Capitole et, aussitôt que les flammes en eurent fait leur proie, Ross et Cockburn, accompagnés de quelques centaines de soldats et animés d'un grand désir de vengeance, froidement, silencieusement, se dirigèrent à travers l'obscurité jusqu'à la Maison-Blanche et y mirent aussi le feu. Au même moment, les navires ancrés dans le bras oriental du Potomac, sautèrent, et la nuit s'éclaira des flammes de tous ces incendies, répandant sur toute la contrée une lueur sinistre que Madison et les ministres en fuite purent apercevoir du haut des collines du Maryland et de la Virginie.

Un des rares civils demeurés dans la ville était notre représentant, Sérurier; il fit à Talleyrand la description suivante de ce spectacle tragique[93] :

«Je n'ai jamais vu une scène à la fois aussi terrible et aussi magnifique. Votre excellence, connaissant la nature pittoresque et la grandeur des environs, peut s'en faire une idée. Une profonde obscurité régnait dans la partie de la ville que j'occupe et nous étions abandonnés aux conjectures et aux rapports mensongers de nègres, sur ce qui se passait dans le quartier illuminé par ces flammes effrayantes. À onze heures, un colonel, précédé par des porteurs de torches, fut aperçu marchant dans la direction de la Maison-Blanche qui est située près de la mienne. Les nègres rapportèrent qu'elle devait être incendiée ainsi que tous les bâtiments des ministères. Je crus que ce que j'avais de mieux à faire, dans ce moment, c'était d'envoyer un de mes gens au général, avec une lettre dans laquelle je le priais d'expédier une garde à la maison de l'ambassadeur de France pour la protéger... Mon messager trouva le général Ross à la Maison-Blanche où on rassemblait dans le salon tous les meubles qu'on pouvait trouver pour y mettre le feu. Le général répondit que l'hôtel du Roi serait respecté comme si Sa Majesté en personne s'y trouvait; qu'il donnerait des ordres à cet effet et que, s'il était encore à Washington le jour suivant, il aurait le plaisir de me rendre visite.»

Cette mise à sac de la capitale répondait au but assigné à cette expédition de représailles. Elle fut exécutée systématiquement, avec un flegme et une méthode toute britanniques, dans un silence et un ordre effrayant, présidant, en somme, à des actes de brigandages qu'on aurait voulu pouvoir mettre sur le compte d'un entraînement de passion, pour en atténuer toute l'horreur. Ce n'est pas la place ici d'entrer dans ces détails auxquels les Anglais impartiaux eux-mêmes n'aiment pas à s'arrêter. Qu'il nous suffise de rappeler qu'en entrant dans la maison du Président, les soldats trouvèrent table mise et se régalèrent d'un menu copieux qui ne leur avait pas été destiné,—et aussi que la Présidente n'eut que le temps de faire décrocher un portrait de Washington pour le soustraire à la fureur dévastatrice de l'ennemi.

Madame Madison, fuyant à son tour, ne fut rejointe par son mari que dans une pauvre auberge, sur la grand'route encombrée par des soldats désemparés et des citoyens fugitifs. De tous les chefs d'État dont la capitale fut occupée par l'ennemi, pendant les guerres napoléoniennes, le président Madison fut certainement le plus durement traité. D'ailleurs, tous les membres civils du gouvernement, Monroe et Armstrong en tête, furent exposés à de pénibles vicissitudes que leurs prétentions militaires rendaient parfois ridicules, s'il est permis d'appliquer cet adjectif à des hommes d'un caractère et d'une intelligence remarquables, se trouvant aux prises avec les plus dramatiques nécessités, pour lesquelles ils n'étaient nullement préparés.

Après le raid sanglant et incendiaire dirigé contre Washington, l'armée anglaise s'était repliée sur les côtes de la Baie de Chesapeake où

Cochrane et Cockburn continuèrent leurs ravages et leurs exactions. Mais leur objectif était maintenant Baltimore qui, d'après le plan primitif, aurait dû être attaqué avant Washington. De cette façon, la grande cité avait eu plus de temps pour préparer sa défense. Cette défense fut même organisée avec beaucoup d'entrain par les citoyens ardemment secondés par le maire. Dans ces conditions, Baltimore ne pouvait pas être pris aussi facilement que Washington et l'armée de Ross ne semblait pas de force à s'emparer des ouvrages avancés. Dans une rencontre qui eut lieu du côté de North-Point, Ross fut tué d'une balle et remplacé dans le commandement par le colonel Brooke. Mais devant l'impossibilité d'un bombardement décisif, l'amiral Cochrane fit savoir à Brooke qu'il cessait le feu et le colonel fut aussi d'avis que «la prise de la ville ne serait pas une compensation suffisante des pertes qu'entraînerait l'assaut des forts».

Ainsi, malgré l'attaque dirigée contre Washington, l'armée anglaise était en retraite; malgré le désarroi qui présidait à la direction politique et militaire des affaires américaines, l'avenir de l'Union semblait se dégager de ces terribles épreuves.

Sur mer, la marine des États-Unis tenait tête, souvent avec avantage, à la marine britannique qui se trouvait exposée aux plus audacieuses représailles de la part des navires marchands. Ces derniers poussaient leurs poursuites jusque sur les côtes de l'Angleterre et, dans l'espace de vingt-quatre mois, plus de huit cents vaisseaux furent capturés par une puissance nouvelle dont la force navale avait jusqu'à présent été maladroitement méprisée par les Anglais. Le commerce qui constituait la base de la politique inspirée par les boutiquiers de Londres et de Liverpool, aux hommes d'État du cabinet de Saint-James, était gravement atteint. Les Américains pouvaient, en définitive, se considérer comme satisfaits du résultat général de la guerre, quels que dussent être les efforts à tenter encore et les difficultés à surmonter: ils s'étaient vengés, en beaucoup de cas, des insultes qu'on leur avait infligés.

Cependant, à quel prix?

Les dépenses en hommes et en argent étaient immenses — et les hommes et l'argent manquaient à Madison après ces deux ans de guerre. Et pour la continuer encore, il fallait s'imposer de nouveaux sacrifices, mais la fatigue se faisait sentir dans tous les rangs de la population. La situation financière était désastreuse. La panique causée par la prise de Washington obligèrent les banques de Philadelphie et de Baltimore à suspendre leurs payements. Il en fut bientôt de même des banques de New-York et de la plupart des grandes villes. La vie économique du pays fut bouleversée, la source de tout revenu étant tarie.

Pourtant, il fallait encore préparer une résistance opiniâtre. Les commissaires américains qui discutaient, à Gand, les conditions auxquelles l'Angleterre serait disposée à faire la paix, avaient fait savoir, en octobre 1814, que ces conditions n'étaient pas admissibles. Les négociateurs anglais demandaient des concessions territoriales qui entamaient l'intégrité de l'Union. Ils demandaient, d'abord, tout le territoire indien du Nord-Ouest, comprenant le tiers de l'État de l'Ohio, les deux tiers de l'Indiana et presque toute la région qui composa plus tard les États de l'Illinois du Wisconsin et du Michigan, devait tomber sous la domination de l'Angleterre. Les États-Unis ne devaient plus avoir aucun contact militaire ou naval avec les Lacs; ils seraient déchus de tous droits de pêcheries et, enfin, devaient céder une portion du Maine en vue de fortifier le Canada.

Il était impossible de s'incliner devant de telles prétentions.

Les hommes d'État américains et les différents partis étaient donc partagés entre ces deux tendances: désir et presque obligation de faire la paix, et nécessité de faire la guerre. Nécessité d'autant plus inéluctable que les opérations anglaises dirigées contre la baie de Chesapeake allaient être complétées par des opérations ayant pour objectif les côtes du Golfe du Mexique, où, suivant Cochrane, «les troupes anglaises, au nombre de 3.000, débarquées à Mobile et rejointes par tous les Indiens, ainsi que par les Français et les Espagnols séparatistes, pourraient entièrement repousser les Américains de la Louisiane et des Florides[94] ».

C'était la perspective de faire d'une pierre deux coups: annihiler les effets de la politique de Napoléon qui avait cédé la Louisiane aux États-Unis pour la soustraire à toute tentative de la part de l'Angleterre,—en même temps, couper toute communication entre la région des Grands-Lacs et l'embouchure du Mississipi. Pour atteindre ce but, il fallait s'emparer de la Nouvelle-Orléans et réveiller dans le pays les anciennes ambitions espagnoles et même les vieilles sympathies françaises.

Jackson qui, à la tête des forces américaines, s'était arrêté trop longtemps à Mobile, dut marcher sur la Nouvelle-Orléans vers laquelle se dirigeait Pakenham, ayant sous ses ordres une flotte et une armée importantes. Mais Jackson, arrivé dans cette ville qui comptait alors à peine vingt mille habitants, ne sembla pas se rendre compte du danger qui la menaçait. Son activité ne fut pas plus ingénieuse que celle de Winder à Washington, jusqu'au moment, du moins, où il se trouva en présence de l'ennemi. Il était en train de faire une inspection du côté de Chef-Menteur et du lac Pontchartrain, quand les Anglais commencèrent leur attaque du côté du lac Borgne. Alors Jackson se rendit compte de la situation et, en face du danger, il retrouva tous ses talents militaires.

Grâce à son habilité, grâce à la bravoure et à la persévérance d'une petite armée[95] , composée de milices levées à la hâte, le formidable armement préparé, à grands frais, par l'Angleterre, échoua: la Nouvelle-Orléans repoussa l'attaque de l'ennemi. Ce fut le 8 janvier 1815, jour à jamais mémorable dans les annales de l'histoire de l'Amérique du Nord, que ce produisit cet événement d'une portée considérable. Franklin avait dit un jour, en s'adressant à ses compatriotes: «Vous avez fait la guerre de la Révolution,—il vous reste à faire la guerre de la libération définitive.» Cette libération venait de s'achever avec la victoire de la Nouvelle-Orléans. Au moment même où Napoléon allait jouer sa dernière chance dans la plaine de Waterloo, les États-Unis se voyaient définitivement en possession de la vallée du Mississipi qui leur permettait de s'étendre vers l'ouest immense et mystérieux, et de relier, en même temps, les plages méridionales du golfe du Mexique aux étendues septentrionales de la région des Grands-Lacs.

Chapitre XIII

LA CHUTE DE NAPOLÉON ET LA FIN DE LA RIVALITÉ FRANCO-ANGLAISE EN AMÉRIQUE.

Après l'abdication de Fontainebleau, Napoléon se rendit en hâte dans le midi de la France pour regagner son minuscule royaume de l'île d'Elbe, dérisoire souveraineté que les alliés avaient consenti à lui laisser, d'après le choix auquel il s'était lui-même arrêté.

C'était à la fois trop et pas assez.

C'était trop, car l'activité qu'il mit aussitôt à organiser et à administrer un territoire insulaire qui équivalait à l'importance et à l'étendue d'une sous-préfecture, prouve que ses qualités d'initiative n'étaient pas atteintes.

Ce n'était pas assez, car son imagination, toujours en travail, dépassa bien vite les limites étroites qu'on lui avait assignées, pour reprendre le rêve de sa domination universelle.

Et puis, même réduit à ce fantôme de son ancienne puissance, le génie de l'Empereur inquiétait les ambassadeurs de la Sainte-Alliance en train de refaire la carte de l'Europe, au congrès réuni à Vienne.

En réalité, il fut déjà le prisonnier de l'Angleterre dans ce nid à portée de vue de son berceau et où, pour l'Autriche, l'aigle se trouvait encore trop près de l'aiglon.

La marine britannique surveillait, à une distance indiscrète, les allées et venues qui se produisaient à l'intérieur et autour de l'île. Les nouvelles n'y pouvaient parvenir que tronquées, falsifiées: on ne laissait passer que des informations strictement révisées par une censure méticuleuse. On sait comment ces mesures sévères furent habilement déjouées.

Mais dès son arrivée, le nouveau roi de l'île d'Elbe, qu'on appelait toujours l'Empereur, eut besoin de se remettre des fortes émotions par lesquelles il avait passé durant son voyage de Fontainebleau à Fréjus. Sur cette route de l'exil, il avait été accompagné par des officiers autrichiens et anglais ayant pour mission — ô dérision! — de le protéger contre les manifestations hostiles des populations qui avaient déjà changé avec enthousiasme la cocarde tricolore contre la cocarde blanche. L'animosité à son adresse était surexcitée à un tel point, surtout en Provence, que pour éviter de tomber sous les coups d'un assassin vulgaire, Napoléon estima prudent de prendre la livrée et la place d'un de ses courriers à cheval qui précédaient ses équipages.

Dans cet accoutrement, lamentablement déprimé et meurtri, il vint échouer à l'auberge de la Calade, près d'Aix. Il ordonna à la femme de l'aubergiste de préparer les relais de Sa Majesté. Cette femme qui était d'une exubérance toute méridionale, lui demanda si son maître allait bientôt arriver: «Ta mine me revient, mon garçon, ajouta-t-elle, et je te conseille de ne pas t'embarquer avec lui. Sûrement, on lui fera boire un coup dans la mer, à lui et à toute sa séquelle. Et on aura raison. Car, sans cela, il sera de retour avant trois mois.»

«Comme elle finissait d'aiguiser sur la meule un de ses couteaux de cuisine, elle l'invita, en ricanant, à en toucher la pointe avec le doigt: «Il est bien affilé, regarde. Si quelqu'un veut, tout-à-l'heure, utiliser l'instrument, je le lui prêterai volontiers. Ce sera plutôt fait.» Le reste de la caravane l'avait rejoint sur ces entrefaites et put le voir, blême de colère, jeter à terre, comme du poison, le vin qui lui était servi[96] ».

Dans ce trouble physique et moral, il s'embarqua. Mais sa force physique et morale avait assez de ressort pour qu'il reprît vite possession de lui-même. On peut dire que l'ambiance nouvelle dans laquelle il allait se trouver, agit sur lui comme une potion calmante sur un organisme surmené. Cet homme, qui ne s'était jamais reposé, trouva un dérivatif excellent dans des occupations, à première vue, puériles et indignes de son génie.

On put croire, un instant, ce génie en pleine décadence.

Quand on le vit, en effet, prendre au sérieux, les mesquines obligations de son nouvel état, accorder une importance exagérée aux couleurs et à la forme de son nouveau pavillon, discuter sur la dimension de la cocarde destinée à ses nouveaux sujets; quand on le vit faire son entrée dans le petit port de Porto-Ferrajo avec autant de solennité que s'il entrait à Vienne ou à Berlin, on put se demander s'il jouait une comédie où s'il continuait simplement, par la force acquise, le geste si glorieusement dessiné sur la scène du monde, en un geste piteusement terminé sur une scène aux proportions si étroites.

Ce fut souvent une pitrerie lamentable.

L'Empereur, le roi des rois, maintenant le petit roi de la petite île d'Elbe, eut des soldats, une cour, des courtisans,—autant de jouets laissés à une vanité désemparée et à un orgueil qui ne put plus se nourrir que d'apparences.

Lui-même manifesta une activité brouillonne et inquiète. Intellectuellement, il se recueillit; physiquement, il ne put tenir en place.

Après avoir présidé à l'installation de la maison qui devint son palais des *Mulini* , il parcourut l'île en quête d'un site favorable à des villégiatures. La nature partout était superbe; le confort laissait à désirer. Toute l'île est une oasis charmante jetée sur les flots bleus de la mer Thyrénienne, une station malheureusement ou heureusement trop dédaignée par la mode vagabonde des touristes, où les points de vue, sauvages et riants, alternent avec une pittoresque variété, sous un climat qui ressemble à celui de la Corse. Ce fut le seul instant où, dans sa carrière agitée, Napoléon put se laisser aller au côté rêveur de son caractère. Un instant, il devint poète et, dans le cadre magnifique qui l'entourait, il relut *Ossian* , le poète qu'il avait aimé dans sa jeunesse.

Mais les tendances pratiques de son esprit positif reprirent vite le dessus.

San-Martino offrait un emplacement propice à y établir une propriété de plaisance, où venir, l'été, fuir les chaleurs de la capitale. Il y avait une bicoque: on en fit une maison de campagne qui fût pour Porto-Ferrajo ce qu'avait été Saint-Cloud pour Paris. Napoléon voulut en faire un domaine de rapport où pousseraient des légumes de choix. Il s'occupa de tous les détails et quiconque aurait surpris cet homme courtaud et bedonnant, coiffé d'un large chapeau de paille, en train de vérifier le progrès des jeunes pousses, n'aurait certes pas reconnu le grand Empereur.

Ceux qui l'observaient avec des yeux prévenus et hostiles, crurent que ses facultés exceptionnelles se rapetissaient au niveau des petits soucis d'une vie désormais vouée à des soins médiocres. Campbell surtout, le commissaire anglais qui cherchait à concilier les exigences d'une politesse toute britannique avec les nécessités d'un espionnage dont son gouvernement l'avait chargé, épiait, avec une satisfaction mal dissimulée, les étapes fatales d'une déchéance intellectuelle correspondant à la déchéance politique.

Tout indice était noté et exagéré. Le grand désœuvré cherchait à tromper son ennui en donnant de l'importance à ce qui n'en avait pas. Ses manies, — petitesses inhérentes à tout homme si exceptionnel soit-il — prenaient des proportions gigantesques dans ce milieu resserré où les affaires d'État se réduisaient à acheter des meubles, à habiller et équiper quelques soldats, à diriger des jardiniers et à se disputer avec des fonctionnaires improvisés.

Certaines phobies, bizarres il est vrai, furent prises pour autant d'indications pouvant faire croire à un dérangement cérébral. Ainsi, Napoléon avait horreur du noir et il exprimait cette antipathie en critiquant vertement toute dame qui se permettait de se présenter devant lui en vêtement sombre. Le rose avait sa prédilection. Sa sœur si dévouée, Pauline Borghèse, fut sévèrement réprimandée pour avoir arboré, dans une soirée officielle, une toilette de velours noir.

Un homme qui perdait son temps à de pareilles vétilles n'était plus hanté par le mirage des vastes ambitions.

Aussi Campbell, faisant taire ses craintes, rassura son gouvernement. Les diplomates du Congrès de Vienne, qui, Talleyrand en tête, trouvaient, qu'à l'île d'Elbe, Napoléon était trop près du théâtre de sa gloire, trop près de l'Italie où les mécontents commençaient à élever la voix, trop près de la France où les Bourbons se rendaient impopulaires, se tranquillisèrent au récit de certaines mises en scène qui frisaient la bouffonnerie et prenaient des allures carnavalesques. Le geôlier dissimulé sous la personnalité d'un officier anglais, qui devait surveiller le prisonnier commis à sa garde, crut, un beau jour, qu'il pouvait se relâcher de la sévérité de sa surveillance. Le 16 février 1815, Campbell se rend à Florence. Sa conscience cependant n'était pas complètement endormie. Il rencontre, dans la capitale toscane, le sous-secrétaire d'État M. Cook, qui revenait précisément de Vienne et lui exprime ses craintes relatives à la situation et à la mentalité de Napoléon. Le sous-secrétaire d'État haussa dédaigneusement les épaules: «Napoléon! s'écria-t-il... qu'est-ce que c'est que ça? Retournez en paix à l'île d'Elbe, Colonel. Il ne peut rien faire. Et s'il vous demande ce qu'on pense à son sujet, répondez-lui que personne ne songe plus à lui en Europe. Il est complètement oublié, c'est comme s'il n'avait jamais existé!»

Si cette opinion était partagée par les hauts dignitaires qui se rencontraient autour du tapis vert du Congrès de Vienne, si elle était accréditée auprès des cours de la Sainte-Alliance, il faut avouer que les rapports de police qui ont contribué à la répandre manquaient un peu d'exactitude et beaucoup de psychologie.

Lorsque, le 28 février 1815, après une absence de huit jours, Campbell revint à l'île d'Elbe, Napoléon était parti pour la France.

Ce retour avait, sans doute, été décidé dès Fontainebleau. On peut le croire quand on se rappelle qu'il avait d'abord été question de désigner la Corse comme pouvant constituer une royauté convenable pour le grand vaincu. Il eût été bien, pour lui, d'aller chercher son tombeau là où avait été son berceau. Au grand étonnement de tous, Napoléon refusa. Ce refus était apparemment inspiré par une arrière-pensée bien arrêtée. La Corse aurait trop donné l'impression d'un établissement définitif: l'île d'Elbe n'était qu'une halte passagère, une station reposante entre deux courses vertigineuses.

On peut donc se demander si, pour déjouer la vigilance de ses geôliers et dérouter l'opinion de l'Europe, Napoléon, après sa tragédie, ne joua pas une comédie, en faisant croire qu'il s'inclinait devant la sévérité de son destin et qu'il acceptait définitivement la compensation que le sort lui avait réservée.

Au début de son séjour à l'île l'Elbe, la lassitude générale avait, sans doute, agi sur ses nerfs, lui imposant un repos nécessaire. Il affecta de se croire heureux, il le fut peut-être pendant un certain temps, et il en consigna l'assurance un peu présomptueuse, sur une des grosses colonnes peintes de San-Martino où on peut lire cette inscription: *Ubicumque felix Napoleon* (Napoléon est partout heureux). En réalité, il trompait les autres en cherchant à se tromper lui-même.

Plusieurs causes troublèrent bien vite cette quiétude apparente.

Ce furent, d'abord, des bruits alarmants répandus jusque dans l'île. On parlait, à mots couverts, d'un assassinat possible, d'un enlèvement certain. L'Europe n'était décidément pas rassurée de voir Napoléon si près et il fut question de le transporter plus loin, à l'île Sainte-Marguerite, aux Açores ou à Sainte-Hélène, et c'est à M. de Talleyrand que revient le regrettable honneur d'avoir, le premier, désigné cette possession anglaise à l'attention des diplomates. Napoléon se mit sur ses gardes et décida de se défendre, en cas d'alerte.

Puis, vint la question d'argent. Le gouvernement des Bourbons semblait oublier l'engagement pris de servir à Napoléon une rente de deux millions. Les épaves de sa fortune personnelle, qu'il avait pu sauver, ne suffisaient plus au budget d'une royauté, si modeste fut-elle. Les économies s'imposèrent et, avec elles, s'imposa la nécessité de sortir, par un coup d'audace, d'une situation inextricable.

Malgré la surveillance exercée, Napoléon était tenu au courant de ce qui se passait en France. Il sut que sa gloire y était toujours vivante et qu'on ne pouvait s'empêcher de comparer la maëstria de ses procédés à la veulerie incohérente et insolente des Bourbons, inféodés à la politique de l'Angleterre. Il attachait une grande importance à connaître ce qui se passait en Amérique. Il aurait voulu apprendre en détail les péripéties de la guerre qui s'y poursuivait. La distance ne permettait pas que les nouvelles fussent répandues avec exactitude et célérité. Pourtant, quand il apprit qu'une partie des régiments de Wellington avait été expédiée en Amérique pour y contribuer à donner aux opérations une tournure décisive, il se persuada certainement que l'heure était venue pour lui de s'évader de sa prison et de reprendre la lutte si malencontreusement interrompue.

Ce n'est pas la place ici de suivre, pas à pas, les étapes de sa marche triomphale qui, du midi, à travers Lyon, le mena à Paris, en une ovation indescriptible. Ce fut sa revanche des souffrances supportées, alors qu'il s'enfuyait de Fontainebleau. Maintenant, par un revirement compréhensible mais d'une soudaineté qui étonne un peu, les populations saluent son retour avec enthousiasme, les soldats, de nouveau entraînés par le prestige du grand capitaine, accourent se ranger sous ses aigles et arborent la cocarde tricolore. Il y a bien quelques hésitations, quelques défections, mais Ney ne peut résister à l'élan de son grand cœur et, au lieu d'obéir aux ordres de Louis XVIII, il se jette dans les bras de son Empereur.

Puis, les Cent-Jours... puis, Waterloo!

Et puis, Sainte-Hélène!...

Si la bataille de Waterloo mit fin au napoléonisme dans ce qu'il avait d'excessif, si les Anglais réussirent, avec l'appui de la coalition européenne secondée par la réaction française, à vaincre le colosse qui les avait si longtemps tenus en échec, les conséquences mêmes de cette bataille se firent sentir jusqu'aux États-Unis, parce qu'elles donnèrent une plus grande signification aux conclusions du traité de Gand et parce qu'elles soulignèrent, d'un trait ineffaçable, la fin de la rivalité franco-anglaise en Amérique.

Cette rivalité qui avait toujours été habilement exploitée par les hommes d'État américains et par les différents partis en présence, fut aussi un instrument entre les mains de Napoléon.

Aussi longtemps qu'il conserva l'espoir de continuer en Amérique la politique coloniale de l'ancien régime, si mal représentée sous Louis XV, il s'agissait, pour lui, d'évincer l'Angleterre au profit de la France; dès qu'il comprit qu'un rôle prédominant était désormais interdit à la France en Amérique, il s'agissait d'évincer l'Angleterre au profit des États-Unis eux-mêmes.

La cession de la Louisiane fut la conséquence de cette conception. Entraîné dans les complications continentales non pas, comme Louis XIV, de son plein gré, mais par la force des choses, Napoléon renonça aux grandes expéditions coloniales tout en mettant obstacle à l'expansion de l'Angleterre dans la vallée du Mississipi.

Il chercha à entraîner l'Amérique à prendre parti dans la lutte; nous avons essayé de dire les fluctuations auxquelles elle fut exposée, placée qu'elle était entre les nécessités contradictoires des décrets de Berlin et de Milan et des Ordres en Conseil.

L'Amérique oscilla longtemps, de la sorte, entre l'influence française et l'influence anglaise, jusqu'au jour où solidarisant ses intérêts commerciaux avec ceux de la Russie, elle facilita à cette dernière la possibilité de secouer le joug du blocus et parvint, par cette simple manœuvre, à détacher Alexandre de l'Empereur des Français. Cette attitude fut une des causes indirectes qui contribuèrent à déclencher la néfaste campagne de Russie: au moment même où les États-Unis faisaient face aux attaques anglaises sur leur propre territoire, ils portaient un coup mortel au système continental de Napoléon dans les régions septentrionales de l'Europe.

Ils s'affranchissaient, les armes à la main, de la tutelle anglaise et bravaient en même temps la volonté bien arrêtée de l'Empereur, en un mot, ils se dressaient, pour la première fois, contre les deux puissances, la France et l'Angleterre, qui les avaient à la fois créés et exploités.

On comprend donc avec quelle curiosité Napoléon suivit les phases de ce que l'on peut appeler la seconde guerre d'indépendance de l'Amérique du Nord. Pendant qu'il avait été pour ainsi dire retranché de la vie, dans sa chimérique royauté de l'île d'Elbe, les événements avaient marché et il ne put connaître qu'à son retour en France la victoire remportée par les Américains à la Nouvelle-Orléans et la signature du traité de Gand qui sanctionnait cette victoire.

S'il fut heureux de cette victoire, à laquelle il avait indirectement contribué, il ne put que regretter qu'elle se produisît trop tôt ou que lui-même eût quitté l'île d'Elbe trop tard.

Les contingents de Wellington envoyés en Amérique, maintenant disponibles, avaient, en effet, été reportés sur la Belgique où ils contribuèrent, avec les armées coalisées, à assurer la défaite finale.

Qui sait? Sans eux, peut-être, le sort du monde eût été changé. Mais, tel qu'il va être orienté pendant un siècle, il est le résultat, pour l'Amérique, pour l'Europe, de la bataille de la Nouvelle-Orléans et de la bataille de Waterloo.

Durant toute l'année 1814, les négociations furent difficultueuses entre les États-Unis et l'Angleterre. Elles traînèrent en longueur et lord Castlereagh eut à partager son attention entre les graves questions à discuter au milieu de tout l'appareil des fêtes et des plaisirs du Congrès de Vienne et les questions dont l'importance était plutôt indifférente au grand public et devaient être discutées à l'Hôtel plus modeste des Pays-Bas, à Gand.

Mais là aussi les diplomates réunis sentaient le contre-coup de ce qui se passait à Vienne et à Paris. L'opinion publique en Angleterre en fut, à son tour, influencée. La guerre devenait impopulaire et on demandait la paix. Seulement au mois de février 1815, la *Favorite* , portant les propositions préliminaires, fut en vue des côtes américaines.

À ce moment, on craignait toujours, dans le cabinet de Washington, la perte de la Nouvelle-Orléans, quand on apprit, le 4 février, que l'invasion anglaise était repoussée et que la Nouvelle-Orléans était sauvée, ce fut une joie d'autant plus grande, dans le parti républicain, qu'on ne s'attendait pas à cette victoire et que les Fédéralistes comptaient exploiter une situation indécise.

On se rappelle que, dès le début de la guerre, l'Angleterre avait décliné les offres d'intermédiaires de l'Empereur Alexandre auprès du gouvernement américain. En novembre 1814, Castlereagh avait proposé d'ouvrir des négociations directes et Madison ayant accepté, adjoignit Henri Clay et Jonathan Russell à Bayard et Gallatin. L'abdication de Napoléon avait plutôt compliqué la situation de la Délégation américaine. Ce fut à ce moment qu'on convint de se réunir à Gand.

Les commissaires anglais furent le vice-amiral Gambier, Henry Goulburn, du Ministère des Colonies et William Adams, un avocat de l'amirauté, tous agents d'une habileté médiocre, de manières hautaines, auxquels leur gouvernement avait laissé si peu d'initiative qu'ils étaient obligés d'y avoir recours pour décider la moindre contestation. Les Américains leur étaient supérieurs en talents et en moyens d'action. Ils exposèrent et défendirent les justes revendications de leur patrie avec une patience à laquelle il faut rendre hommage. La seule critique à adresser, par exemple, à Adams et à Clay, pourrait se rapporter à leur caractère passionné et impulsif qui, par des écarts de langage et d'attitude, compromit parfois le succès des débats que le sang-froid de Gallatin parvint heureusement à diriger dans le sens voulu.

Les commissaires anglais avaient à traiter: 1° la question de la presse des matelots,—2° la pacification des Indiens et la nécessité de leur assigner un territoire déterminé,—3° la révision de la ligne frontière entre les États-Unis et les Colonies Anglaises,—4° la question des pêcheries.

Les Américains firent savoir qu'ils étaient autorisés à discuter la première et la troisième de ces questions, mais qu'ils ne l'étaient nullement en ce qui concernait la pacification des Indiens et les pêcheries.

Assigner un territoire déterminé aux Indiens aboutissait à des conséquences graves pour les Américains: c'était retirer toutes leurs forces navales des Lacs, supprimer toutes les fortifications qui s'y trouvaient et céder les étendues du Maine entre le nouveau Brunswick et Québec pour être incorporées au Canada. Ils se refusèrent à discuter sur de telles bases dont l'admission équivalait à renoncer à toute indépendance nationale.

Castlereagh, passant par Gand pour se rendre à Vienne, comprit que les exigences de son gouvernement étaient trop élevées et il y mit une sourdine, sous peine de voir rompre les pourparlers.

Pendant qu'on se rendait compte en Angleterre de la difficulté de la situation et de la nécessité de terminer la guerre, les commissaires ne pouvaient s'entendre sur la possibilité de reconnaître le droit des Américains sur les pêcheries ni le droit des Anglais à la navigation du Mississipi. On finit cependant par s'arrêter à l'idée de ne faire aucune allusion dans le traité à ces deux questions délicates. On se promit, de part et d'autre, de tenter tous les efforts pour arriver à supprimer la traite des esclaves. Les hostilités devaient cesser dès que le traité serait ratifié.

À y regarder de près, ce traité ne répondait pas aux exigences des deux partis en présence; il en sacrifiait les plus ardemment exprimées au début des négociations. Les Américains durent renoncer aux compensations pour les spoliations britanniques; ils furent obligés de mettre en question leurs droits sur Eastport et leurs droits de pêcheries dans les eaux anglaises. Les Anglais, de leur côté, ne purent faire accepter leurs principes relatifs à la presse des matelots et au blocus; ils se virent contester leur droit de naviguer sur le Mississipi et de faire le commerce avec les Indiens.

Tout compte fait, les Américains purent passer, en apparence du moins, pour avoir fait un mauvais marché. Cela était peut-être vrai, si l'on s'arrête à l'acquit des avantages palpables obtenus. Cela ne l'était pas quand on songe que leur triomphe fut plutôt moral que matériel. Ils avaient gagné leur émancipation définitive,— point essentiel et d'une portée immense. Le reste viendrait plus tard. Et, pour ce reste, ils avaient le temps qui travaillait pour eux, le temps, facteur puissant, négociateur irrésistible qui devait leur être finalement favorable et parfaire l'œuvre à laquelle, au XVIIIᵉ siècle, Louis XVI, et, au commencement du XIXe siècle, Napoléon, avaient directement ou indirectement collaboré.

Pendant que les États-Unis républicains voient s'ouvrir, devant eux, la perspective d'une carrière brillante et sans bornes, la réaction va triompher en Europe. Les théories sociales, les idées d'émancipation issues de la Révolution, l'individualisme vainqueur, chez nous, de l'esprit d'autorité, tous principes qui avaient suivi, au pas de charge, les bataillons de Bonaparte, rebroussèrent chemin et furent mis en déroute avec nos soldats. Dans une certaine mesure du moins.

Les graines de liberté, semées au hasard, germeront plus tard. Pour le moment, la promesse de cette liberté qui avait été faite au peuple par la Prusse, au nom du patriotisme, fut honteusement oubliée. La Prusse va préparer son rôle de domination en Allemagne, avant de prétendre à dominer l'Europe entière. Sept ans après Iéna, elle entrevit sans doute le but assigné à son ambition par la force brutale du militarisme. L'Europe ne le devina pas. Le fait saillant et qui primait toutes les autres considérations émanait du triomphe de l'Angleterre: la lutte séculaire entre elle et la France était terminée.

Au congrès de Vienne, Talleyrand, qui représentait et défendait le principe de la «légitimité», formule dont il réclamait avec orgueil la paternité, sut redonner à la France une attitude de grande puissance. Il y fallait une habilité subtile, à la fois cynique et profonde. Les qualités et les défauts de l'ambassadeur de Louis XVIII répondaient précisément aux nécessités du moment. On a pu lui reprocher d'avoir sacrifié une alliance prusso-russe à une alliance anglo-autrichienne, d'avoir, pour sauver l'intégrité du royaume de Saxe, contribué à l'établissement de la Prusse sur les bords du Rhin, ce qui mettait cette puissance en contact direct avec la frontière française et lui permettait de prendre le rôle de sentinelle avancée, montant la garde à cette frontière, au nom de la future unité allemande, réalisée sous son égide.

En apparence, ces critiques peuvent être fondées. En réalité, la menace eut été aussi grande, si la Prusse s'était annexée la Saxe, annexion qui l'aurait agrandie singulièrement au cœur même de l'Allemagne où elle aurait constitué un bloc homogène et redoutable qu'un rapprochement temporaire avec la France n'aurait pas arrêté dans ses visées agressives contre la voisine de l'Ouest.

Certes, l'Angleterre, aux yeux de tous, était encore l'ennemie héréditaire: elle l'était dans les ressentiments que nos cœurs patriotes lui vouaient au lendemain de la lutte implacable dont l'Amérique avait été un des enjeux les plus importants. Mais, si elle avait pu s'emparer de beaucoup de nos colonies, l'Amérique lui échappait. Et, pour des yeux clairvoyants, pour une intuition quasi prophétique qui fut peut-être celle de Talleyrand, à partir de ce moment, l'Angleterre avait cessé d'être notre adversaire et devait bientôt se prêter à un nouveau groupement d'alliances. Le danger anglais avait disparu pour la France: le danger allemand se dessinait à l'horizon.

Dans les négociations du traité de Gand, on ne s'occupa pas de Napoléon—dans les discussions du Congrès de Vienne où l'on détruisit son œuvre, il ne fut pas question de l'Amérique. Pourtant, comme une action subsidiaire mais de grande portée, se fait sentir à côté des protocoles officiels, poussée de l'impondérable, l'influence que Napoléon avait exercée sur les événements que nous venons de résumer.

Napoléon était vaincu à Waterloo. L'Angleterre était vaincue à la Nouvelle-Orléans: l'Amérique, désormais hors des atteintes de la France et de l'Angleterre, peut marcher sans entraves vers la

constitution de sa nationalité et le développement
de sa grandeur.

NOTES

1: Everett Hale: *Memoirs of a hundred years.*

2: Mémoires.

3: Emerson: *Napoleon, or the man of the World.*

4: A. Schalck de la Faverie: *Les Normands et la découverte de l'Amérique au Xe siècle.*

5: *Le Grand insulaire et Pilotage d'André Thevet, cosmographe du Roy (1586).*

6: Cartier: *Voyage de découverte au Canada... entre les années 1514 et 1542.*

7: *Bref discours des Choses plus Remarquables que Samuel Champlain, de Brouage, a recognues aux Indes occidentales.*

8: Washington Irving: *Knickerbocker's History of New-York.*

9: Roosevelt: *The Winning of the West.*

10: Seeley: *The Expansion of England.*

11: Lettres, instructions et mémoires de Colbert, publié... par Pierre Clément, III, 2 e part. Instructions du marquis de Seignelay, Colonies.

12: A. Schalck de la Faverie: *Les Premiers Interprètes de la Pensée américaine. Essai d'histoire et de littérature sur l'évolution du puritanisme aux États-Unis.*

13: André Chevillard: *Les Desseins de son Éminence de Richelieu pour l'Amérique...* Rennes, in-4 ° .

14: Ed. J. Lowell: *Relations with Europe during the Revolution* (V. *Narrative and critical History of America* , edited by Justin Winsor).

15: Le duc de Choiseul à M. Durand, Compiègne, le 24 août 1767, *Documents historiques* , n ° 71.

16: Le lieutenant-colonel de Kalb au duc de Choiseul, le 15 janvier 1768, *Documents historiques* , n ° III.

17: Comte de Ségur, *Mémoires* .

18: Diary and Letters of Gouverneur Morris.

19: Washington à J. Jay, 1 er août 1786.

20: Jefferson à Lee, *Works of Jefferson* , t. VII, p. 376.

21: Voir le *Mémoire* pour servir d'instruction au citoyen Genet.

22: J. Fauchet: *Coup d'œil sur l'état actuel de nos rapports politiques avec les États-Unis de l'Amérique septentrionale*. Paris, an V. 1797.

23: *Essai sur les avantages à tirer de colonies nouvelles dans les circonstances présentes* , par le citoyen Talleyrand. Lu à la séance publique de l'Institut national, le 15 messidor, an V.

24: Talleyrand: *Loc. cit.*

25: *Mémoires du Prince de la Paix* , III, 23.

26: Talleyrand: *Loc. cit.*

27: Instructions au général Berthier, 8 fructidor, an VIII (26 août 1800); Projet de Traité préliminaire et secret, 10 fructidor, an VIII (28 août 1800) (*Archives des Affaires Étrangères*).

28: Beurnonville à Talleyrand, 27 nivôse, an XI (17 janvier 1803) (*Archives des Affaires Étrangères*).

29: *Works of Jefferson* , t. IV, p. 431 (18 avril 1802).

30: Livingston au Secrétaire d'État, le 1 [er] septembre 1802, *American State Papers* , t. II, p. 525.

31: Baron Marc de Villiers du Terrage: *Les dernières années de la Louisiane.*

32: *Archives du Ministère des Colonies.*

33: Baron Marc de Villiers du Terrage: *Op. cit.*

34: Cette pièce commandée au graveur Adrien est devenue très rare; elle se trouve au Musée de la Monnaie, de Paris.

35: «En 1819 ou 1820, notre belle-sœur, la reine Hortense, nous raconta à Rome que l'Impératrice Joséphine avait été fort alarmée par la catastrophe de son portrait.»

«Joséphine, comme la plupart des Créoles, était très superstitieuse. En ce temps-là, elle vivait dans la crainte presque continuelle que le Premier Consul, désirant avoir des enfants qu'elle n'était plus en état de lui donner, n'en vint à un divorce. Il en avait été question en rentrant d'Égypte, sous prétexte, non de stérilité, mais de légèreté de conduite...»

«Au temps de la tabatière brisée, Joséphine, pleine de confiance en Mlle Lenormand déjà fameuse tireuse de cartes, mais qu'elle contribua beaucoup à mettre à la mode, l'alla consulter.»

«Elle proposa de couvrir le portrait qui avait couru le risque d'être brisé, d'un autre absolument pareil et peint également par Isabey.»

«On nous dit que la boîte à double portrait est aujourd'hui entre les mains de la duchesse de Bragance, petite-fille de l'Impératrice par son père Eugène Beauharnais.»

(*Note de la princesse de Canino*).

36: *Correspondance* , VIII, 289.

37: *Livingston to Madison* , 3 mai 1804; *View of the Claims* , etc... *by a citizen of Baltimore* , p. 75.

38: Mémoires du duc de Liancourt.

39: Talleyrand à Turreau, 20 thermidor, an XII (*Archives des Aff. Étr.*).

40: Talleyrand à Turreau, 27 thermidor, an XII, 15 août 1804 (*Archives des Aff. Étr.*).

41: Instructions secrètes pour le Capitaine Général de la Louisiane, approuvées par le Premier Consul, le 5 frimaire, an XI, 26 nov. 1803 (*Archives de la Marine*).

42: Talleyrand à Gravina, 12 fructidor, an XII, 30 août 1804 (*Archives des Aff. Étr.*).

43: Monroe à Talleyrand, 8 novembre 1804 (*State Papers* , II, 634).

44: *Correspondance de Napoléon* , XXXII, 321.

45: *Rule of the war of 1756.*

46: Reeve: *Law of shipping and Navigation.* Part. II, chap. III.

47: Monroe to Madison, 18 octobre, 1805; *State Papers* , III, 106. Monroe to colonel Taylor, 10 septembre 1810; Monroe mss.; *State Department* , *Archives* .

48: Jefferson: *Works* , IV, 584.

49: Napoléon à Talleyrand, 22 thermidor, an XIII (10 août 1805). *Correspondance* , XI, 73.

50: Talleyrand à Turreau, 31 juillet 1806 (*Arch. des Aff. Étrangères*).

51: Jefferson au général J. Mason, *Œuvres* .

52: Napoléon à Champagny, 15 novembre 1807. *Correspondance* , XVI, 165.

53: Th. Jung: *Lucien Bonaparte* , III, 83-113.

54: Nouveau Dictionnaire d'Économie politique (Léon Say), article: *Blocus continental.*

55: Turreau à Champagny, 20 mai 1808 (*Archives des Aff. Étr.*).

56: Champagny to Armstrong, 15 janvier 1808. *State Papers* , III, 248.

57: John Quincey Adams à Harrisson Gray Otis, *Boston, 1807* .

58: A. Schalck de la Faverie: *Les Premiers Interprètes de la Pensée américaine.*

59: Lambert's Travels, II, 64, 65.

60: William Cullen Bryant: *The Embargo, or sketches of the Times.* A Satire.

61: Napoléon à Talleyrand. *Correspondance* , XVII, 39, 49, 65.

62: Napoléon à Decrès, 13 mai 1808. *Correspondance* , XVII-112.

63: Madison à Armstrong, 2 mai 1808; *State Papers* , III, 252.

64: Napoléon à Champagny, 21 juin 1808. *Correspondance* , XVII, 326.

65: Turreau à Champagny, 20 avril 1809 (*Archives des Aff. Étrang.* mss.).

66: Armstrong à Champagny, 29 avril 1809 (*Archives des Aff. Étr.*).

67: *Correspondance* , XIX, 21.

68: Gallatin to J. Q. Adams, 15 septembre 1821.

69: Napoléon à Champagny, 13 décembre 1810, *Correspondance* , XXI, 316.

70: Duc de Bassano à M. Russell, 4 mai 1811. *State Papers* , III, 505.

71: Russell à Monroe, 13 juillet 1811. *State Department archives.*

72: Diary of J. Q. Adams, 2 décembre 1809, II, 83, 87.

73: Thiers, *Histoire du Consulat et de l'Empire* , XIII, 56.

74: *Correspondance* , XXI, 233-234.

75: Duc de Cadore au comte Kourakin, 2 décembre 1810.

76: Napoléon à Alexandre, 28 février 1811. *Correspondance* , XXI, 424.

77: Sérurier à Maret, 20 juillet 1811 (*Archives Aff. Étrangères*).

78: Macon à Nicholson, 24 mars 1812.

79: Sérurier à Maret, 27 mai 1812 (*Archives des Affaires Étrangères*).

80: Sérurier à Maret, 2 mars 1811 (*Archives des Affaires Étrangères*).

81: Sérurier à Maret, 22 mars 1812 (*Archives des Affaires Étrangères*).

82: De Caraman. *Les États-Unis il y a quarante ans* (*Revue Contemporaine* , 31 août 1852, p. 26).

83: Barlow à Monroe, 17 novembre 1812.

84: Dalberg à Bassano, 11 août 1812 (*Archives des Affaires Étrangères*).

85: Scott: *Autobiographies* , p. 31.

86: Sérurier à Bassano, 13 janvier 1813 (*Archives des Aff. Étrangères*).

87: *The Courrier* , 27 juillet 1813.

88: Sérurier à Bassano, 21 juillet 1813 (*Archives des Aff. Étrang.*).

89: Sérurier à Bassano, 15 avril 1814 (*Archives des Aff. Étrangères*).

90: Harrison au Ministre de la Guerre, 8 janvier 1813.

91: Richardson: *War* of 1812, p. 79.

92: Orders of Vice-Admiral Cochrane, 18 juillet 1814; mss. *Canadian Archives* . C. 614, p. 204.

93: Sérurier à Talleyrand, 22 et 27 août 1814 (*Archives des Affaires Étrangères*).

94: Cochrane à Crooker, 20 juin 1814.

95: Histoire de la guerre entre les États-Unis d'Amérique et l'Angleterre depuis 1812 jusqu'en 1815, par H. M. Brackenridge. *Traduite par A. de Dalmas.* Paris, 1822.

96: Paul Gruyer: *Napoléon Roi de l'île d'Elbe.* Paris, 1906.